广州律师业务研究丛书

捍卫智慧 智见未来

广州知识产权大律师经典之作

广州市律师协会／编

知识产权出版社

全国百佳图书出版单位

图书在版编目（CIP）数据

捍卫智慧 智见未来：广州知识产权大律师经典之作/广州市律师协会编. —北京：知识产权出版社，2018.6

ISBN 978-7-5130-5607-6

Ⅰ.①捍… Ⅱ.①广… Ⅲ.①知识产权法—案例—广州 Ⅳ.①D923.405

中国版本图书馆 CIP 数据核字（2018）第 102560 号

内容提要

本书是广州市律师协会于 2017 年年底评选的 10 位知识产权大律师以及 10 位提名律师对实务工作经验进行总结、提炼、升华的集大成之作。书中对知识产权领域内 20 个典型、复杂、鲜活案件进行了详尽分析。这种详尽深入的阐述，既体现出了律师们的职业素养和专业水准，从某种程度上也折射出了我国的知识产权司法实践状况。

本书既可作为知识产权管理者、研究者、学习者的一手参考、研究资料，也可作为知识产权实务工作者的实务操作指引。

责任编辑：田 姝 崔 玲　　　　责任印制：刘译文

捍卫智慧 智见未来

广州知识产权大律师经典之作

广州市律师协会 编

出版发行：知识产权出版社有限责任公司	网　址：http://www.ipph.cn
	http://www.laichushu.com
社　址：北京市海淀区气象路 50 号	邮　编：100081
责编电话：010-82000860 转 8598	责编邮箱：tianshu@cnipr.com
发行电话：010-82000860 转 8101	发行传真：010-82000893
印　刷：北京中献拓方科技发展有限公司	经　销：各大网上书店、新华书店及相关专业书店
开　本：720mm×1000mm 1/16	印　张：19.25
版　次：2018 年 6 月第 1 版	印　次：2018 年 6 月第 1 次印刷
字　数：300 千字	定　价：54.00 元

ISBN 978-7-5130-5607-6

广州知识产权大律师合照

广州知识产权大律师提名人合照

"广州律师业务研究丛书"
总编辑委员会

本书编委会

本册主编：温　旭

副 主 编：刘孟斌　董宜东　田子军　王永红
　　　　　王广华

编　　委：周清华　曾旻辉　程跃华　刘延喜
　　　　　黎志军　曾　琦　董咏宜　牟晋军
　　　　　杨　河　戴锦良　任　琳　胡朝晖
　　　　　黎　叶　吴秀荣

"广州律师业务研究丛书" 编印说明

广州市律师协会（以下简称"广州律协"）创立于 1988 年，是依照《中华人民共和国律师法》成立的社会团体。广州律协依法实施自律管理，作为行业的自律性组织，规划发展战略，提供会员服务，促进行业发展。在广州改革开放和现代化建设的大潮中，广州律协坚持不断完善广州律师行业各项自律机制，做好内部建设，目前已形成专门工作委员会和专业（事务）委员会并驾齐驱、服务行业的局面。

广州律协一直致力于广州律师行业的专业化、品牌化、规模化发展，从无到有，形成了一支专业领域多元化、业务能力过硬、后备力量充沛的律师队伍。截至 2018 年 5 月，广州有近 700 家律师事务所，超过 12000 名执业律师，行业规模在全国省会城市中居首位。律师业务领域越趋宽广，已逐步由刑事、民事领域的传统业务向知识产权、金融证券、电子商务、企业并购重组、高新科技、基础能源建设等新兴业务延伸。广州律师在维护社会公平正义、推进广州新型城市化发展等方面发挥着重要作用，业务能力和专业优势日益凸显。

党的十八大以来，在全面推进依法治国的时代背景下，政治、经济、社会、文化等各领域的改革发展都为律师创造了转型的契机。这也对广大律师发挥职能、履行使命提出了更高更艰巨的要求。站立在改革潮头的广州律师，迅速抓住发展机遇，广泛探索，深入钻研，将律师业务整体水平提升到更高的位置，做时代的弄潮儿。

"广州律师业务研究丛书"正是广州律协为提升广州律师理论及实务研究水平、促进多元化的交流、鼓励律师业务向更高层次发展而组织编写的。该丛书自 2014 年起组织撰写，旨在充分发挥广州律协各专业（事务）委员会的科研水平，总结广州律师业近年来在各领域的实务经验，展示业务成果和理论水平。

"广州律师业务研究丛书"作为为广州律师业提供专业、深度的案例分析和理论参考的书籍，具有以下特点：

其一，编审专业权威。丛书由广州律协有关领导组成的总编辑委员会审定选题，由资深律师、知名专家撰写研究性案例或论文，由相关专业（事务）委员会甄选及编辑，强调专业性，保持高水准。

其二，内容丰富多样。丛书内容覆盖面广，针对性强，有的是涉及新类型案件的，有的是分析疑难问题的，有的是源于现行法律尚未明确规定的或者在实践中存在分歧的。

其三，评析客观全面。丛书坚持以事实和法理为依据，对选取的案例进行客观全面的剖析和点评，使读者在全面了解案情、厘清法律应用逻辑的基础上，亦可作出自己的深入思考和客观判断。

其四，经验可供借鉴。基于广州律师业务拓展较快、专业化服务领域对实务水平要求较高的形势，丛书注重总结成功的业务经验，在实用性内容上加以延伸，为法律实务工作者提供业务策略和操作技巧上的参考。

"广州律师业务研究丛书"汇集了广州律师的业务成果，总结了广州律师的执业经验，反映了广州律师的理论水平、实务能力和职业风采。这是广州律协业务研究工作的最新尝试，必将推动律师业务总结和经验交流，推进法制进步和社会文明的发展。

广州市律师协会

2018 年 5 月

序 PREFACE

  我国整体意义上的知识产权制度的建立，是改革开放以后的事情，伴随着我国经济、社会的不断发展，知识产权制度也在不断完善和进步。今年是我们的国家改革开放四十周年，四十年来，知识产权从无到有，从冷门到成为显学，甚至上升为国家战略，变化不可谓不大。相信每一位亲历这些变化的人，都可以从各自的视角描绘出一幅幅画面，记录下一个个瞬间。而律师作为直接面对并解决社会现实问题的一个群体，其接触到的都是鲜活的、有时又是"无解"的个案，如何解开死结，体现了律师的功力。由于社会的飞速发展，知识产权法律调整的社会关系变得多变而且复杂。相关规范需要不断修正和完善，这就使得知识产权律师必须不断学习、研究和创新。

  本书展现的正是广州部分知识产权律师的办案及研究成果，他们都是广州市律师协会组织的"广州知识产权大律师"评选活动的优胜者，书中所呈现的也是他们各自亲办的案件，从中既可以看到律师们的困惑和思考，他们的努力与付出；还可以看到我国知识产权司法实践的一个个场景，看到我们已经取得的进步和存在的问题。

  从实践中来，到实践中去。广州律师能够有意识地把在律师实务中得到的经验、教训进行总结、提炼、升华，并结集成书，传播交流，对律师业务能力的提高无疑有莫大的好处，我愿意为此点赞。

刘春田

中国人民大学教授

中国人民大学知识产权学院院长

中国知识产权法学研究会会长

2018 年 5 月

目录

智见未来 捍卫智慧

红罐之争　谁执牛耳

——王老吉与加多宝红罐凉茶系列纷争研析

广东三环汇华律师事务所　温　旭

【案件概评】

本系列纷争被誉为中国第一品牌大战，影响范围之广，诉讼级别之高，媒体报道之多，百姓关注之热，专家分歧之大，宣传营销之快，都堪称中国知识产权之最，对提升全民的知识产权意识，起到了极大的作用，是经典中的经典案例；相关案件还获评全国律师协会知识产权专业委员会年会十佳案例之首、广东省十大知识产权典型案例；相关的《红罐之争》一书被评为广州市律师协会理论成果一等奖；其相关论文也获评全国律师协会知识产权专业委员会年会优秀论文。❶

【本文摘要】

王老吉与加多宝红罐凉茶之争，涵盖商标、装潢、口味、非遗、广告语、不正当竞争等多个方面，共二十几场诉争，标的总额高达三十多亿，最高人民法院二审、再审多达五六次。本文着重就广州医药集团有限公司（以下简称"广药集团"）与加多宝公司对红罐王老吉装潢权可否共享及其相关联的问题结合法院判决❷进行探讨。在广药集团许可加多宝公司生产王老吉红罐凉茶15年期间，被许可方加多宝公司将曾获得广东省著名商标的王老吉经营成国内第一凉茶品牌，估值1080亿元、年销售额达200多亿元，国内销量甚至超过了可口可乐。正当红罐凉茶火得不得了的时候，许可与被许可双方却因续签合同涉及贿签而走上了仲裁庭，自2012年仲裁裁决广药集团收回王老吉商标使用权

---

❶　温旭，王琳《对最高人民法院红罐凉茶装潢二审终判的几点管窥之见》，选自"中国知识产权法律实务研讨会暨中华全国律师协会知识产权专业委员会2017年年会论文"。

❷　最高人民法院（2015）民三终字第2号民事判决。

后，双方围绕着红罐凉茶的商标及商誉的转移展开了史无前例的品牌大战。许可期间产生的相关商誉是归许可方还是被许可方？是否可由双方共享，以及如何共享？这就是本文所要研究分析的几个重点疑难问题。

专利可以由多个主体共同享有，商标也可以因多个关联主体共同注册共同享有，版权因有多个共同创作的主体而被共享有也较常见，但由使用产生的包装装潢权的共有或共享则非常少见。两个主体共同经营有可能产生包装装潢权的共有，但商标许可与被许可之间，包装装潢权应归商标许可方还是被许可方，还是可归双方共享，这在王老吉红罐装潢诉争案中，产生了巨大分歧。包装装潢权不是法定审批领证权，而是个案中由法院或行政执法部门根据使用证据认定的个案权，这为可否共享权利带来了许多不稳定的因素，因而可否认定共享、如何共享等许多问题还有待研究。

本文结合最高人民法院关于广药集团与加多宝公司关于红罐装潢的二审判决，从学术上加以探讨。

基本案情

随着广药集团与加多宝公司之间的商标许可协议被仲裁裁决无效，"王老吉"商标使用权回归广药集团之后，双方对红罐包装装潢权益的归属，展开了史无前例的争夺大战。2012年7月6日，加多宝公司在北京市第一中级人民法院提交广药集团红罐侵权诉状并获立案，理由是广药集团红罐产品侵犯加多宝的包装装潢权。同一天，广州市中级人民法院也受理了广药集团诉加多宝公司一案，双方案由一字不差❶，且均提出了近乎天价的索赔额请求。最后，最高人民法院指定双方的案件由广药集团、王老吉大健康公司（地处广东广州）与广东加多宝公司（地处广东东莞）所在地中级人民法院的共同上级——广东省高级人民法院合并审理。❷

2014年12月19日，广东省高级人民法院（以下简称"广东省高院"）一审驳回加多宝公司的诉讼请求，判令红罐装潢归属于广药集团"王老吉"，并判决加多宝公司赔偿广药集团1.5亿元。加多宝公司不服一审判决，向最高人民法院

---

❶ 《王老吉之争续集上演　媒体揭广药与鸿道破裂背后内幕》，http://news.pedaily.cn/201209/20120906334453_ all.shtml#p2.

❷ 温旭. 红罐之争——谁是凉茶领导者［M］. 北京：知识产权出版社，2016.

提起了上诉。2017 年 8 月 16 日，最高人民法院驳回广药集团和加多宝公司的诉讼请求，撤销广东省高院的一审判决，认为广药集团与加多宝公司对涉案"红罐王老吉凉茶"包装装潢权益的形成均作出了重要贡献，双方可在不损害他人合法利益的前提下，共同享有"红罐王老吉凉茶"包装装潢的权益。

"红罐之争"不论是在诉讼标的，还是在社会影响力上，均创下了同类案件之最，随后广药集团和加多宝公司的"改名案""口味案""十罐七罐"等案件，都是围绕"红罐装潢案"衍生的争议，该案是中华人民共和国成立以来标的额最大的包装装潢案，堪称知识产权诉讼的头等大案、要案之一！

图 1　《红罐之争——谁是凉茶领导者》❶

一、一锤未定音　定纷不止争

最高人民法院在二审判决中认为：一方面，"王老吉"品牌和加多宝公司的经营行为对涉案红罐装潢权益的形成、发展与建树都发挥了积极作用；另一方面，客观上，消费者自然地会将红罐装潢与广药集团、加多宝联系起来，基于公平原则的考量，在遵循诚实信用原则和尊重消费者认知并不损害他人合法权益的前提下，判令涉案红罐装潢归广药集团与加多宝公司"共同享有"。

---

❶　温旭. 红罐之争——谁是凉茶领导者［M］. 北京：知识产权出版社，2016.

对于最高人民法院作出的二审终审判决，加多宝公司表达了"衷心感谢"●，广药集团表示"尊重判决结果"❷，因此双方提起再审的概率较小；对于已改成金罐的加多宝来说，关键不在于是否用回红罐，而在于该案胜诉的宣传，以及能免于1.5亿元的巨额赔偿；对于广药集团而言，其依判决仍旧可以使用红罐，"红袍"无本质上的损失。而且，通过一审诉讼，已成功让加多宝"脱红改金"；广药王老吉红罐凉茶的市场占有率也已明显超越加多宝，达到诉讼的基本预期。因此，从这个意义上讲，最高人民法院的二审判决对于"定纷"而言确实达到了目的，但判决可否让双方或社会各界完全"止争"，却值得商榷。从"共享权益"判决公布之日起，"一石激起千重浪"，学界、业界的不同声音四起，争论声响不断，真可谓"一锤未定音，激起千重浪"。

支持最高人民法院判决的不少媒体、法律界人士认为，最高人民法院的判决值得推崇，因为这个判决很好地体现了法律的诚实信用和公平原则。最高人民法院是为了调整双方的利益，达到双方利益的均衡。❸ 例如，新浪新闻认为：这是一次"双赢"判决……可以预见，该案将有望成为我国知识产权领域的一例标志性判决。❹

北京大学张平教授认为：法院充分分析了双方的主张、证据和历史纷争背景，最后得出双方为"红罐王老吉凉茶"这一知名商品上的包装装潢都做出了贡献，应当共同享有这一权益的判决结果，这实际上是做了一次利益平衡的判决。❺加多宝凉茶在广药集团把"王老吉"商标收回后改成金罐，不意味着加多宝放弃了对红罐包装的所有权，而且一开始加多宝就想区别两个商标，避免发

---

❶ 《衷心感谢、热烈欢迎最高人民法院就加多宝与广药集团红罐凉茶包装装潢案作出公平公正终审裁决》，http://www.jdbchina.com/cn/new/jdb_news_83.asp?id=1506.

❷ 《广药集团关于"红罐装潢案"最高人民法院终审判决结果的说明》，http://www.wljhealth.com/news/1116.html.

❸ 《最高法判王老吉、加多宝"共享红罐"，律师大赞具借鉴意义，只是多年的"相爱相杀"戏接下来该怎么演？》，http://www.sohu.com/a/165167554_632979.

❹ 《"共享红罐"判决具有示范意义》，http://news.sina.com.cn/c/2017-08-18/doc-ifykcirz2786509.shtml.

❺ 张平《一份定纷止争、利益平衡的判决》，http://mp.weixin.qq.com/s/tevA7EF6ubjeUO9cl4s1hQ.

生混淆,即便今后都用红罐包装,消费者也已经比较清楚两家的商品了。❶

学者黄璞琳认为:"共享权益"至少对注册商标被许可人的相应创新与勤劳付出给予一定的认可与支持,也能给注册商标许可使用制度带来更长久的发展空间。❷

中山大学李扬教授认为:最高人民法院的判决有其一定的考量,无论加多宝是否再使用红罐,基于现在公众对二者已经区分,是不会存在混淆的问题的。❸

但大多数学者、法律界人士对最高人民法院的判决持有保留意见。

关于权益的归属,中国社会科学院知识产权研究中心主任李明德表示:外观设计遵循谁设计谁拥有原则,但包装若具有了可识别性、能够指示商品和服务来源时,就不能简单说谁设计归谁所有,如果认定包装有指示商品服务来源的功能,那么它肯定属于一家所有,否则在市场上会引发混淆;而如果认定包装没有这项功能,那么则意味着大家都可以用。而且这个判决背后可能会引发其他问题,即如果其他品牌凉茶也用了红罐包装,王老吉和加多宝应当谁去主张权利?❹

广东慧道知识产权事务所董宜东律师认为:加多宝虽然对知名商品特有的包装装潢做了贡献,但是在涉及最终权益归属的问题上,加多宝肯定不享有权益。❺

广东金融学院安雪梅教授认为:最高人民法院判决保守有余、创新不足。该判决貌似平息了双方的怒火,而在如何共有这一点并不清晰。❻

暨南大学赵克祥教授认为:判决并未明确"共同享有"是否为"共同共

❶ 《最高法一锤定音!王老吉、加多宝恩怨史回顾:包装共享后仍有问题待解》,http://mp.weixin.qq.com/s/9Zu5f79sqDbv7mMeY8mS1w.

❷ 《如何看最高法院终审宣判红罐装潢归广药与加多宝共享?看我四年半前就此案的分析》,http://mp.weixin.qq.com/s/dc63t4ECSRBP5Ha5XHj-ag.

❸ 《红罐装潢之争:私权与共享》,北京大学法学会校友会知识产权分会第三期沙龙,http://mp.weixin.qq.com/s/sz1E8_ CX5daOR-Vxv1lpqA.

❹ 《最高法一锤定音!王老吉、加多宝恩怨史回顾:包装共享后仍有问题待解》,http://mp.weixin.qq.com/s/9Zu5f79sqDbv7mMeY8mS1w.

❺ 《红罐之争,花落谁家》,http://chuang.le.com/u/277317849.

❻ 《红罐之争,花落谁家》,http://chuang.le.com/u/277317849.

有"，若将包装许可给第三方，那么包装究竟归属于谁，应当如何许可有点模棱两可。❶

北京华泰律师事务所熊超律师：最高人民法院的红罐判决，使用非法律概念"共同享有"，并非是确认红罐包装的"共有"，实则没有在判决中确认红罐包装所有权利的归属。❷

学者方浩认为：本案中，商品装潢的商誉源于商标商誉的自然增值，加多宝公司的宣传等投入已获相应经济收益，因此，当商品装潢具备了识别功能，和商标产生紧密联系后，商品装潢权归属于商标权人才符合公平原则。❸

关于包装装潢权益的边界，孔祥俊教授认为：二审判决确定争议包装装潢由广药集团与加多宝公司共同享有。这种共同享有可能存在法律上、执行上和逻辑上的严重障碍和问题。孔教授进一步指出：一二审判决将王老吉特有名称认定为特有包装装潢的一部分，即便符合其事实上的装潢作用，但法律上并不合适。而且二审判决在如此界定争议包装装潢之后，又判决双方均有权使用，这意味着加多宝公司可以使用包含在其中的'王老吉'特有名称。这就必然与王老吉注册商标专用权相冲突，这无疑是二审判决的一大硬伤，原因出在对于包装装潢的界定错误上❹。

华南理工大学关永红教授认为：共同享有理由还不是特别的充分，因为知名产品红罐的包装装潢指向的客体究竟是什么，是红罐的整体红色，还是红色罐加王老吉黄字，最高人民法院的判决没有说清楚。❺

盈科律师事务所谭立荣律师认为：既然认定王老吉商标标识已融入涉案包装装潢中而成为不可分割的主体，那么加多宝公司在使用这个共同享有的权益时，就必然会因不可分割而使用王老吉商标标识，如此一来，难道商标

---

❶ 《红罐装潢之争：私权与共享》，北京大学法学会校友会知识产权分会第三期沙龙，http://mp.weixin.qq.com/s/sz1E8_ CX5daOR-Vxv1lpqA.

❷ 《知产专家熊超律师：红罐包装共享，是共有吗?》，http://www.fawan.com/2017/08/23/405902t185.html.

❸ 《浅析司法实践中商标和商品装潢的可分离性》，http://mp.weixin.qq.com/s/_ rOdSQacBsol-SSqKcevQcw.

❹ 《孔祥俊：论商品名称包装装潢法益的属性与归属——兼评"红罐凉茶"特有包装装潢案》，http://mp.weixin.qq.com/s/yVAbKolrNu6f0tgUsoVJdQ.

❺ 《红罐之争，花落谁家》，http://chuang.le.com/u/277317849.

权也因包装装潢的整体性而被"共享"了？❶

关于是否会再次混淆的问题，清华大学教授陈建民认为：判决内容并不利于消费者区分王老吉与加多宝凉茶产品。如果加多宝再次启用"红罐"包装装潢，将黄字"王老吉"替换为"加多宝"，反而会增加消费者识别、区分的难度。另外，二审判决认为，一边"王老吉"、一边"加多宝"字样的包装装潢形式缺乏主观恶意，但又指出双方在行使权利过程中应当合理避让在先权利。加多宝上述包装装潢形式是否侵犯广药商标权利，需要进一步明晰。❷

重庆百君律师事务所陈辉律师认为：最高人民法院的判决其实已经突破了《商标法》和《反不正当竞争法》的规定，明显增加了一般消费者的注意义务，以前只需要分辨是否是红罐，现在还要去分辨红罐上写的是王老吉还是加多宝，让消费者的注意义务标准更高……❸

当然，也有不少人士并未就"共享权益"好坏与否做出明确的表态，而是认为最高人民法院的这一判决明显带有"和稀泥"的味道……❹

也有专家在质疑，最高人民法院的这个判决，会不会导致加多宝将现在的金罐换成红罐，而换回红罐的加多宝，还会不会延续其销量领先的神话？❺

……

总而言之，"红罐之争"的"火"虽然在法庭上是熄灭了，却阻挡不住社会各界争论的"火势"蔓延，盖棺未定论，争议仍不断：其核心的争论点更多地聚焦在应否共享、可否共享、如何共享以及共享什么？社会各界众说纷纭，各抒己见，北大校友会知识产权分会的许多校友在判决公布后，就争论至当夜凌晨三点，次日又战火重燃，谁都无法说服谁。然不论最高人民法院判决如何，

---

❶ 《"红罐"知名商品特有包装装潢纠纷一案评析之一：红罐"共享"之惑》，http://mp.weixin.qq.com/s/-7i8jYKVm670lDBDdoPKnA.

❷ 《王老吉加多宝共享"红罐"会否造成消费者混淆引争议》，http://mp.weixin.qq.com/s/aVHg3loVw34U5Cuk6eHzCA.

❸ 百君圆桌《"共享红罐"！王老吉、加多宝相爱相杀多年终有结果，法律人士如是说》，http://mp.weixin.qq.com/s/03mtcMmsMeASjPmJrHwt5g.

❹ 《王老吉加多宝共享红罐包装 最高法和稀泥？》，http://news.sina.com.cn/sf/expert/ls/2017-08-17/doc-ifyixtym6544509.shtml7.

❺ 最新调查《加多宝要不要换回红罐？听听经销商怎么说……》，http://www.sohu.com/a/165125667_394405.

这一判引起的广泛争论，并非是坏事，是非曲直总是在争辩中求得。

二、一女归二夫　权益如何分

图2　一女归二夫，权益如何分

从上文可知，最高人民法院的判决虽然"定纷"却未"止争"，其"共享红罐"这种类似于"一女归二夫"的判决必然引起新的争点。

"共享"是当前很具有时代特色的一个词，当下是共享经济时代，短短几年，共享汽车、共享单车、共享公寓、共享酒店、共享充电宝层出不穷……共享经济的发展势不可挡。但这次最高人民法院的判决"权益共享"却跟我们传统的法律概念不相适应：共享在当下的含义是人人皆可享有，但回到最高人民法院的判决中，第一，"共享"是否就是我们传统法律中的"共有"？第二，如果是共有，那么"共有"权利产生的依据是什么？第三，本案中"共享"的是红罐包装装潢，那究竟是红色罐体本身，还是红色罐体+黄色"王老吉"字体，抑或是其他，共享红罐装潢权益的边界又在哪里？第四，假如红罐装潢将来被许可给第三人，许可时谁有话语权，收益应归属谁？第五，倘若有侵犯该包装装潢的侵权行为发生，又应如何维护权利，届时，广药集团和加多宝公司是要共同起诉，还是要分别起诉？最后，加多宝自2014年一审判决后就已停止使用红罐，在这种长期停用红罐的背景下，加多宝还能共享红罐包装装潢权吗？

对于第一个问题，笔者认为，"共享权益"，可能只是最高人民法院的法官引领了一下时代潮流，和我们现在讲的共享单车、共享汽车中的"共享"

完全不是一回事。从本案判决来看，最高人民法院在判决书中指出："……将涉案包装装潢权益完全判归一方所有，均会导致显失公平的结果……"最高人民法院判决中明确使用了"所有"这一词，表明最高人民法院认为，红罐装潢不能单独归广药集团或加多宝公司一方所有，换言之，红罐装潢归广药集团和加多宝公司共同所有就公平了。所以，本案判决里的"共享"应当属于法律意义上的"共有"。但由于广药集团和加多宝公司现下没有合作、合伙关系，二者的"共享"，显然不属于"共同共有"而是"按份共有"。

对于第二个问题，笔者抽丝剥茧般理出最高人民法院认定广药集团和加多宝公司"共享权益"的逻辑：因为"王老吉"品牌和加多宝公司的经营行为对涉案红罐装潢权益的形成、发展与建树都发挥了积极作用，所以，广药集团因其自身的"王老吉"商标，加多宝公司因其辛苦劳作，都应当享有红罐装潢的权益。对于这一论断，笔者是不能认同的。试想我们当下市场经济，诸如广药集团和加多宝公司许可贴牌和被许可生产销售的经营模式已然司空见惯，倘若因为"劳动流汗"就可以共有品牌外溢商誉的一杯羹汤，将来市场中如果商标一旦被许可出去，被许可人做的贡献最大，那是否就可以把商标拿走，装潢也拿走？显然，这个判决产生了一个"有贡献则可有产权"的悖论。

对于第三个问题，即便"一女"可以"归二夫"，却没有明确权益如何分享。最高人民法院的判决是支持一审广东省高院认定的红罐装潢内容❶，即"在王老吉红罐凉茶产品的罐体上包括黄色王老吉文字、红色底色等色彩、图案及其排列组合等组成部分在内的整体内容"。根据最高人民法院的判决，似乎广药集团和加多宝公司都可以共同享有"红色罐体+王老吉黄色字体"的包装装潢。然而这样一来，若加多宝基于共享权益使用该包装装潢，是不是又会构成对"王老吉"商标的商标侵权？笔者始终认为，最高人民法院对红罐装潢可以"共享"的边界并没有厘清，最高人民法院可能是不希望"红色罐体"被一家垄断，但在判决中还缺乏了小小的一步，没有明确"共享"红罐的是哪个部分，究竟是单纯的"单一色红色罐体"，还是"红色罐体+王老吉黄色字体"，抑或是"红色罐体+黄色字体"。笔者认为，最高人

---

❶　广东省高级人民法院（2013）粤高法民三初字第1号民事判决。

民法院可能希望的是"红色罐体+黄色字体"为二者共同享有，即广药可以生产"红色罐体+王老吉黄色字体"的红罐凉茶，加多宝可以生产"红色罐体+加多宝黄色字体"的红罐凉茶。因为基于当下，也就是2017年消费者的一般认知水平，消费者一看到红罐+黄色字体，自然而然就想到王老吉和加多宝凉茶，也知道王老吉和加多宝品牌是分属于两家不同的企业，能将二者区分开来。如果最高人民法院意图是这样的话，那么就与其判决中"消费者对涉案装潢指向的是广药和加多宝"的论证相对应了。但这里笔者对于最高人民法院可能的意图仍持有保留意见，具体在第四部分论述。

对于第四个问题，红罐装潢如何许可给第三人，笔者综合前文认为，广药集团和加多宝公司按份共有红罐装潢，被许可的对象应当为"红色罐体+黄色字体"，但由于红罐装潢本身不可分割，如果存在被许可的情况，除去要看许可的性质是普通许可、独家许可还是排他许可，还要看当广药集团和加多宝公司二者意见不一致时，谁占的份额大以确定谁具有话语权。从最高人民法院的判决来看，显然并没有明确二者所占份额比例的多少，如果广药集团和加多宝公司在私下也并未明确约定，根据推定，广药集团和加多宝公司对于红罐装潢权的份额应当各占一半。那么对于红罐装潢的独家许可和排他许可就需同时得到两家同意方可使用，所获得的收益也应当两家均分。至于装潢权的普通许可，虽然法律并没有明确规定，但结合现行专利法，以及最高人民法院对商标等知识产权普通许可的判决，对于无形财产权利，笔者认为广药集团和加多宝公司可以单独决定行使普通许可权，所得收益双方均分，这样更符合现代的司法精神。

针对第五个问题，答案就比较明朗，若有侵犯该包装装潢的侵权行为发生，根据我国民事诉讼法以及最高人民法院的相关司法解释，共有人广药集团和加多宝公司任何一方都有权提起诉讼，未提起诉讼的一方会被追加为共同原告，而即使一方放弃诉权，也不会影响法院审理的进行及做出判决。

最后一个问题，由于最高人民法院二审判决双方共享包装装潢是在加多宝弃用红罐改用金罐两年多之后，加多宝长时间停用红罐，是否还能共享红罐包装装潢权，若加多宝再用红罐是否会构成新的侵权行为，笔者认为这是有可能的。因为包装装潢权不是法定授予权，而是以在先持续不间断使用维持其个案认定权利，在共享前提下，一方长期不使用特定的红罐凉茶包装装潢，原有的权利则随着停用而丧失，再使用时则可能构成侵权。

由于一方停用一段时间后有可能失去原有的装潢权，所以，一方面不应将"王老吉"三个字本身作为装潢的不可分割体（事实上无论是"王老吉"还是"加多宝"，第三方一般是不敢以假冒注册商标行为使用的）；另一方面，即使可以共享除"王老吉"三字的红罐，在加多宝"弃红改金"两年多，斥巨资打造"金罐加多宝"特有包装装潢后，消费者对两大品牌早已有了明确的区别性认知，共享的判决从某种意义上而言，可能引发新的混淆与纠纷，不利双方问题的彻底解决，引起学术界及实务界的众多质疑与争议也是在所难免的。

基于这一理解，判双方"共享"也实属不妥或毫无必要。更何况加多宝在华丽"变金"后也未必再共享昔日之红罐。二审法院的判决努力平衡双方的诉争权益无可非议，但判决更应体现法律的精神与逻辑性，只有在充分尊重以法断案的前提下，最大限度兼顾双方权益，才会判出更多具有经典指导意义的判例。

三、许可被许可　商誉归谁有

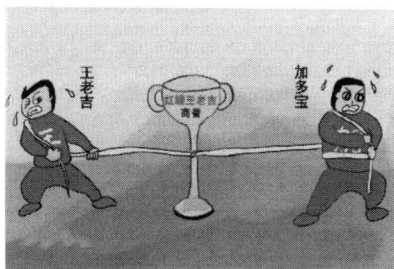

图 3　许可被许可，商誉归谁有

抛开最高人民法院"共享权益"的判定逻辑，笔者认为这里还存在一个问题：像本案这种最初在合同中未对知名商品包装装潢的权属做出明确约定，该知名商品的包装装潢是在许可期间由被许可人努力经营产生，那么这种外溢于商标权的商誉，应当归属于许可人，还是被许可人？

本案的一审法院认为："王老吉"商标是红罐装潢的一个重要组成部分，与装潢已经融为一体不可分离……因此红罐装潢应当归于广药集团。

部分学者认为，红罐王老吉凉茶包装装潢的形成是基于加多宝公司经营的积累而获得显著性的，其知识产权权益应当归属其打造者加多宝。❶

再来看最高人民法院的判决，既肯定了"王老吉"商标对红罐装潢的价值，又肯定了加多宝经营行为对红罐装潢形成的作用，不管商标是否可以与装潢分离，谁都不偏袒，似乎真有点"和稀泥"的味道。

笔者认为，最高人民法院的判决看似公平，却并未实现真正意义上的公平。首先，客观而论，红罐王老吉凉茶最终火爆热销超百亿，加多宝的贡献是功不可没的，虽然广药集团从始至终都未否定过加多宝公司对王老吉品牌的历史贡献及功劳，但也不能将所有功劳都归结于加多宝公司。没有广药集团夯实的基础，加多宝公司也难以将红罐凉茶做到今天这么火爆的局面。笔者在《红罐之争》一书中就提过❷：一来，广药集团有远见，愿意许可加多宝使用王老吉商标生产红罐王老吉凉茶，这本身就是最基础的贡献；二来，王老吉凉茶本来就是中华老字号、国家非物质文化遗产，而且在授权许可之时已具有较高的知名度；最后，广药集团及其下属的羊城药厂，攻克了药品凉茶向饮料型凉茶转换的技术难关，才有了今天的红罐王老吉凉茶。加多宝公司为此做出了不可磨灭的贡献，但也不能彻底忽视其做贡献的基础土壤。

其次，以贡献论权属，着实难以服众。涉案的红罐装潢之所以能够成为知名商品特有的包装装潢，是基于"王老吉"商标与该装潢长期稳定的同步使用过程中，发生识别功能的同化❸，也正因为红罐装潢长期的使用，起到了区别产品来源或标示产品品质的作用，成为知名商品特有的包装装潢❹。而且，商标经过许可使用，商标的价值可能增益，也可能减损，而不论增益

---

❶ 陶鑫良，张冬梅. 被许可使用"后发商誉论"及其移植的知识产权探析［J］. 知识产权，2012（12）.

❷ 温旭. 红罐之争——谁是凉茶领导者［M］. 北京：知识产权出版社，2016.

❸ 《浅析司法实践中商标和商品装潢的可分离性》，http：//mp.weixin.qq.com/s/_ rOdSQacBsol-SSqKcevQcw.

❹ 崔国斌. 商标许可终止后的商誉分配［J］. 知识产权，2012（12）.

还是减损，在许可使用合同终止后，商标及其携带的正反两面的影响都将回归到商标权人名下，也就是说，加多宝公司经营得再好，也是对"王老吉"商标良好口碑的建立及商誉的增值；加多宝公司经营得再差，搞臭的也只会是"王老吉"这个品牌。总而言之，商誉或者坏名总是紧紧跟随着品牌，红罐包装一旦成为"王老吉"外溢形成的商誉，那么也应当跟随"王老吉"的品牌，而不应当归于加多宝。"共享"这种情况，应当是合作开发一个新品牌的时候，这个时候品牌以及外溢的商誉才会存在共有的问题，而不应当存在于许可被许可的时候。笔者前文也提到过，如果被许可方有贡献就必然享有商誉的话，岂不是"租客变房东"？就如褚时健对于红塔山香烟知名度的提升有重要的贡献，李经纬更是从零开始一手创建了曾与可口可乐在国内知名度持平的健力宝饮料，难道因为生产商的"辛勤劳动"，商誉也要被生产商拿走？市场果真要这样运营，以后商标持有人不敢随便许可，经营规模不敢随便扩大，那还做什么经济，谈什么发展！因此，从权利与义务对等的角度考察，商标权人承担了合同履行期间商誉减损的风险，同时也依据商标法对被许可使用的商品承担了质量监督义务，那么相应地，商标在合同履行期间所获得的增益商誉，也应由商标权人在合同终止后一并收回。在本案中，红罐包装装潢权益作为商标许可使用合同履行期间增益商誉的体现，应当在合同终止后一并由广药集团收回。

最后，加多宝公司已经获得相应的回报。对于最高人民法院所考虑的加多宝公司在经营过程当中进行了大量投入，有重要的贡献，事实是，加多宝公司已经取得了足额且巨大的经济回报，现广药集团拿回了涉案包装装潢，这本身就符合公平原则。从双方合作的根基上看，加多宝公司当初选择商标许可，恰恰就是看中了"王老吉"这个商标的知名度，与广药集团合作就是为了获得经济利益。按照加多宝公司自行公布的数据，2011年加多宝公司销售额100亿元，按照8%利润率计算，加多宝集团2011年利润为8亿元，但支付给广药集团获得的许可费只是400万元，商标许可费只占总利润的千分之五，远低于正常的商标许可费，可见加多宝公司超额实现了其订立商标许可合同时的目的，且其回报也是远远高于广药集团的。与获得经济利益无关的，包括从商标衍生出来的包装装潢权益归属广药集团所有，对加多宝公司而言没有任何不公平。更何况，即使加多宝公司不拥有红罐装潢，也并不是没有获得相应商誉：作为红罐王老吉的生产商，因为良好的经营理念和超前的经营模式，为其固定了优良商誉这样的无形资产；四通八达的销售渠道也是其积累下的无形财富。否则，加多宝公司在不能使用王老吉商标后，也不可能短短几年凭空再造百亿业绩神话。而且，即便加多宝公司在使用"王老吉"商标时，做了投入，进行了大量宣传，但这本身也都是正常经营活动中必不可少的行为，增加出来的红罐装潢商誉，也只是市场经营活动中可能的一个走向。

因此，被许可人的经营劳动等贡献，并不能成为享有外溢商誉装潢的正当理由。红罐装潢所带来的商誉，应当归属广药集团才是正确论断。虽然笔者这样认为，但判决结果却是改变不了的，因此特别提醒企业经营者，在签订许可合同时应特别注明在许可中产生商誉的归属，并列明商誉的性质、边界，等等，以免产生此类纠纷，同时这也可以作为许可合同中确定许可费高低的因素。另外，在确定装潢权归属哪一方时，也应考虑消费者认知因素；同时，也应注意到被许可方的经营效果对品牌的正负效应，切不可有好效应时争商誉，有负面效应时不担责任。

四、红颜单色罐 装潢权何在

图 4　红颜单色罐，装潢权何在

关于单独红色罐体是否构成包装装潢，根据前文笔者的论述以及最高人民法院的判决，可以肯定的是，红罐装潢≠单独红色罐体。具体的，像广药和加多宝这种通用罐体，其使用的单独红色包装是不具有装潢权的。因为，在市场中按照消费者的认知水平，仅仅的单一颜色通用罐体是无法获得显著性而构成知名商品的特有包装装潢的。而且，一旦单一颜色通用罐构成装潢权，那么凉茶世界的邓老凉茶、和其正凉茶随便用个相同的红色罐，就算不用王老吉三字，还是会构成侵权。这显然并非是最高人民法院的意图，而且也不利于市场经济的正常运营。

但是，当一个独特罐体配单一颜色时，与该罐体融为一体并获得显著性的知名商品单一颜色装潢权是否可以得到保护，答案是肯定的。因为此时，知名商品"特有"的包装装潢已然形成，消费者已经做出了区分。

因此，判定一种包装装潢是否构成排他性权利，必须判断该装潢是否是知名商品"特有"的包装装潢，有没有获得显著性。故根据前文对最高人民法院判决做出分析：最高人民法院在确定知名商品为加多宝公司生产的"红罐王老吉凉茶"后，最终认定广药集团和加多宝公司共享的"特有"红罐包装应为"红色罐体+黄色字体"的包装装潢。

但是，如果最高人民法院的意思果真为"红色罐体+黄色字体"为知名商品特有的包装装潢，那么其判决就存在前后不一致的漏洞。从判决内容来看，最高人民法院是肯定了一审广东省高院认定的红罐装潢内容，即"在王老吉红罐凉茶产品的罐体上包括黄色王老吉文字、红色底色等色彩、图案及其排列组合等组成部分在内的整体内容"，也就是涉案的包装装潢＝红色罐体+王老吉黄色字体。但其又判决"共享权益"，意图令二者共同享有"红色罐体+黄色字体"包装的权益。笔者认为，最高人民法院的判决实际上并没有明确红罐装潢的内容究竟是什么。

根据《反不正当竞争法》第五条第二款规定，侵犯包装装潢权益必须应当明确：（1）知名商品是什么；（2）知名商品特有的包装装潢的内容是什么。

首先，笔者不同意最高人民法院判决中知名商品的界定，最高人民法院认为，本案中的知名商品应当为"加多宝生产的红罐王老吉凉茶"，原因是与绿色盒装的王老吉饮料相区分。笔者认为，本案中的知名商品应为"王老吉凉茶"：

（1）知名商品是指一种商品，往往不特指某种型号商品，而且同一种商品，包装装潢有时也会有一些变化，在委托加工比较普遍的情况下，具体的生产者也是变化的，但这些都不会影响对知名商品的界定。

（2）消费者关注某种商品，通常只考虑该商品的名称叫什么，归谁所有，而不会关注具体生产者是谁，特别是具体的加工厂家。在本案当中，广州羊城药业股份有限公司王老吉食品饮料分公司（简称"羊城药业"）或广药集团一直是与鸿道集团或者鸿道集团董事长（其中与鸿道集团董事长签订的许可合同全部被认定无效）签订商标许可合同，加多宝公司的地位一直属于加工厂，同时加多宝公司本身也存在多家加工厂，如武汉加多宝公司、浙江加多宝公司、杭州加多宝公司、福建加多宝公司、加多宝中国公司等，若用加工厂来界定知名商品归属必将导致市场认知混乱，损害市场秩序。

（3）本案中的知名商品应既包括授权鸿道集团使用王老吉商标前自行生产的王老吉凉茶，也包括授权期间由鸿道公司经营由加多宝公司负责加工的王老吉凉茶，还包括现在授权大健康公司生产的王老吉凉茶，这几个阶段所涉及的都是由广药集团授权使用王老吉商标下生产的王老吉凉茶，产品是一脉相承的，不能因为期间具体的生产者存在差异，而影响对知名商品的定性。

（4）退一步而言，即使最高人民法院判决考虑的知名商品是广药集团与加多宝公司合作期间生产的罐装王老吉凉茶，那如何认定该款商品，也要回归到双方发生纠纷前的实际状况，而不是考虑判决时的状况。在双方纠纷前，消费者想要购买广药集团与加多宝公司合作期间生产的红罐装王老吉凉茶，消费者只会说要王老吉凉茶，或者说要一罐王老吉凉茶，而不会说要一罐加多宝公司生产的王老吉凉茶，更不会说要一罐加多宝公司生产的红罐凉茶，因此最高人民法院将涉案知名商品认定为"加多宝公司生产经营的红罐王老吉凉茶"不符合消费者的认知。同样情况的还有苹果手机，虽然经过不断的新闻报道，很多人都知道苹果手机是由富士康公司所生产的，但消费者清楚地知道苹果手机是苹果公司所有的，而不会说成是"富士康公司生产的苹果手机"。

（5）在羊城药业/广药集团与鸿道集团签订的系列有效的商标许可合同中，有约定包装需要经羊城药业/广药集团确认，同时若有他人侵权，需要广药集团授权才能提起相应的维权行动，这些都表明了诉争的红罐王老吉凉茶指向的是广药集团，而加多宝只是生产商。

综上，知名商品应当为带有"王老吉"商标的"王老吉凉茶"。

再来讲红罐装潢的内容，虽然最高人民法院肯定了一审法院的认定，但又出了一个模棱两可的判决，笔者觉得根本原因是最高人民法院忽略了案件中的红罐包装装潢，应当是以2012年广药集团和加多宝公司互相起诉时，知名商品"红罐王老吉凉茶"的红罐包装装潢的内容。答案显而易见，基于当年红罐王老吉广告、销售状况，以及消费者的认知，"红罐王老吉凉茶"的特有包装装潢是"红色罐体+王老吉黄色字体"。而且当时，加多宝公司也深知王老吉品牌的影响力，才打出一系列"王老吉改名加多宝"等广告，就是为了利用王老吉的品牌效应，误导消费者。而作为消费者，在2012年，还根本分不清楚广药集团和加多宝公司原来是两家企业，加上加多宝铺天盖地的改名宣传，无论加多宝是做"一面王老吉、一面加多宝的两面罐"，还是"加多宝两面罐"，消费者依然会将"红罐+王老吉/加多宝黄色字体"与"王老吉"商标的持有人广药集团联系起来，即便加多宝后来在红罐上标注"加多宝"黄色字样，消费者想的还是原来的"王老吉"凉茶。例如在2012年前后在酒店消费时，消费者若是要一罐王老吉，服务员经常会拿一罐红罐加多宝，并说明加多宝就是王老吉凉茶。这说明，最高人民法院在判决的时候，没有将案件回归到2012年，而是直接基于判决时的凉茶市场做出的。"共享"一词的创造性应用，就很能说明最高人民法院判决的立足时间。

此外，由上述内容剥离出另外的一个问题："红色罐体+加多宝黄色字体"是否可以跟"红色罐体+王老吉黄色字体"区分开来？笔者认为，答案是否定的。因为在2012年，加多宝为了能够迅速崛起，投入大量资金在改名广告上，使得消费者以为王老吉改名了，认为"加多宝就是原来的王老吉"；再加上加多宝本身为原来红罐凉茶的生产商，所以消费者认为的红罐加多宝，指向的还是红罐王老吉凉茶。在消费者的认知观念里，无非就是替换了三个字，其他的"还是原来的配方，还是熟悉的味道"。这也是当年广药集团为何以"红罐"起诉加多宝公司的原因所在。

以上，知名商品是"红罐王老吉凉茶"，因此相对应的，其特有包装装潢是"红罐+王老吉黄色字体"；"红罐王老吉凉茶"的特有包装，怎么也不可能是"红罐+加多宝黄色字体"，这个从逻辑上就讲不通。

五、金罐加多宝 是否再变红

图5 金罐加多宝，是否再变红

最高人民法院"共享红罐"这个判决，笔者认为实在不理想，加多宝一审后改用金罐，已经将二者品牌做出了区分，现在判决一下，又让广药集团和加多宝公司面临一个尴尬的处境：万一加多宝公司就是要做回红罐，即便现在市场已经对两家做出区分，也不能保证没有混淆的可能。这实在不利于健康有序的市场经济发展，也不利于保护消费者权益。那么，加多宝是否会弃"金"换"红"呢？

笔者认为加多宝是不会换回红罐的，如果生产，也只会小批量的生产，所谓的"意思意思"。

第一，从加多宝替换金罐的意图来看，金罐不可能是加多宝的临时替换方案，而是经过深思熟虑的，一是为了避免再起诉讼纷争，二是为了能够与红罐王老吉区别开来。

加多宝集团品牌及资源管理总经理庞振国曾说过："当我们决定一个营

销方案的时候，就已经对可能带来的各种影响做过详细的评估"❶。足以见得，加多宝在改成金罐的时候，并不是临时变换。笔者在《红罐之争》一书中就曾发表过此观点❷："加多宝此时择机推出全新的包装是早有打算的，并非一时冲动而为。一方面对于二审……如果二审一旦维持一审判决，加多宝公司的风险就很大，不仅要被动停止使用红罐，赔偿损失，而且一审判决后继续生产销售的红罐凉茶还面临被广药集团再次起诉索赔的巨大风险。另一方面，加多宝公司出于市场本身的考量，主动换装。加多宝从一开始为了转移王老吉的无形资产，采用双品牌、改名广告、全国销量领先的红罐凉茶等宣传手段，尽管输了官司，但却早已达到其基本目的。加多宝虽然失用王老吉品牌，但通过上述虚假不实宣传加上自身的努力经营，到 2015 年已经基本恢复到两家分手前的最高销售量。由于加多宝公司的宣传，不少消费者在购买红罐凉茶时已将王老吉与加多宝混为一体，而加多宝投入的巨额广告费，或多或少也起到一定的反促销王老吉的作用，如果罐体颜色依旧是红色，始终难让消费者真正分清谁是谁。所以，当加多宝后期做大的情况下，换装反而成为内在必需。否则随着加多宝的广告投入，王老吉的销售也会从中获益。这才是加多宝真正要换装的内在需求与动力。"

第二，从金罐加多宝本身市场现状来看，金罐加多宝深得广大消费者喜爱，当下消费者已经将其与红罐王老吉做出了区分，凉茶市场格局已然发生巨变，使用红罐反而是倒退。

金罐加多宝在最初推出的时候，就打着"招财进宝，喝加多宝"这一响亮的口号进入市场，金代表高贵，黄袍加身、金碧辉煌、金字招牌、金榜题名……与中国传统文化贴合得十分紧密，受到了市场的广泛好评，消费者更是称赞连连。

另外，金罐上市之后，红罐对加多宝就已经成为历史了。前文也说过，当初加多宝主动放弃红罐，目的就是要与红罐王老吉主动区隔开，而现在消

---

❶ 《终于落幕！王老吉与加多宝共享红罐包装权益》，https://www.vchello.com/home/vchello-Plus/detail/1464.html.

❷ 温旭. 红罐之争——谁是凉茶领导者［M］. 北京：知识产权出版社，2016.

费者确实已经将红罐王老吉和金罐加多宝区分开来，如果加多宝再换回红罐，不排除现实中仍然会存在造成混淆的可能，或者又再为"王老吉"做了一次嫁衣，想必加多宝自己都不愿意再蹚这一趟浑水。更何况，现在的金罐是加多宝战略重心，红罐对于加多宝来说，已经意义不大了。

而且随着时间的推移，两雄争霸的凉茶格局也在悄然发生着变化，2016 年，王老吉差异化跨界共生模式及打造凉茶品项多元化策略实现其产品高速增长，在二审判决后，跟随现下流行的"嘻哈风"、《中国有嘻哈》，推出了王老吉"黑凉茶"，竞争者已很难跟上其节奏。2017 年 8 月 9 日，中粮集团旗下的中粮包装入股加多宝，表明加多宝已经不愿再回归到原来与王老吉的纷争当中去，而是另辟蹊径，寻找国企的联盟，拓宽企业的发展道路。目前中粮入股加多宝，似乎又会打破王老吉一家独霸的这个现状，加多宝将来会不会一家独大，又很难说。但无论凉茶市场格局怎样，两家都会在各自品牌上注力，只会更为明显地给两家品牌做出区分，不会再刻意混淆。

第三，不排除加多宝会小批量地生产红罐加多宝凉茶的可能。这里主要有三个方面的原因：一是广药集团和加多宝公司二十多场诉讼中，加多宝公司几乎全部失利，这个案件的胜诉对于加多宝公司来说，意义是非凡的，算是打了一个翻身仗，终于可以扬眉吐气一番，生产红罐加多宝，可以挽回其在凉茶市场中的脸面，也可以借机主张自身的权益；二是出于对最高人民法院判决的尊重，小批量生产红罐加多宝，是向最高人民法院乃至全社会表明其认同最高人民法院判决的最好方式；三是可以以此作为广告吸引更多消费者，毕竟红罐加多宝退出了凉茶市场多年，现在二审判决又被炒得沸沸扬扬，这个时候忽然出现红罐加多宝，会勾起许多消费者的回忆，也会获得消费者的支持，时机比较合适。

但是无论如何，毕竟生产红罐所面临的风险未卜，金罐现在又销量很好，加多宝即便生产红罐凉茶，也只会小批量，绝不会全面弃"金"变"红"。

六、假如我来判 谁输谁又赢

图6 假如我来判 谁输谁又赢

综合前文观点，笔者认为最高人民法院的判决还是有些不尽人意。关于本案应当如何判决，有一点毋庸置疑：无论怎么判都不可能令广药集团没有装潢权，但由于加多宝使用红罐与其他无关企业的擅自使用包装装潢还是有区别的，笔者对本案应如何判令提出三种方案，以供参考。

（一）若判令共享，应明确双方共享的权益为"红色罐体与三黄字"

如果在判决中将双方争议的特有包装装潢界定为红色罐体等要素加三个黄色商品名称中文字体，而不是"王老吉"三个字，这样才有可能双方共享包装，至少不会产生如最高人民法院二审判决的逻辑与法律上的冲突。广药集团一方可以"王老吉"加红色罐体使用，加多宝公司可以"加多宝"加红色罐体使用。事实上，出现第三方侵犯包装装潢权，直接将王老吉或加多宝注册商标印在其包装上的可能性极小，更多的可能是侵权者在相同位置印上近似的三个中文字体。虽然通过这样界定的共享，也未必能解决所有问题至善至美，但至少不会引起实质性的冲突与后果。

我们注意到"和其正"有一款凉茶使用的罐体形状与王老吉、加多宝基本相同，罐体也是红颜色，"和其正"三字虽然也是在罐体相同位置上下竖向排列，但却使用的是白色字体，加上红色罐体的装潢的一些细节上的设计区别，应该说消费者不会将其与"王老吉"或"加多宝"的红罐凉茶包装装潢相混淆并产生误认。但如果"和其正"凉茶在红颜罐体的颜色搭配细节上毫无改变，而且"和其正"三字也用相同或极近似的黄色字体，就很有可能在一定程度上造成混淆和误认。所以说应当将双方争议的王老吉凉茶包装装潢保护的范围界定为"三个黄色竖书字体"，而不是"王老吉"三个字，这样基础上的"共享"才不至于出现前面孔教授指出的存在法律上、执行上和逻辑上的严重障碍和问题。

（二）若判令不共享，一种判令为加多宝侵权成立，红罐装潢归广药集团所有

这是因为被许可人的经营劳动等贡献，并不能成为享有外溢商誉装潢的正当理由，因此，知名商品"红罐王老吉凉茶"的特有包装装潢"红色罐体+王老吉黄色字体"，应当归属"王老吉"商标合法持有人广药集团所有。

立足于2012年时消费者的一般认知，考虑到加多宝在"王老吉"商标被收回后做的"王老吉改名加多宝"广告，甚至生产销售一面王老吉一面加多宝的两面罐红罐凉茶等一系列混淆消费者认知的行为，使得消费者错误认为后来加多宝生产的红罐加多宝凉茶为原来的知名商品"红罐王老吉凉茶"，最高人民法院基于"共享"判决加多宝公司的行为不构成不正当竞争，等于是鼓励商标被许可人在商标许可快到期后，通过这样的方式来转移商标的商誉，这是对我国商标许可制度的严重破坏。因此，加多宝在许可合同被无效后，至少其生产的一面王老吉、一面加多宝的两面罐包装装潢，属于侵犯广药集团知名商品特有包装装潢的行为。

在赔偿额方面，加多宝应免于1.5亿元巨额赔偿或少赔。本案有别于一般无关企业擅自使用他人包装装潢的案件，因为涉案的红罐包装装潢是在广药集团和加多宝公司合作的时候所产生的，在许可合同没有被无效之前，加多宝使用涉案红罐包装装潢是合理合法的，而且，该红罐包装装潢是加多宝公司设计产生，付出了智力劳动，加多宝公司确实为涉案红罐装潢的知名度做出了巨大的贡献。

而且，一审法院判定的赔偿额是在涉案红罐装潢权属不明晰的状态下做出的，在权属并不明确的状态下，加多宝使用涉案装潢也是情有可原的，何况一审判后，加多宝立即改换了金罐包装。

因此，笔者认为，一审判决过多地抹掉了加多宝对涉案装潢的贡献，也

没综合考量加多宝的付出和权属不明晰的状态，对加多宝判赔1.5亿元，实为过高，有失法律公平。此外，广药也是红罐装潢的最大受益者，广药旗下子公司王老吉大健康有限公司一经推出"红罐王老吉"凉茶，便已是知名商品。因此加多宝不应承担1.5亿如此高额的赔偿，应当不赔或少额赔偿，本案判决起到社会警示作用即可。

（三）若判令不共享，另一种判令为红罐装潢归广药集团所有，加多宝公司不构成侵权

这是因为，最高人民法院的判决所站的角度往往不止于案件双方当事人本身，而且该案不同于毫无关联的另一同业竞争者故意"搭便车"的行为，是双方在许可与被许可中产生的装潢权归属之争。因此，即便立足于2017年的凉茶市场背景：双方在使用各自品牌的红罐一段时间后，为避免相同红罐产生的消费者认知性混乱，加多宝"弃红改金"，将二者之间的区别逐步加大，加之双方在诉争过程中的宣传，客观上也让消费者开始区别两个不同品牌的红罐凉茶。基于此，笔者认为最高人民法院做如下判令更能达到定纷止争的效果：

本案知名商品的特有包装装潢为"红色罐体+王老吉黄色字体"，应归属于广药集团所有。综合考虑现下消费者的认知、市场正常的经营秩序，结合公平原则、诚实信用原则，单一颜色的通用罐体与"王老吉"以外不同商品名称组合不构成对知名商品特有包装装潢的侵权，因此加多宝不侵权。

这一判法实际精神宗旨与最高人民法院的考量是一致的，即虽然加多宝生产红罐加多宝凉茶的行为是发生在2012年之时，但一来当时红罐权属不明晰，二来此时已经过了五年，市场格局与五年前已大不相同，加之"加多宝"品牌的长期使用，现在的消费者基本上已经可以把王老吉和加多宝两个品牌区分开来。而且即便判决加多宝不侵权，加多宝在产品借王老吉商誉提高自身知名度后，也会自行加大区别度，以防广告宣传效果反向让王老吉受益。这一思路的判决若下达，由于目前加多宝本身金罐市场已做得风生水起，为了防范风险也不会有意去换回红罐。但判决"共享权益"则带来不确定性，加多宝就会存在换回红罐的可能性。

综上，笔者认为，倘若最高人民法院能遵循上述思路进行判令，会更加

明晰权益归属，那么今天对"共享"不同的质疑声，也就不复存在，也能真正的"一锤定音，定纷止争"了。

然而，广药集团现已就最高人民法院的"共享权益"判决向最高人民法院申请了再审。"共享权益"这一判令既有可能会对广药和加多宝的其他纷争带来不利的影响，也可能引起未来市场的动荡。

第一，最高人民法院判决之后，加多宝同时对与广药的"改名案"等另外三个案件提起了再审，由于前面有了因加多宝付出劳动而可"共享权益"的论断，因此对于这三个案件同样有判令共享的可能，这对于广药的权益来说是极为不利的。

第二，最高人民法院在二审判决中，认为加多宝生产的一面"王老吉"、一面"加多宝"字样的包装装潢形成具有特定历史原因，因此不构成侵权，但二审判决中忽视了加多宝是为避免贿签合同被裁决无效，以生产两面罐的方式转移"王老吉"商标商誉，造成消费者最开始对"王老吉"和"加多宝"品牌的混淆这一关键要点。而且，最高人民法院关于"两面罐"的意见也会对广药诉加多宝29亿元商标侵权的案件造成直接不利的影响。

第三，"共享"判决一经下达，就形成了如前文所述"一锤未定音，定纷不止争"的局面，引起了全国学术界的广泛讨论，特别是"共享"如何界定，带来了难以解释的负面影响及质疑。由于最高人民法院的判例本身对我国各地判决具有指导意义，仅从其对"两面罐"是否侵权的认定来看，等于是鼓励商标被许可人在商标许可快到期后，通过这样的方式来转移商标的商誉，这是对我国商标许可制度的严重破坏。最高人民法院的共享判决，从某种意义上来说，起到了反向指导的作用。

因此，广药集团提起再审，并不是为了赔偿，而是为了纠正具有重大争议的判决，以还法律的客观公正，以求公认更客观、公众更认可的判决，以正我国的商标制度。

红罐之争，究竟谁执牛耳，还需等待最终的再审判决。但无论花落谁家，诉讼已经给双方带来空前绝后的宣传作用，二者的知名度及社会影响力，也因为红罐之争而大大提高。"红罐之争——谁是凉茶领导者"——一场没有输家的大战，就这场竞争而言，真可谓"两茶相决比高下，伯仲难分无输家。"

✎ 作者简介

温旭律师，曾就读中山医科大学、华南师范大学、中山大学、中国人民大学、北京大学、美国西雅图华盛顿大学等著名高等学府，涉猎知识范围极广，同时也是北京大学培养的中国大陆地区第一个知识产权专业法律硕士。温旭律师为中国资深律师、专利代理人，从事知识产权工作超过 30 年，为我国知识产权事业做出巨大贡献，曾被国务院授予有突出贡献的中青年专家称号，获得"广东省优秀代理人""广州市人民满意的十佳律师"等众多荣誉，更在 2017 年荣获"广州知识产权大律师"荣誉称号。温旭律师现任广东三环汇华律师事务所首席合伙人、中国高校知识产权研究会副理事长、中国科技法学会常务理事、广东法学会知识产权研究会副会长、广州市仲裁委员会仲裁员、国家知识产权局专家库成员、广东广告协会法律专业委员会主席等。

温旭律师从业 30 多年，经办过上千件知识产权案件，范围囊括专利、商标、版权、商业秘密、反不正当竞争、网络、电子商务等各类专业经典疑难案件。温旭律师代理的不少案件都被认定为经典案例，其中最引人瞩目的莫过于王老吉与加多宝之间关于商标、装潢、广告语等系列知识产权纠纷，其中王老吉诉加多宝虚假宣传及商业诋毁纠纷案，被评为 2015 年度、2016 年度广东十大知识产权典型案例、中华全国律师协会 2017 年年会十佳案例；香港荣华与顺德荣华"荣华"商标之争及侵权系列案，从 1997 年至今 20 多年诉争，案件跌宕起伏、延绵不断，是国内罕见的历时最久的复杂疑难案件，被评为广东律师十大知识产权案；康宝消毒碗柜 22 个系列专利案，是20 世纪 90 年代初中期国内最具影响的外观专利案，对推动珠三角地区的专利进程起了很大宣传作用，也是中美知识产权谈判中中方介绍的两个案件之一。

温旭律师作为一名学者型的律师，结合实际的办案经验，著书立作，笔耕不懈，写出过不少受到读者欢迎、含金量极高的专著及论文，主要著作有《红罐之争——谁是凉茶领导者》《知识产权业务律师基础实务》《捍卫智慧——没有硝烟的战场》等。

三起三落　缠斗十载

——"无水银碱性钮形电池"专利纠纷系列案

广东三环汇华律师事务所　刘孟斌

【案件概评】

　　本系列案分别被评为：2012 年度国家知识产权局专利复审委员会十大案件之首、2013 年度广东律师十大知识产权典型案例。

【本文摘要】

　　专利权人申请的"无水银碱性钮形电池"实用新型专利于 2002 年获得授权。专利授权后，专利权人对国内多地电池企业提起侵权诉讼，超过 10 家国内电池企业及个人先后数次向专利复审委员会提起无效宣告请求。针对本专利，专利复审委员会曾先后 3 次作出无效宣告审查决定，以涉案专利不具备创造性为由宣告专利权无效，但 3 轮审查决定均被人民法院撤销。直到 2012 年，最高人民法院提审本案，最终认定专利复审委员会审查结果正确，予以维持。

　　本案充分体现了专利无效宣告制度的存在价值：对已经授权的专利进行再次审查，从而防止不当授予的专利权对自由竞争产生消极影响。本案中涉及的"权利要求的解释""确定申请实际解决的技术问题""行政诉讼中引入司法鉴定"等问题，均具有典型的指导和借鉴意义。

一、基本案情

　　名称为"无水银碱性钮形电池"的实用新型于 2002 年 10 月 2 日获国家知识产权局授予专利权，专利号为 ZL01234722.1。该专利权的存在意味着专利权人在专利权存续期间对专利所涉及的相关技术方案享有专有权利。我国

《专利法》第十一条第一款规定："发明和实用新型专利权被授予后，除本法另有规定的以外，任何单位或者个人未经专利权人许可，都不得实施其专利，即不得为生产经营目的制造、使用、许诺销售、销售、进口其专利产品，或者使用其专利方法以及使用、许诺销售、销售、进口依照该专利方法直接获得的产品"。因此，专利的权利要求保护范围（亦即专利的权利边界）就显得相当重要，实质上这也是专利权人利益和公众利益的分界线。

从环保要求和产业未来发展的角度看，电池无汞化是一个必然趋势。在"无水银碱性钮形电池"专利申请日前，已有日本、欧洲的多篇公开出版物披露了无汞电池技术方案，专利权人对无汞电池基础技术的不当垄断，必将成为我国电池产业向电池无汞化方向发展的壁垒，因此从 2002 年 12 月 18 日起，松柏（广东）电池工业有限公司等电池企业及个人先后多次向专利复审委员会提起无效宣告请求。针对该专利，专利复审委员会曾先后三次作出无效宣告审查决定，以涉案专利不具备创造性为由宣告专利权无效，但三次审查决定均在随后进行的行政诉讼中被人民法院撤销。2012 年 12 月 20 日，最高人民法院作出（2012）行提字第 29 号行政判决，撤销了北京市第一中级人民法院、北京市高级人民法院的一审、二审行政判决，并维持国家知识产权局专利复审委员会关于宣告"无水银碱性钮形电池"专利权全部无效的审查决定，从而最终为耗时长达十年、历经三轮反复，并穷尽了所有审理程序的"无水银碱性钮形电池"专利纠纷系列案画上句号，"无水银碱性钮形电池"这个实用新型专利也终于有了一个恰如其分的定位。

涉案实用新型专利名称："无水银碱性钮形电池"

专利号：01234722.1

申请日：2001 年 10 月 19 日

授权公告日：2002 年 10 月 2 日

专利权人：新利达电池实业（德庆）有限公司、肇庆新利达电池实业有限公司

[54]实用新型名称 无水银碱性钮形电池
[57]摘要
　一种无水银碱性钮形电池，包括正极片、负极盖、负极锌膏、密封胶圈、正极外壳和隔膜，其特征在于，在电池负极片上电镀上一层铟或锡原料，并在锌膏中加入金属铟以代替水银。通过电镀一层锡稀有金属或锡于电池负极片上，防止电池内的"锌"在与其它原料或金属接触时产生气体而膨胀。负极片由铁片或不锈钢片制成。正极片为锰片、氧化银片或氧化银锰混合片。该电池的水银含量为约 0.26mg/kg(ppm)，符合环保标准，可作为无水银电池使用。

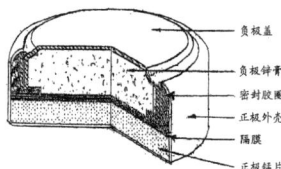

负极盖
负极锌膏
密封胶圈
正极外壳
隔膜
正极锰片

008-4274

权 利 要 求 书

1. 一种无水银碱性钮形电池，包括正极片、负极盖、负极锌膏、密封胶圈、正极外壳和隔膜，其特征在于，在电池负极片上电镀上一层铟或锡原料，并在锌膏中加入金属铟以代替水银。

2. 权利要求 1 所述的钮形电池，其特征在于所述负极盖由铁片或不锈钢片制成。

3. 权利要求 1 或 2 所述的钮形电池，其特征在于所述正极片为锰片。

4. 权利要求 1 或 2 所述的钮形电池，其特征在于所述正极片为氧化银片或氧化银锰混合片。

二、裁判要旨

（1）在对比文件所公开的技术方案基础上，本领域技术人员为了解决特定技术问题而引入本领域公知常识所形成的技术方案，可以成为否定专利创造性的依据。

（2）实用新型专利保护的是一种结构，不是方法，结构形成（过程）的工艺或方法对判定实用新型专利的创造性并无实质性意义。

（3）如果专利在省略了对比文件技术方案部分特征的同时导致了相应技术效果的丧失，且这一省略并未取得预料不到的技术效果，则该专利不具备创造性。

（4）简单地以惯常的技术手段替换现有技术方案中的部分技术特征，无须花费创造性劳动，所形成的技术方案不具备创造性。

（5）在评价专利的创造性时，结合专利说明书中对技术问题、技术手段、技术方案的限定或描述，有助于对专利创造性的判断。

（6）专利权被宣告无效的，该专利视为自始即不存在。

三、裁判结果

（一）第一轮裁决结果

2002 年 12 月 18 日，请求人针对上述专利提起第一个无效宣告请求。2004 年 5 月 31 日，专利复审委员会经审理后作出第 6121 号无效宣告请求审查决定（简称"第 6121 号决定"），认定涉案专利的全部权利要求不具备创造性，进而宣告涉案专利权全部无效。

合议组观点摘要：

1. 证据 4（本专利申请日前美国出版的 *HANDBOOK OF BATTERIES*）公开的技术方案与本专利权利要求 1 的技术方案相比，公开了除"无水银碱性钮形电池，在锌膏中加入金属铟以代替水银"外的其他技术特征。

2. "在锌膏中加入金属铟以代替水银"是本领域的公知常识，并且本专利说明书中也记载有加入铟以代替水银的锌膏可以在市场上公开购买的内容，在意见陈述书和口审时被请求人（即专利权人，下同）也认可"在锌膏中加入铟"是本领域的公知技术。

3. 在证据 4 公开的技术方案的前提下，本领域技术人员为了解决获得符合环保要求的无水银碱性钮形电池这一技术问题，在"在锌膏中加入金属铟以代替水银"这一本领域公知常识的基础上，很容易想到在负极盖上涂上铟或锡从而有效抑制氢气产生，在锌膏中加入金属铟以代替水银，从而获得符合环保要求的无水银碱性钮形电池，解决相关技术问题，得到权利要求 1 请求保护的技术方案。

4. 被请求人还提到权利要求 1 中是电镀上的铟或者锡，电镀层很薄，而证据 4 中的锡层是由金属片层压而成，厚度较厚，而且生产工艺也不一样。对此合议组认为，本专利是实用新型专利，其要求保护的是一种结构，不是方法，上述锡层是如何形成的对判定权利要求 1 的创造性并无实质性意义，不管是电镀还是层压，对权利要求 1 的创造性均没有影响。关于锡层厚薄问题，权利要求 1 没有要求保护镀层的厚度，说明书中也没有描述锡层厚薄会带来怎样的技术效果，能起到何等作用。

5. 综上，权利要求 1 不具备创造性，权利要求 2~4 也不具备创造性。涉案专利权全部无效。

专利权人对第 6121 号决定不服，向北京市第一中级人民法院提起行政诉讼。2004 年 12 月 23 日，北京市第一中级人民法院作出（2004）一中行初字第 794 号行政判决，判决维持第 6121 号决定。

专利权人仍然不服，向北京市高级人民法院提出上诉。

2005 年 12 月 20 日，北京市高级人民法院作出（2005）高行终字第 120 号行政判决，认为涉案专利中基片与镀层之间形成了一种特定的附着关系，这种结构关系不同于证据 *HANDBOOK OF BATTERIES* 中因压制而形成的两个压制层之间的特定接触关系，据此判决撤销一审判决和第 6121 号决定；维持"无水银碱性钮形电池"实用新型专利权有效。

（二）第二轮裁决结果

2004 年 4 月 5 日、2006 年 12 月 11 日，多个请求人分别针对涉案专利向专利复审委员会提出无效宣告请求，认为涉案专利权利要求 1~4 不具备新颖性、创造性。

2007 年 4 月 3 日，专利复审委员会作出第 9684 号无效宣告请求审查决定（简称"第 9684 号决定"），认定涉案专利权利要求 1 中的负极片应当被理解为由金属片制成并且未电镀镍或铜的单层结构。在此基础上，第 9684 号决定认定涉案专利权利要求 1~4 不具备创造性，宣告专利权全部无效。

合议组观点摘要：

1. 对比文件 1 已经公开了权利要求 1 中的绝大部分特征，双方争议的焦点在于对比文件 1 中的负极端子板是否公开了权利要求 1 中的负极片或负极盖。（专利权人的主要意见是：本专利的负极片是由一层铁片或不锈钢片制成的单层结构，与对比文件中的三层结构不同；另外，即使考虑在该单层结构上电镀形成镍层和铜层，而对比文件 1 中的负极端子板是由镍层—不锈钢层—铜层制成的三层复合结构，由于电镀和压制形成的附着关系完全不同，因此二者的结构完全不同）。

2. 本专利权利要求 1 的技术方案中并未涉及任何有关"电镀形成镍—负极片—铜的三层结构"的技术内容，因此专利权人有关电镀形成的三层结构与压制形成的三层结构存在结构差异的意见不再予以考虑。

3. 根据本专利说明书实施例中的描述，"负极片"是指由金属片制成、并且仍然未电镀镍或铜的单层结构，对此专利权人在口审中也予以确认。对比文件 1 中的钢板对应于权利要求 1 中的负极片，所谓的三层结构，其中铜层是为了使锡或锡合金容易镀上而设置，但该对比文件明确说明"铜层不是必需的"。镍层的作用是为了美观和耐腐蚀，这也是本领域技术人员通常都需要采用的步骤，况且镍层与为防止氢气产生而电镀的锡层不是在钢板的同一侧，不会对后者的工艺产生影响。

4. 综上，虽然权利要求 1 与对比文件 1 的技术方案相比不具有镍层，但镍层的省略导致权利要求 1 的技术方案不具有耐腐蚀的技术效果，这一省略并未取得预料不到的技术效果。故权利要求 1 不具备创造性，权利要求 2~4 也不具备有创造。涉案专利权全部无效。

专利权人对第 9684 号决定不服，向北京市第一中级人民法院提起行政诉讼。北京市第一中级人民法院作出（2007）一中行初字第 925 号行政判决，判决维持第 9684 号决定。

专利权人仍然不服，向北京市高级人民法院提出上诉。

2008 年 8 月 22 日，北京市高级人民法院作出（2008）高行终字第 78 号行政判决，认为涉案专利权利要求 1 中的"电池负极片"是指"已电镀镍或铜的金属片"，据此判决撤销一审判决和第 9684 号决定；专利复审委员会重新做出无效宣告请求审查决定。

2006 年间，新利达电池实业（德庆）有限公司、肇庆新利达电池实业有限公司在广东省深圳市中级人民法院对被告深圳市中皓天贸易有限公司、深圳市龙岗区横岗松柏企业一厂、松柏（广东）电池工业有限公司、松柏电池厂有限公司、香港松柏企业公司提起了专利侵权诉讼。

（三）第三轮裁决结果

2009 年 6 月 19 日，在二审法院将涉案专利权利要求 1 中的电池负极片解释为已电镀镍或铜的金属片的基础上，专利复审委员会作出第 13560 号无效宣告请求审查决定（简称"第 13560 号决定"），宣告专利权全部无效。

合议组观点摘要：

1. 本专利权利要求 1 的技术方案与证据 F1 所披露的内容相比，区别仅在于：权利要求 1 中的"电池负极片"是指"已电镀镍或铜的金属片"，而证据 F1 中的负极集电体的铜层与不锈钢层之间是层压结构。以上区别各方当事人均予以认可。

2. 综合现有证据、公知常识和当事人共识可知，在纽扣电池制造领域经常采用电镀工艺；在电镀时，要在钢铁上镀铟或锡，在此之前最好预镀铜或镍。因此，在纽扣电池制造领域，当需要在负极集电体上电镀铟从而抑制氢气产生时，本领域的技术人员在面对层压结构的负极集电体容易错位从而导致漏液的技术问题、同时现有技术给出了"在镀铟之前，最好在钢铁上镀铜"的明确启示的情况下，很容易想到避开压制的方式而采用电镀的方式在不锈钢层上获得更平滑的铜表面，以防止漏液发生，可见，本专利保护的技术方案是显而易见的。

3. 本专利说明书中并未对电镀的具体方式和手段进行限定，也未强调本专利就是针对传统纽扣电池负极片层压结构造成的错位采取的改进措施。可见，本专利中在金属片上电镀镍或铜就是采用的本领域中常见的电镀工艺。

4. 本领域技术人员在现有技术已经披露了"镍—不锈钢—铜 3 层材"的基础上，简单将镍或铜层由层压的方式改为电镀的方式，电镀在不锈钢片上是无需付出创造性的，而且权利要求 1 也没有产生预料不到的技术效果。

5. 综上，权利要求 1 不具备创造性，权利要求 2~4 也不具备有创造。涉案专利权全部无效。

专利权人对第 13560 号决定不服，向北京市第一中级人民法院提起行政诉讼。

2010 年 12 月 21 日，北京市第一中级人民法院作出（2009）一中知行初字第 2300 号行政判决，撤销第 13560 号决定；专利复审委员会重新做出无效宣告请求审查决定。

北京市第一中级人民法院观点摘要：

判断专利复审委员会就涉案专利创造性的评述是否正确，其关键在于判断层压结构相对于电镀方式而言是否确实更容易导致漏液情况的产生。鉴于鉴定机构依据在先的三份公开出版物已认定，"1. 早期含汞电池所使用的'用薄钢板冲制而成，然后镀镍或镀金'电池盖（电池负极部件），是引起电池泄漏的因素之一。2. 使用由镍、不锈钢、铜复合轧制而成（即具有层压结构）的复合金属带制造的电池盖取代'用薄钢板冲制而成，然后镀镍或镀金'电池盖，是含汞电池克服漏液问题的一项有效手段。"因此，在无其他证据足以推翻这一结论的情况下，依据现有证据可以认定层压结构相对于电镀方式而言并不更容易导致漏液情况的产生，反而是电镀方式相比层压方式更容易产生漏液情况。由此可知，专利复审委员会在第 13560 号决定中认定涉案专利权利要求 1 不具备有创造所依据的前提条件不存在。据此判决撤销第 13560 号决定。

专利复审委员会及无效宣告请求人不服一审判决，向北京市高级人民法院提出上诉。

2011 年 10 月 31 日，北京市高级人民法院作出（2011）高行终字第 676 号行政判决，驳回上诉，维持原判。

请求人不服该二审判决，经协商后向最高人民法院申请再审。

2012 年 10 月 26 日，最高人民法院作出（2012）知行字第 42 号行政裁定，裁定该案由最高人民法院提审。

2012 年 12 月 20 日，最高人民法院作出（2012）行提字第 29 号行政判决（终审判决），内容如下：撤销北京市高级人民法院（2011）高行终字第 676 号行政判决；撤销北京市第一中级人民法院（2009）一中知行初字第 2300 号行政判决；维持国家知识产权局专利复审委员会第 13560 号无效宣告请求审查决定。

最高人民法院观点摘要：

本院认为，本案争议的焦点在于：1. 如何解释涉案专利权利要求 1 中

"电池负极片"的含义；2. 涉案专利权利要求1~4是否具备创造性；3. 鉴定结论是否应当采信；4. 二审判决是否存在漏审。

（一）关于涉案专利权利要求1中"电池负极片"的含义

《专利法》第五十六条第一款规定，发明或者实用新型专利权的保护范围以其权利要求的内容为准，说明书及附图可以用于解释权利要求。

本院认为，涉案专利权利要求1未对电池负极片的结构及成形方法进行具体的限定。根据通常的理解，电池负极片是指用作电池负极的片状物，其不仅覆盖了单层的片状物，也覆盖了多层的片状物；不仅覆盖通过电镀方式形成的多层片状物，也覆盖了通过诸如层压的其他方式形成的多层片状物。利用说明书和附图解释权利要求时，应当以说明书为依据，使其保护范围与说明书公开的范围相适应。首先，涉案专利说明书背景技术部分记载"……，必须加入水银，防止'锌'与其他原料或金属接触时，产生气体而膨胀。"由此可以看出，涉案专利的申请人从产生发明动机开始直到申请专利之时也未认识到层压结构的电池负极片与电镀结构的电池负极片孰优孰劣，而是认识到水银之所以能够防止漏液，是因为其能够在锌与其他原料或金属之间形成隔离，防止它们之间的接触。故其认为解决钮形电池无汞化问题旨在找到一种能够代替汞的材料，使其亦能够在锌与其他原料或金属之间形成隔离，而未认识到要对电池负极片本身的结构作出专门的改进。其次，涉案专利说明书发明内容部分记载"……，在负极片上进行镀金、镀银、铜、锡、铟等实验，最后发现在负极片上镀铟或锡成功地控制了电池负极锌膏与负极片接触时产生的气体，……"由此可见，涉案专利的申请人在探索涉案专利的过程中，所做的工作主要是探索在负极片上电镀哪种金属能够成功地控制电池负极锌膏和负极片的接触，而并未针对电池负极片本身的结构变化进行任何尝试性的探索。再次，涉案专利说明书发明内容部分还记载"本实用新型是在电池的负极片上镀上一层铟稀有金属或锡，镀上铟或锡后的负极片，可以防止'锌'因与负极片接触时所产生的气体膨胀"。由此可见，涉案专利的申请人认为在电池的负极片上镀上铟或锡，就可以防止锌与负极片接触而产生气体膨胀，就已经完成了其发明的任务，而没有认识到其已经完成该项发明是否还有待进一步的改进，诸如要对电池负极片本身的结构作进一步的改进并为此付出了创造性的劳动。最后，涉案专利说明书发明内容部分还记载"电镀方法是（1）可将金属片（铁片或不锈钢片）制成负极片，……（2）……，再镀上一层铟或锡，……，然后制成负极片"。由此可见，这里制成的负极片既可以是未镀镍或铜之前的金属裸片，也可以是镀完铟或锡的最终产物。故涉案专利的申请人即使在申请专利之时亦未想到要对负极片的概念加以区分，以体现其针对电池负极片的结构作出过改进。综上，涉案专利并非是针对电池负极片的结构作出的改进，新利达德庆公司和肇庆新利达公司认为涉案专利权利要求1的电池负极片特指是电镀结构的主张均没有事实和法律依据，一、二审判决及第13560号决定将涉案专利权利要求1中的电池负极片解释为特指已镀镍或铜的金属片不当，应当予以纠正。

（二）关于涉案专利权利要求1~4是否具备创造性

涉案专利权利要求1请求保护一种无水银碱性钮形电池。对比文件证据B1亦公开了一种不添加汞能抑制氢气发生的扣式碱性电池，该扣式碱性电池包括：正极合剂6、负极集电体1、凝胶状锌负极2、密封圈5、正极箱7和隔膜3。另外，证据B1中还公开在镍钢—不锈钢—铜3层材的铜面上电镀铟形成负极箱的负极集电体1，将含有铝、铟、铋的铸合金粉和其他材料调制成凝胶状锌负极2。由此可见，证据B1公开了涉案专利权利要求1的所有技术特征，涉案专利权利要求1相对于证据B1不仅不具备有创造，而且不具备新颖性。在涉案专利权利要求1不具备新颖性的情况下，权利要求2~4的附加技术特征要么被证据B1公开，要么属于本领域的常用技术手段，故亦不具备新颖性或创造性。此外，对比文件证据B2、B4和C1也公开了涉案专利权利要求1的所有技术特征，涉案专利权利要求1相对于这些证据也不具备新颖性。权利要求2~4的附加技术特征要么被这些证据公开，要么属于本领域的常用技术手段，故亦不具备新颖性或创造性。故涉案专利权利要求1~4应当被宣告无效，第13560号决定的结果正确，应当予以维持。

（三）关于鉴定结论是否应当采信

鉴于涉案专利权利要求覆盖了包括层压结构在内的电池负极片的现有技术，确定层压结构是否优于电镀结构对本案的处理已无实际意义，鉴定结论与本案不具有关联性，故本院不予采信。

（四）关于二审判决是否存在漏审

二审判决认为在涉案专利创造性判断中使用的多组对比文件具有基本相同的情形而未作重复评述，这并不表明二审判决未对其他对比文件进行评述。故申请再审人认为二审判决存在漏审的理由不能成立，本院不予支持。新利达德庆公司和肇庆新利达公司认为二审判决不存在漏审的理由成立，本院予以支持。

综上，一、二审判决认定事实不清，适用法律错误，应当予以撤销。第13560号决定虽然在阐述理由上存在不当之处，但作出宣告涉案专利权利要求1~4无效的结果正确，应当予以维持。根据《行政诉讼法》第五十四条第（一）项和《最高人民法院关于执行〈中华人民共和国行政诉讼法〉若干问题的解释》第七十六条第一款、第七十八条之规定，判决如下：

一、撤销北京市高级人民法院（2011）高行终字第676号行政判决；

二、撤销北京市第一中级人民法院（2009）一中知行初字第2300号行政判决；

三、维持国家知识产权局专利复审委员会第13560号无效宣告请求审查决定。

本案一审案件的受理费和二审案件的受理费各一百元由新利达电池实业（德庆）有限公司和肇庆新利达电池实业有限公司共同负担。

本判决为终审判决。

鉴于原告涉案专利权已被国家知识产权局专利复审委员会宣告无效，且国家知识产权局无效宣告请求审查决定被最高人民法院维持，已经发生法律效力。原告指控被告侵权的权利基础已不存在。2013年6月24日，广东省深圳市中级人民法院作出（2013）深中法知民重字第1号民事判决，驳回原告新利达电池实业（德庆）有限公司、肇庆新利达电池实业有限公司的诉讼请求。

原告没有上诉，（2013）深中法知民重字第1号民事判决生效。

四、几点解析

（一）行政诉讼中法院能否对专利权的有效性直接判决

这是一个有争议的问题。

持肯定态度的一方认为：（1）法院直接判决专利权的效力符合司法救济的效益原则，有利于节约行政、司法资源。（2）有利于协调判决主文同判决理由的关系，维持生效判决的权威性。当专利权明显应当被宣告无效、维持有效或部分无效时，如果生效判决书拒绝对此作出判决，则判决书的主文同判决理由显得不协调。（3）有利于相关民事诉讼案件的审理。专利无效行政诉讼一般都与民事诉讼有交叉，当法院撤销专利复审委员会的行政决定且专利权明显应当被宣告无效、维持有效或部分无效的，如果法院不对专利权的效力作出直接判断，则专利权的效力在相关民事诉讼中仍然处于不确定状态，如果专利复审委员会重作行政决定，则该决定具有可诉性，从而使相关民事诉讼被无限期中止。如果专利复审委员会不重作决定，则专利权的效力将一直处于不确定状态，也会导致相关民事诉讼被无限期中止。（4）符合国际惯例。据了解，日、韩等国负责审理专利无效案件的法院均有权对专利权的效力直接作出判断，并产生了良好的社会效果。（5）专利权是一种私权，对私权之有无和归属的判断，属于司法权行使的当然职能，法院直接判决专利权的效力没有损害当事人和专利复审委员会的权益，相反切中了当事人争议的焦点，实践中专利权人也并不反对这种判决方式。

持否定态度的一方认为：（1）法院直接判决专利权的效力的判决方式没有法律依据。我国《行政诉讼法》第五十四条规定的判决方式有维持判决、撤销判决、履行判决和变更判决四种，行政诉讼法相关司法解释增加了确认判决和驳回诉讼请求两种判决方式。法院直接判决专利权的效力，是对现有规定的突破。（2）法院直接判决专利权的效力会导致司法权与行政权之间的界限模糊不清。司法审查的对象是专利复审委员会作出一项决定是否符合法律的规定，即对具体行政行为的合法性进行审查，不能代行行政机关的职权而为具体行政行为。（3）在处理专业问题上行政机关具有优势条件，司法机关对行政机关虽然有监督制约的职能，但司法机关通常应当尊重和支持专业行政机关得出的结论。（4）法院直接判决专利权的效力后如何执行判决也面临操作上的困难，如果由专利复审委员会再作出一次决定重新宣告一次，等于同一专利被两次宣告无效；如果直接将生效判决交国务院专利行政部门登记和公告而不是以专利复审委员会的名义，则是专利复审委员会未执行判决，有损法律的权威。（5）法院直接判决专利权的效力将使当事人尤其是专利权人失去两级程序救济的机会，也会导致无效请求人在无效宣告程序中撤回其请求的撤诉权丧失。

还有专家认为，对法院能否以及如何在判决中对专利效力进行判定，除涉及现行法律规定外，还涉及这类案件的诉讼性质（本质上是解决当事人之间的私权争议）、诉讼规律和诉讼原理（专利复审委员会居中裁决）及未来的发展方向等，有必要继续进行深入研究论证。但至少法院可以作出指示性的判决，即仅在判决理由中对涉案专利的实质性条件等问题作出评价，在判决主文部分明确判令专利复审委员会限期重作决定。❶

对于法院在行政诉讼中直接对专利权的有效性作出判决，笔者持否定态度。司法实践中，法院对此的做法是不确定的，但也渐倾向于否定的做法。本系列案的第一轮，北京市高级人民法院 2005 年 12 月作出的（2005）高行终字第 120 号行政判决中，在判决撤销一审判决和专利复审委员会的第 6121 号无效宣告请求决定后，就直接作出了"维持'无水银碱性钮形电池'实用新型专利权有效"的判决。但此后（2008 年、2010 年）的两轮判决，法院在撤销专利复审委员会的无效宣告请求决定后，也只是判决专利复审委员会重新作出决定，而再没有对专利权的有效性直接判决。

（二）对权利要求的解释应该遵循的原则及不当解释的后果

权利要求是对发明创造技术方案保护范围的界定，它涉及权利人和公众的利益。清晰的权利边界是专利权人维权和公众能够事先合理地确认专利保护范围从而避免侵权的基础和前提。根据《专利法》第二十六条和第五十九条的规定，权利要求书应当以说明书为依据，清楚、简要地限定要求专利保

---

❶ 见《专利复审与司法审查》，http://www.sipo.gov.cn/mtjj/2006/200804/t20080401_ 361956.html。

护的范围；必要时，说明书及其附图可以用于解释权利要求的内容。《最高人民法院关于审理侵犯专利权纠纷案件应用法律若干问题的解释》第二条规定，人民法院应当根据权利要求的记载，结合本领域普通技术人员阅读说明书及附图后对权利要求的理解，确定权利要求的内容。这些规定明确了专利权利要求保护范围的界定方法和要求，是法律依据。

本系列案历经三轮，每轮均一波三折，耗时长达十年，其中主要是因为专利技术方案权利边界的不确定性，专利复审委员会的每一轮决定，都因为法院对权利要求的技术特征引入了新的解释而被推翻，这些先后出现在不同阶段的新解释包括：（1）权利要求1中基片（金属片）与镀层之间形成了一种特定的附着关系，这种结构关系不同于公知常识及现有技术中因压制而形成的两个压制层之间的特定接触关系；（2）权利要求1中的"电池负极片"是指"已电镀镍或铜的金属片"。结合专利说明书、公知常识以及口审中专利权人的陈述可知，这些新的解释都是没有法律依据的，因而是不恰当的。不当的解释形成了新的限定，新的限定构成了新的技术特征，新的技术特征使此前在无效宣告程序中提供的对比文件和证据，以至整个专利无效宣告请求审理过程都成为无的放矢。这不仅不公平，而且也使司法及行政资源无谓浪费。

（三）专利说明书中"要解决的技术问题"对评价专利创造性的影响

如何评价专利的创造性似乎是一个永恒的话题。通过确定最接近的现有技术、确定区别特征及要解决的技术问题、判断是否显而易见的"三步法"无疑对评价专利的创造性有帮助。

根据涉案专利说明书的记载，专利申请人认识到水银（汞）之所以能够防止漏液，是因为它能够在锌与其他原料或金属之间形成隔离，防止它们之间的接触，要解决钮形电池无汞化这个技术问题就是要找到一种能够代替汞的材料，使其亦能够在锌与其他原料或金属之间形成隔离。从专利说明书的记载看，专利申请人从未认识到层压结构的电池负极片与电镀结构的电池负极片孰优孰劣；也从未认识到要对电池负极片本身的结构作出专门的改进；申请人也没有针对电池负极片本身的结构变化进行任何尝试性的探索。相反，专利申请人认为在电池的负极片上镀上铟或锡，就可以防止锌与负极片接触而产生气体膨胀，就已经完成了其发明的任务；专利申请人在专利说明书中并没有提及其已经完成的该项发明是否还有待进一步的改进，诸如要对电池负极片本身的结构作进一步的改进并为此付出了创造性的劳动。

本系列案在行政诉讼阶段的审理走了弯路，没有围绕专利说明书这个核心，没有抓住"要解决的技术问题"这个主要矛盾，却跟随着专利权人一方的引领，在新的语境下审理专利的创造性问题，并不断给出新的解释。过程、方法是错误的，其结果是否正确自然不言而喻。值得反思的是，专利权人由于利益所在，为维持专利权而穷尽手段，这可以理解，但法院在审理案件时应当有基本的原则和清晰的思路，不应受其干扰和蒙蔽。

五、结语

专利的权利边界是区分专利权人利益和公众利益的分界线，必须恰当、清晰、明确且固定，一条模糊或游移的分界线实质上是一根引发纷争的导火线。有权划界（包括确定权利要求和解释权利要求）的人能否依法运用好手中的权力，客观、公正、恰如其分地确定这条分界线，关系到的不仅是个案的定分止争，还有社会的公平正义。

✎ 作者简介

刘孟斌律师，从 1987 年进入中国人民大学法律系知识产权专业学习起算，入行已逾 30 年。刘孟斌律师在 20 世纪 90 年代初即已考取律师资格证和专利代理人资格证并开始执业，是我国当时为数不多的"双证律师"。执业多年，刘孟斌律师代理的案子不少成为各级法院、政府和行业协会认定的典型案例，例如，佛陶案和康宝案是 1996 年中美知识产权谈判中我方谈判代表向美方列举的体现中国知识产权保护成果的两个典型案例；LUX 商标侵权案是我国的平行进口第一案；中国音乐著作权协会诉深圳某公司侵犯音乐著作权案是手机铃声下载第一案。还有"999"商标侵权案、EVEREADY 商标侵权案、空客 A380 登机桥专利侵权案、培正商标侵权案、adidas 商标侵权案，等等，都在中国的知识产权发展史上留下了痕迹。

　　刘孟斌律师现为国家知识产权专家库专家、最高人民法院知识产权案例指导研究（北京）基地专家咨询委员会专家，首批被中华全国专利代理人协会评定为专利代理行业领军人才，2017 年被广州市律师协会授予"广州知识产权大律师"称号。他担任的社会职务包括：中华全国专利代理人协会常务理事、中华全国律师协会知识产权专业委员会委员、广州市律师协会常务理事、广州市律师协会业务研发与继续教育工作委员会主任、广州市律师协会专利法律业务专业委员会主任、广州知识产权法院律师调解员、中国广州仲裁委员会仲裁员、广州市法学会知识产权专业委员会主任等。

作品雷同　是否侵权

——从亚运会会徽案看美术作品的侵权认定标准

北京市中伦（广州）律师事务所　王永红

【本文摘要】

美术作品侵权认定最常适用的原则和标准为"接触+实质性相似"标准。就"接触"判定而言，判断被诉侵权者是否有接触到受保护作品的可能性，不能简单从理论上推定，还应当结合美术作品的公开方式、公开范围、公开时间、受众数量、作者及作品主题的关联度等因素，进行个案分析。就美术作品的实质性相似认定方面而言，实践中因以同一或类似元素而创作出相似作品的可能性是存在的，因此需要首先排除公共元素后再从线条、色彩等表达方式、表现手法、作品主题寓意、创作高度等各个方面进行对比，方能突破主观表面感知带来的错觉，而不至于影响判断的准确性。同时，对于美术作品著作权侵权纠纷，我们还应当重点考虑被诉侵权美术作品是否具有独立的创作过程，从独创性的角度看两相似作品是否可以同时受到著作权法保护。

我国《著作权法》第四十七条、第四十八条规定，剽窃他人作品的，应当承担停止侵害、消除影响、赔礼道歉、赔偿损失等民事责任。不同于文字作品，美术作品是以线条、色彩或其他方式组合构成的富有美感的作品，判定美术作品是否构成侵权，难以采用技术方法进行比对，并容易受主观视觉和个人认知差异的影响而出现截然不同的判断结果。因此，明确美术作品的侵权认定标准，对于美术作品的著作权保护具有重要意义。笔者有幸代理了亚运会会徽案，该案涉及了诸多美术作品侵权认定问题，下文笔者将就该案向大家分享一些处理美术作品侵权纠纷的实践经验。

一、基本案情❶

原告：黄某良，原番禺职业技术学院学生。

被告：吴某旻、张某、广州市众家设计有限公司（简称"众家公司"）。

第三人：第16届亚运会组委会工作委员会、第16届亚运会组委会。

原告黄某良于2006年5月参加"网游动漫总动员—广州"标志征集大赛，设计了"五羊+火焰+动漫色彩+动漫感觉"标志（简称"动漫作品"，见图1），该作品于2006年5月25日在广州网游动漫网上公开展示投票，投票结束后，该作品仅得12票，未获得本次大赛名次。亚运会会徽从2006年6月8日开始征集，半年后，亚运会会徽（简称"会徽作品"，见图2）公布。众家公司受亚组委的委托创作会徽作品，被告吴某旻、张某为众家公司设计团队成员，参与了会徽设计。根据众家公司与亚组委的委托设计合同，会徽作品的著作权属于第三人亚组委。原告认为公布的会徽作品抄袭其动漫作品，遂起诉三被告侵害其动漫作品著作权。请求：（1）确认原告黄某良为第十六届亚运会会徽的共同作者；（2）要求三被告停止侵权、在国内省级以上媒体公开赔礼道歉、消除影响；（3）要求三被告赔偿经济损失10万元（被告因侵权而获得的奖金）以及维权费用（约1万元）；（4）第三人可以继续将会徽用于与亚运会有关的宣传、经营等用途，但应当在适当场合追认原告是中标会徽的作者。

法院判决认为，会徽作品与原告作品在线条组成、间隔、文字内容和大小、颜色运用、表达的内容内涵等方面是有区别的，即使在整体上构成相似，也是因为二者的创作都是来源于五羊雕塑，具有相同的创作素材。被告和第三人所举证据表明会徽作品具有独立创作过程。因此，即使两作品表达形式相似，也不影响各自分别获得作品的著作权。会徽作品不属于剽窃作品，不构成侵权。故驳回原告全部诉讼请求。

---

❶ 广东省中山市中级人民法院（2007）中中法民三初字第49号民事判决书。

图1 原告动漫作品

图2 亚运会会徽作品

二、美术作品侵权判定标准

认定美术作品是原创还是抄袭，不能简单依赖于视觉直观感受。原告黄某良指称会徽作品是对其美术作品的抄袭，其所持的基本理由是其美术作品发表时间早于会徽作品，且会徽作品有点像其美术作品，并以网络调查中大部分公众都认为二者相似的事实作为论据。普通公众容易凭主观感觉认定美术作品之间近似、雷同，构成抄袭，但从法律角度来看却并非一定如此。目前，司法实践较常适用的侵权判定标准为"接触+实质性相似"标准，即被控侵权人首先需要直接或间接接触过受著作权保护的作品，或具有接触到受保护作品的可能性，在此基础上，再对作品是否构成实质性相似进行判断。因此，认定美术作品是否侵权，焦点问题往往在于被控侵权人是否具有接触作品的可能性以及作品之间是否构成实质性相似。但同时，基于著作权制度的特殊性，我们还需要考虑不同作品是否可能存在共存的情形发生。

（一）独创性认定

在美术作品侵权纠纷中，首先要考虑一个基本问题，即涉案作品与被控侵权作品是否构成著作权法意义上的作品，是否符合著作权法保护标准。《著作权法实施条例》第二条规定，著作权法所称作品，是指文学、艺术和科学领域内具有独创性并能以某种有形形式复制的智力成果。据此，具有独创性才是构成著作权法意义上的作品，受到著作权法保护的基本要求，创作者需独立创作、独立完成作品，且作品需具有一定创造性，体现创作者一定的智力水平。在商标制度中，商标的基本作用是区分商品来源，防止消费者混淆，因此商标保护不考虑该标识是否为权利人独立创作，是否体现了智力劳动，一旦与他人注册商标近似并造成消费者混淆，就构成侵权。对于著作权而言，"针对同一题材的创作，不同作者以相同艺术形式创作的作品，只要具备独创性，即使雷同，也不构成剽窃。"❶ 不同于商标，著作权制度更强调对作者创作热情的鼓励和保护，只要各个作者都有自己独立的创作过程，不论作品完成的先后顺序，均可受到著作权法保护，并不排除多个作者对相同或相似的作品分别享有著作权的情况发生。若被诉侵权作品是由创作者独立创作的，即使其与涉案作品的表达方式存在相似之处，仍可受到著作权法保护。

在"重庆大轰炸"油画作品著作权侵权案❷中，原告高某小、雷某华与被告重庆陈可之文化艺术传播有限公司一同参加了重庆市城市建设发展有限公司发起的"重庆大轰炸"半景画展览工程招标活动，招标分为三轮进行，要求以重庆半岛受日本轰炸这一历史背景为主题分别创作作品，后来两原告认为被告第二轮参评作品抄袭了原告第一轮作品，并在媒体上发表，严重侵犯其著作权，遂诉至法院。重庆高院认为，"剽窃性侵权行为是复制性侵权行为的一种，衡量是否复制性侵权行为的一条基本原则是看被诉侵权作品中是否以非独创的方式包含了著作权人原作品中的独创性成果。"❸ 原告从七星岗、通远门的角度观察渝中地区，描绘了渝中地区独特的地形地貌，与被告在取景角度上存在相似之处，且两作品都涉及了飞机、死亡、逃亡、伤员救护、废墟残垣清理、救火等场景的描绘。尽管如此，法院最终还是认定被告作品不构成抄袭剽窃。究其原因，是因为地形地貌、取景角度等均属于共有领域的素材，是非独创性表达，即使其他作品参考借鉴了该部分，也不会被认定为抄袭。而且由于双方均就同一历史背景进行创作，创作元素互有相似雷同是无法避免的，但两幅作品在画面主体、场景刻画、近景描绘等具体表现手

❶ 杨巧. 美术作品相似是否构成"剽窃"的认定——对一起文字画作品侵权案的思考 [J]. 知识产权，2010 (4)：55.
❷ 见重庆市高级人民法院（2006）渝高法民终字第 129 号民事判决书。
❸ 见重庆市高级人民法院（2006）渝高法民终字第 129 号民事判决书。

法和对地平线、两岸景致及两江的角度和流向等细节处理上都有各自独创性的表达，因此均可获得著作权法保护，不会因近似被认为抄袭而构成侵权。

（二）接触可能性的判断

认定美术作品是否因抄袭构成侵权，被控侵权人与受保护作品之间的接触是前提和基础。如果被控侵权人在客观上没有接触作品的条件和可能性，也就不可能存在一作品抄袭另一作品的情形。北京知识产权法院在兰州银行股份有限公司等与涂某荣著作权权属、侵权纠纷二审案中，就指出，所谓"接触可能性"一般具有两种情形，一是作品已经公之于众，二是作品为包括被侵权人在内的特定对象知晓。❶ 在实践中，认定是否对作品具有直接接触的可能性，往往需要考虑权利人与被控侵权人之间的密切联系程度。例如，双方是亲戚或好友，可通过日常交往接触到涉案作品；或者双方因工作需要或工作环境会知悉涉案作品等。除了直接接触外，实践中还会采用推定的方式认定被控侵权人间接接触了受保护作品。例如，权利人将美术作品进行展览，向公众公开，虽然没有指明具体的受众，但所有人都有接触到作品的可能性和条件。但应指出的是，适用推定方式需要结合公开方式、公开时间、受众范围等因素综合考虑被控侵权人接触作品可能性的大小，否则会不合理地扩大权利人对其作品的保护范围，限缩了公众创造力发挥空间，不利于激发公众的创作热情和动力。

（三）作品实质性相似的判断

复制权是著作权人对作品享有的重要权利，两件作品之间构成实质性相似，侵犯的实为作者的复制权。著作权保护表达不保护思想，判断美术作品之间是否构成实质性相似，还需要从美术作品当中包含的线条、色彩、构图等元素一一对其表达进行对比分析。对此，也有学者提出，"在美术作品侵权判定中，只要被控侵权的美术作品是作者手拿画笔亲自绘制，而不是以录像、翻拍等方式机械复制，就不能认定为侵权。"❷ 而在对美术作品进行比较分析时，还需要遵循一个基本原则，即去除公共元素原则。通常情况下，公

---

❶ 北京知识产权法院（2015）京知民终字第 235 号。

❷ 李自柱. 美术作品侵权判定需考虑被控侵权作品的形成方式——创世卓越公司诉湖南少儿出版社公司等侵犯著作权纠纷案评析 [J]. 中国版权，2014（5）：45.

共元素是社会公众的创作源泉，公众进行创作免不了需要借鉴公知领域中的公共元素，而借鉴了同一公共元素的作品往往容易在视觉上给公众造成作品相似的认知。但事实上，这些公共元素是不受著作权法保护的，否则将会严重损害社会公共利益，限制公众创作自由。因此，法律上认定两件作品是否存在相似性，首先要遵循去除公共元素的基本原则，需排除公共元素后再进行比较。在项某平与故宫博物院等侵犯著作权纠纷案中，北京市高级人民法院就认为，项某平的作品与理想公司的作品均采用汉字"宫"字作为设计的主体，来表现故宫建筑的恢宏和故宫馆藏的博大，但是这种设计理念属于思想创意的范畴，不是著作权法保护的客体，将"宫"字用书法、绘画等形式通过创造性劳动表现出来，才是受著作权法保护的内容，但是要排除属于公有领域中的设计元素。❶ 福建省高级人民法院在判定美术作品实质性相似时，就明确指出，"不同作者在利用相同的素材进行创作时，会具有不同的发挥及差异性的具体表达"，"判断时首先应当剔除原告作品中的思想部分，仅比较其作品的具体表达是否相似，此外还应当合理界定原告著作权的保护范围，防止原告对其非独创性表达的垄断"❷。

（四）作品实质性相似的认定主体

商标制度中，为了不造成商品来源的混淆，商标近似以普通消费者作为判断主体。而对于美术作品而言，尤其是以相同题材创作出来的美术作品，雷同或相似是非常正常的。根据我国著作权法制度，作品保护范围的划分采用思想与表达二分法，属于作者独创性的表达可受著作权法保护，而通过表达反映出来的更深层的作者的情感、作品的寓意等思想范畴的内容不受保护。由于"思想"与"表达"两者概念本身在法律上就没有明确定义，如何准确划分思想与表达的界限是司法实践的重点和难点。此外，如上所述，判定作品是否构成实质性相似之前需剔除作品中存在的公共元素，以保护社会公众的创作自由，被控侵权人只有抄袭了他人独创性部分，与作品构成实质性相似方能认定著作权侵权。在此情况下，即便是富有经验的司法人员或知识产

---

❶　见北京市高级人民法院（2006）高民终字第575号。
❷　见福建省高级人民法院（2016）闽民终1343号民事判决书。

权领域专家，在进行美术作品比对时往往都会遇到较大争议与分歧。因此，若著作权法采用如商标法一样的标准，要求一般公众准确把握相似的部分究竟是属于创作者的独创性表达，还是仅仅属于美术作品想通过表达传送出来的情感、创意等思想范畴的内容，清晰判断相似的部分是因融合了公共元素而形似、还是因抄袭了他人独创性部分而相似，这是极不现实的！因此，笔者认为，作品实质性认定还是应当以专业人员作为判断主体，合理界定作品的权利范围与保护范围，以实现充分激励创作的目的。

三、亚运会会徽案焦点问题评析

(一) 会徽作品是否具有独立创作过程

在司法实践中，独创性的认定，往往体现在对作品是否具有独立创作过程的考量。若被诉侵权作品是由创作者独立创作的，可以根据各自表达享有独立的著作权保护，不受他人干扰。安徽省高级人民法院在对田某华与安徽临水酒业有限公司著作权侵权纠纷上诉案中也提出，著作权法的独创性要求与专利法上的新颖性要求不同，不需要作品的表达是前所未有的，只需要其是经作者独立完成并体现出个性化特点即可。❶ 具体到会徽案，会徽作品与原告作品均是以绘画形式针对广州特色五羊雕塑进行创作的，若能证明会徽作品有独立创作的过程，即使两件作品被认定为相似，其仍可以受到著作权保护，并不会因此侵犯其他相似作品的著作权。

2006 年 6 月，亚组委向社会公开征集会徽作品。截至 8 月 15 日，亚组委共收到应征作品 2572 件。亚组委组织专家评审组对应征作品进行了评选。亚组委对专家评审组推荐的 10 件入围作品均不甚满意，决定委托广州美术学院、广州黑马广告公司、广州王序设计有限公司、众家公司等单位重新创作设计会徽作品。2006 年 9 月 5 日，众家公司与亚组委签署委托创作合同。9 月 27 日，众家公司向亚组委提交所设计的《亚洲窗》作品，其中的跑道概念得到亚组委的认可。10 月中旬，亚组委提出在会徽中加入广州"羊城"的

---

❶ 见安徽省高级人民法院（2008）皖民三终字第 0052 号民事判决书。

"羊"的元素，并要求会徽不仅要突出广州元素，还要体现运动会元素。根据亚组委提出的创作思路，广州美院、黑马公司、众家公司、王序公司等几家单位都向亚组委提交了含有五羊雕塑概念的设计作品。在设计中，张某发现"五羊雕塑"与亚洲窗中的跑道视觉元素有类似之处，同时也有人提出将五羊与跑道相结合，于是就考虑将五羊与亚洲窗中的跑道元素进行整合。2006年10月19日，张某绘出包括五羊、飘带、跑道等创作雏形的手稿。在手稿的基础上，张某指导设计人员李陈嘉对其中一幅图案进行勾图，并与梁懿慧一起对图案进行调色。形成一幅送交亚组委的备选作品A。同样在手稿的基础上，张某同时也指导本案被告之一吴某旻对图案进行勾图，后吴某旻又结合自己的考虑直接绘制，形成另一幅送交亚组委的备选作品B。众家公司将上述备选作品提交给亚组委，亚组委对于其中B作品比较认可，但对跑道数量、羊的姿态、数量，以及图案的色彩等方面有些不同意见。于是张某带领团队在B作品的基础上，形成很多类似的作品，供亚组委考虑选用。在上述大量类似的备选作品中，亚组委选定了其中一款图案作为基本图案，并要求众家公司继续修改完善。众家公司综合了亚组委及评审专家提出的很多修改意见，对作品进行细致的局部修改，在作品上部增加了3根很细的线条，作品腰部的线条加以丰满，消除纤细女人腰的缺陷，色彩也进行细部调整。此外，还附加行书的英文，以消除原作品底部的过于平直的缺点。至此，整个作品最终完成，并经亚组委确认采纳为亚运会会徽，于2006年11月26日向社会公布。

本案中，原告提供了动漫作品的创作手稿及网上发布作品的公证以证明其独立创作了动漫作品并进行了署名，应受著作权法保护。而会徽作品是在广泛征集的基础上，经过亚组委领导、专家、专业设计人员多次思想碰撞后反复修改而最终形成的，是集体独立创作和集体智慧的结晶。因此，即便会徽作品与动漫作品存在相似之处，且会徽作品完成时间晚于动漫作品，在两作品均有各自独立的创作过程的情况下，也不能就此认定在后作品抄袭了在先作品。

（二）会徽作品设计人员是否有接触动漫作品的可能性

基于原告动漫作品创作早于会徽作品，且在会徽作品开始创作前已经在网络上公开，而被告设计人员张某系同地区同行业的专业人士，具有知悉动漫作品的可能性和渠道，原告认为被告设计人员在设计会徽作品之前接触过其美术作品。对此，笔者认为，虽然动漫作品在网站上公开过，在理论上不能排除会徽作品创作人员接触其作品的可能性。但在实际中，仍应该从公开方式、作品受关注程度、原被告之间的关系等多种因素来认定会徽设计人员在创作之前及创作过程中，是否有接触动漫作品的可能性及接触概率的高低。据此，本案可从以下几方面主张被告设计人员接触动漫作品可能性的极小。

（1）原告参加的比赛是一个小型设计比赛，参与者主要是学生和年轻人，受众范围有限，影响力较小，作为专业设计公司的众家公司关注到该比赛的可能性较低。而且，该比赛的主题是动漫（漫画）的标志，与体育和运动会毫无关联，会徽作品创作人员即使想寻找创作灵感，也难以想到要去参考动漫领域的作品。

（2）原告在该次比赛中，未获任何奖项，受关注度较低，即使会徽作品创作人员想借鉴该比赛，要想从几百件参赛作品中碰到原告作品，也不是很容易的事。原告作品登载于网上之后，其阅览统计点击率只有728。但是仅广州美术学院一家，其在校学生就有7000余人，况且728的点击次数相对于全国几亿网民来讲，其点击率是非常低的。而且，原告同学李某炜证明，原告让同学帮忙到网上投票，可以说明动漫作品的很多点击有经过预先安排的可能性。换句话说，其他与原告关系不大的人员的点击可能性会更小，接触到动漫作品的概率更低。

（3）张某、吴某旻等会徽作品创作人员之前并不认识原告，也没有参加过该比赛或者担任该比赛的评委。原告也表示他未参加过亚运会会徽的征集活动。原告的美术作品在参加"网游动漫"比赛时只有编号，没有任何名称，也没有显示其与五羊雕塑有何关联。在不认识原告和不预先知晓原告美术作品的情况下，会徽作品创作人员通过百度、谷歌等主流搜索引擎无法搜索出原告的美术作品，难以对原告作品进行实际接触。

在被控侵权人没有接触到涉案作品的前提下，创作出与涉案作品具有实质性相似的作品的情形发生概率是非常低的。然而，在新时代新技术的发展推动下，很多作品可以通过互联网进行传播，使得地域和时间的限制被突破，只要连接互联网，从理论上来说，任何人都有接触作品的可能性。而这样简单的推定显然是不合理的，将会极大限制了公共领域的自由创作空间。因此，实践中还是应当具体情况具体分析，合理有据地对接触可能性的大小进行判断，慎用理论上的简单推定方式草率得出结论。

（三）动漫作品与会徽作品是否构成实质性相似

原告黄某良指称会徽作品是对其美术作品的抄袭，所持的基本理由是其美术作品发表时间早于会徽作品，且会徽作品有点像其美术作品，并以网络调查中大部分公众都认为二者相似的事实作为论据。然而，公众认为作品构成相似的部分并不一定能受到法律保护。这是由于原告的动漫作品是基于广州的城市象征五羊雕塑而创作的，而会徽作品为了体现广州特色，也融入了广州具有代表性的五羊元素。以五羊雕塑作为创作元素的作品肯定要表现五羊雕塑的基本形态，故而普通公众从表面来看会感觉两件作品相似，但这显然并不能作为认定会徽作品侵犯了动漫作品著作权的依据。因此，在除去众人认为相似的五羊雕塑这个公共元素后，再从以下几个方面对会徽作品和原告的动漫作品比较，可发现两件作品并不存在相似性。

1. 线条

从线条数量和形态角度来看，会徽作品没有一根线条与原告动漫作品的线条相同或者相似。动漫作品共有 14 根线条，每一区域的线条宽窄不一，组成 14 个琐碎的图形，间隔没有明显规律，每根线条的弯度不超过两个，用以表达火焰、动漫等简单元素。而会徽作品共用了 7 根线条，同一区域的线条宽度基本相同，组成内涵丰富的图形，用笔简练，三根线条有两个以上弯度，除了表达火焰之外，还有飘带象征，线条之间过渡自然、柔和，而且作品图形间隔基本保持一致，底部为产生跑道感觉，严格等宽，顶部为表现火焰及飘带的不定性，间隔特意有所变化，但总体视觉上却形成统一。

2. 色彩

从色彩和色调使用情况看，两件作品的色彩和色调并不一致。两件作品主要都采用了黄色和金色。本案中的专家证人就指出，对于设计来说，用黄色、金色、红色来表达火焰、火炬或者跑道，都是非常普通而常见的手法，并无特殊之处。此外，动漫作品的色彩和色调运用随性自由，无规律可循。

而会徽作品下面四条跑道则基本是红色，向上则稍微使用了渐变色，作品中部的 3 根线条则基本为金色。可见，原告作品色彩运用比较随意自由，契合动漫的主题，而会徽作品的色彩较规则，符合运动会的内涵。从设计角度来说，两者是完全不同的。

3. 寓意

会徽作品的元素寓意与动漫作品相距甚远。原告动漫作品设计的元素包括五羊、火焰和动漫作品常用色彩，所以原告作品线条表达的是一团类似于五羊雕塑的火焰，除此之外没有第二含义。而会徽作品不仅包含五羊雕像和火炬，更包括跑道、丝绸飘带、投掷动作的运动员等诸多元素。其中丝绸飘带寓意广州是海上丝绸之路的起点，投掷动作的运动员寓意运动会，会徽作品的底部采用了 4 根线条，除代表跑道外，还寓意 4 只小羊匍匐在母羊脚下。会徽作品底部的行书英文，则为了体现出一种不规则，打破线条底部的平直、锐利，使整个作品更显圆润、柔和。而原告作品底部有 7 根线条，除了表达一堆篝火的寓意之外，并无其他含义。因此，从元素寓意来看，两件作品也无相似之处。

4. 创作高度和创作目的

在设计行业，表达同样一种元素，线条越少、越简洁，设计难度就越大，这是设计行业的常识。会徽作品的线条数量仅为原告作品的一半，远比原告动漫作品简练。就两件作品同样表达的五羊雕塑的头颈部而言，原告作品用了 7 根线条，而会徽作品仅用了 3 根以表达出动感与韵味。所以，可以看出会徽作品创造难度要胜原告作品一筹。

此外，作为徽志类的产品设计来说，一个很重要的要求就是能满足商业化的使用。会徽作品为了实现在徽章上的目的，在设计上无论是放大到数十倍，还是缩小成一枚小小的徽章，其图案和每根线条都清晰可辨。而原告动漫作品一旦缩小到徽章大小，其图案和线条会模糊不清。可见，由于不同的设计目的，导致两者在对细节的设计和处理上差别非常之大。

综上，会徽作品虽与原告作品均基于共同的公共创作元素，但两者表现手法、表达方式、创作高度、作品寓意等多个方面均存在显著的区别。在除去共同的公共元素的情况下，两者根本不存在任何一点近似，完全是两个不同的设计作品，不存在任何的借鉴、抄袭或修改、剽窃等侵害著作权的问题。

（四）以普通公众为认定作品相似主体是否合理

具体到本案，原告主张要用普通人的眼光来判断两作品是否存在近似或抄袭，对此，原告以网络调查中大部分公众都认为二者相似的事实作为论据。笔者认为，以普通公众作为作品相似认定主体会遇到以下难题。

（1）认定美术作品是否抄袭、剽窃是一个法律问题，需要依据法律进行判断。由于普通人对于法律的理解可能会存在很多偏差，也可能存在对法律适用不清晰的问题，如不清楚何种权利应当用著作权来保护，何种权利需用商标权或专利权来保护。

（2）认定美术作品是否存在相似性，首先要去除公共元素后再进行比较，而会徽和动漫作品在去除五羊雕塑这个公共元素后，并不存在相似性。相关社会公众可能并不了解"五羊雕塑"属于公共元素，也难以掌握除去公共元素后的判断标准和方法。

（3）作为第三方，公众往往难以了解作品各自的独立创作过程，也不清楚创作过程对相似性的判断的重要影响，进而容易出现仅依赖表面直观视觉感觉来评估两作品相似性的情形。

鉴于此，本案中被告提供了相关专家证人出庭作证，对美术作品相关专业知识发表意见，最后法院也采信了设计方面专业人士的证言。在美术作品侵权纠纷中，笔者认为对作品是否存在相似性进行对比分析，应尽量弱化普通公众及社会媒体等外界的影响，而从专业角度出发就作品本身的线条、色彩、构图等方面进行比较，方能得出较为客观的结论。

四、小结

实践当中，不同于文字作品，美术作品的创作往往需要参照一定原型展开，以同一题材或同一背景创作出来的美术作品比比皆是。这就导致了大量雷同、近似的美术作品。但是不同作者之间创作出相似的美术作品，并不意味着在后作品一定剽窃抄袭了在先作品。在美术作品侵权纠纷中，作品可能因借鉴公共元素而相似，也可能因表达方式而相似。此时，我们首先要明确作品的保护范围和权利人对作品享有的权利范围，剔除作品中的公共元素再对作品进行对比分析，以免不合理地侵蚀了社会公共资源。此外，著作权制度鼓励和保护创作自由，允许具有独创性的相似作品同时受到著作权保护。在认定美术作品是否因抄袭剽窃而构成侵权时，除了要遵循"接触+实质性相似"原则，还需要就作品是否构成实质性相似，创作者是否有直接或间接接触作品的机会或条件等因素考量外，还需要充分考虑作品的创作过程是否独立进行、创作成果是否具有相应的独创性等因素。在综合考虑所有因素的基础上，才能对是否属于剽窃抄袭他人作品做出准确的法律判断。

✒ 作者简介

王永红律师，现为中伦律师事务所知识产权部权益合伙人，同时兼任中华全国律师协会知识产权专业委员会副主任，中国人民大学律师学院兼职教授，上海交通大学凯原法学院硕士生导师。

王永红律师于 2005 年入选国家知识产权战略制定工作领导小组战略专家；2011 年被评为广州亚运会亚残运会先进个人；2012 年被司法部推荐作为全国知识产权领军人才候选人；2015 年所代理的北京趣拿诉 quna. com 不正当竞争案被最高人民法院评为"2014 年中国法院 10 大知识产权案件"，并同时荣获《商法》杂志"2015 年度杰出交易"大奖；2017 年被授予"广州知识产权大律师"称号。

王永红律师在专利侵权诉讼、专利分析及无效、专利许可及运营等方面具有非常丰富的实务经验，经办的各种专利案件达数百件，可以提供专利业务的全产业链服务。同时，王永红律师在商业仿冒、不公平竞争、反垄断等业务领域也颇有研究与经验，经办了很多具有代表性的案件，曾代表众多国内外权利人打击品牌假冒行为。

基于王永红律师的影响力，法制网专门进行"影响力·中国律师系列访谈"的专访；人民网也就"专利代理业对律师是'开门'还是'关门'"问题对王永红律师进行专访。

跌宕起伏　花落谁家

——"荣华"月饼商标权属争议及侵权系列案

广东太平洋联合律师事务所　董宜东

【案件概评】

二十年诉争跌宕起伏未定论，荣华案商标花落谁家待止争。本案被评为 2012 年十大商标经典案例。

【本文摘要】

香港荣华饼家有限公司（简称"香港荣华"）以其使用的"荣华"月饼标识为未注册的驰名商标及知名商品的特有名称为由，对佛山市顺德区苏氏荣华食品商行（简称"顺德荣华"）提起"荣华"商标权属争议及侵权诉讼；顺德荣华以其在先使用"荣华"字号及标识、拥有"荣华"注册商标为由对香港荣华提起"荣华"商标权属争议及侵权诉讼，双方自 1998 年起因"荣华"商标权属及侵权纠纷引起的诉讼近四十件，从基层法院到最高人民法院，从一审、二审、再审到最高人民检察院抗诉，不同法院甚至同一法院做出的不同裁判让人眼花缭乱，诉争至今尚未完结。

本案的核心焦点是注册商标与实际使用商标的权利冲突，以及由此引发的商标使用证据的认定、注册商标的保护范围等问题，这些问题作为商标权权属及侵权纠纷案件的经典问题，既值得深入研究，也具有典型的指导和借鉴意义。

一、基本案情

香港荣华公司自述 1950 年于香港成立，1990 年前后进入内地市场，1991 年 7 月，向国家商标局提出"荣华"商标的注册申请，被国家商标局引证第 533357 号"荣华"商标驳回，香港荣华未申请复审，继续在内地销售

"荣华"月饼,同时于 1994 年成立东莞荣华饼家有限公司,生产销售"荣华"月饼产品。

顺德荣华自述成立于 1983 年,当时名为荣华饼食店,销售糕点、月饼等产品,1996 年向国家商标局申请注册"荣华"商标,被国家商标局引证第 533357 号"荣华"商标驳回,顺德荣华与第 533357 号"荣华"商标注册人达成转让协议,于 1997 年 12 月 28 日经国家商标局核准,受让第 533357 号荣华注册商标。后于 2004 年成立佛山市顺德区苏氏荣华食品有限公司,继续经营"荣华"月饼产品。

第 533357 号"荣华"商标由山东省沂水县永乐糖果厂于 1989 年 11 月 14 日提出申请,1990 年 11 月 10 日获准注册,核定使用商品糖果、糕点,1997 年 12 月 28 日经国家商标局核准,转让给顺德荣华所有。

顺德荣华受让第 533357 号"荣华"商标后,于 1998 年提出印刷体"荣华"商标的注册申请,获国家商标局初步审定公告后,香港荣华以其对"荣华"商标拥有在先使用权为由,提出异议,反对顺德荣华"荣华"商标的注册,后又启动诉讼程序,主张顺德荣华对"荣华"标识的使用构成对其在先使用的"荣华月饼"知名商品特有名称及未注册的驰名商标的侵权,顺德荣华对"荣华"商标权属纠纷的行政和诉讼程序积极应诉的同时,以香港荣华在内地生产销售"荣华"月饼侵犯其注册商标专用权为由,向法院提起诉讼。

至此,双方围绕"荣华"商标权属争议及侵权纠纷的行政确权及诉讼程序拉开帷幕,至今尚未完结。

二、裁判结果

第一回合:顺德荣华 初战告捷

在对顺德荣华申请注册的"荣华"商标提出异议的同时,1999 年 9 月,香港荣华向佛山市中级人民法院提起诉讼,诉称其在先使用的"荣华月饼"已经成为受法律保护的知名商品,顺德荣华"公然以'荣华月饼'的名称在市场上销售其月饼,该月饼包装盒与原告'荣华月饼'的包装盒几乎完全一致""是一种不正当竞争行为"(判决书第 3 页),要求法院判令顺德荣华停止侵权行为。

佛山市中级人民法院经审理，做出（1999）佛中法知初字第 124 号判决，判定顺德荣华的包装装潢构成对香港荣华知名商品特有包装装潢的侵权，但是在荣华文字的问题上，该判决认定"被告在其生产的月饼上使用'荣华月饼'四个字，既有历史在先使用的事实，也享有荣华及荣华月饼商标专用权，是合法的，依法也应收到保护。因此被告享有和使用的'荣华月饼'商标不构成侵权"，从而确定了顺德荣华对"荣华"商标的权利。

同时，2000 年 12 月，国家商标局也以（2000）商标异字第 2363 号、第 2364 号异议裁定书对香港荣华以在先使用权为由提出的异议申请做出裁定，认定顺德荣华申请的荣华商标不侵犯香港荣华的权利，商标予以核准注册。

对于香港荣华以在先使用权为由对顺德荣华"荣华月饼"商标提出的争议申请，商标评审委员会以商评字（2007）第 4131 号争议裁定书、北京市第一中级人民法院以（2007）一中行初字第 1355 号判决书、北京市高级人民法院以（2008）高行终字第 107 号判决书驳回了香港荣华的争议申请，维持顺德荣华的"荣华月饼"商标注册有效。

顺德荣华对"荣华"商标的权利得以确定，香港荣华的"荣华月饼"为知名商品特有名称的主张不被认可，顺德荣华初战告捷。

第二回合：香港荣华 反击胜利

2006 年 10 月，香港荣华以其在先使用的"荣华月饼"构成未注册的驰名商标和知名商品的特有名称为由，将顺德荣华的商标使用人诉至东莞市中级人民法院，主张顺德荣华的商标使用人在月饼产品上使用的"荣华月饼"文字构成对其"荣华月饼"未注册驰名商标和知名商品特有名称的侵权。东莞市中级人民法院经审理，做出（2006）东中法民三初字第 35 号判决，判定香港荣华在先使用的"荣华"构成未注册的驰名商标，顺德荣华公司商标使用人对"荣华月饼"文字的使用构成对香港荣华"荣华"未注册驰名商标的侵权。

顺德荣华不服，上诉至广东省高级人民法院。广东省高级人民法院经审理，于 2009 年 4 月 29 日做出（2007）粤高法民三终字第 412 号判决，判定香港荣华在先使用的"荣华月饼"构成知名商品的特有名称，顺德荣华公司商标使用人对"荣华月饼"文字的使用构成对香港荣华"荣华月饼"知名商品特有名称的侵权。同时认定，香港荣华在先使用的"荣华月饼"已通过反不正当竞争法获得保护，无需认定为未注册驰名商标。香港荣华，反击胜利。

第三回合：顺德荣华 成功翻盘

顺德荣华对广东省高级人民法院（2007）粤高法民三终字第 412 号判决不服，向最高人民法院申请再审，最高人民法院于 2011 年 10 月裁定提审该案，后经过审理，于 2012 年 8 月 28 日做出（2012）民提字第 38 号民事判决，判决认定（判决书第 34 页）"经续展，第 533357 号商标目前仍在有效期内，且其注册商标专用权仍属于苏国荣目前实际经营的佛山市顺德区勒流苏氏荣华食品商行""被诉侵权商品上文字部分的主要识别部分'荣华'与今明公司（注：顺德荣华的被许可人）被许可使用的第 533357 号商标的文字组合及呼叫基本相同，且该标识使用在月饼商品上，故今明公司在被诉侵权商品上使用'荣华月饼'文字的行为具有正当性"。随即判决撤销了广东省高级人民法院（2007）粤高法民三终字第 412 号判决对顺德荣华许可人侵权行为的判决认定，从而确定了顺德荣华对"荣华"商标的权利。

同时，2012 年 10 月 30 日，最高人民法院以（2012）知行字第 18 号行政裁定书，驳回了香港荣华以其对荣华月饼标识拥有在先权为由，向北京市高级人民法院以（2008）高行终字第 107 号判决提起的再审申请，维持了顺德荣华的"荣华月饼"商标注册有效。

对于香港荣华 2007 年提起、以顺德荣华在月饼产品上使用的"荣华月饼"文字构成对其"荣华月饼"未注册驰名商标和知名商品特有名称侵权的另一诉讼案件，广东省高级人民法院于 2013 年 11 月 1 日做出（2009）粤高法民三终字第 395 号民事判决，驳回了香港荣华的诉讼请求，认定顺德荣华在月饼产品上使用"荣华月饼"文字的行为具有正当性。

对于顺德荣华于 2011 年提起、以香港荣华在月饼产品上使用的"荣华"文字侵犯其"荣华"注册商标专用权案件，北京市第一中级人民法院于 2013 年 8 月 19 日做出（2011）一中民初字第 14867 号民事判决，判决认定香港荣华在月饼商品上使用"荣华"文字，已构成对顺德荣华"荣华"商标的侵权，不存在形成合法权益的可能，不构成知名商品的特有名称，随即判决香港荣华停止在月饼商品上使用"荣华月饼"文字、侵权顺德荣华"荣华"注册商标专用权的行为，并承担相应的民事赔偿等责任。

顺德荣华对"荣华"商标的权利再次得以确认，香港荣华的"荣华月饼"被判定为侵权，顺德荣华成功翻盘。

第四回合：香港荣华　再次翻转

在香港荣华对顺德荣华申请的"荣华""金荣华"商标异议案中，北京市高级人民法院在 2014 年 4 月 19 日做出（2014）高行终字第 2010 号、第 2011 号行政判决中，认定香港荣华的"荣华月饼"构成在先使用并且具有一定影响的商标，顺德荣华申请注册的第 3865608 号"荣华"商标、第 3532892 号"金荣华"商标构成对香港荣华在先使用并且具有一定影响商标的侵权，判决维持了商标评审委员会对顺德荣华的"荣华"及"金荣华"商标不予注册的裁定。

在香港荣华 2009 年提起、以顺德荣华在月饼产品上使用的"荣华月饼"文字构成对其"荣华月饼"未注册驰名商标和知名商品特有名称侵权的另一诉讼案件，广东省高级人民法院于 2017 年 6 月 1 日做出（2013）粤高法民三终字第 488 号民事判决，认定香港荣华在先使用的"荣华月饼"构成知名商品的特有名称，顺德荣华在月饼商品上使用的"荣华月饼"文字构成对香港荣华"荣华月饼"知名商品特有名称的侵权，判决顺德荣华停止侵权，并承担相应的民事赔偿等责任。

香港荣华的"荣华月饼"再次被认定为知名商品的特有名称，顺德荣华对"荣华月饼"的使用被判定侵犯香港荣华的知名商品特有名称权，香港荣华再次翻转胜利。

第五回合：顺德荣华　再次翻盘

对于顺德荣华于 2011 年提起、以香港荣华在月饼产品上使用的"荣华"文字侵犯其"荣华"注册商标专用权案件，北京市高级人民法院于 2017 年 12 月 15 日做出二审判决［案号（2013）高民终字第 4324 号］，再次判决认定香港荣华在月饼商品上使用"荣华"文字，构成对顺德荣华"荣华"注册商标的侵权，不存在形成合法权益的可能，不构成知名商品的特有名称，随即判令香港荣华停止在月饼商品上使用"荣华月饼"文字、侵权顺德荣华

"荣华"注册商标的行为，并承担相应的民事赔偿等责任。

顺德荣华的荣华商标权得到保护，顺德荣华再次成功翻盘。

第六回合：香港荣华 再掀波澜

对于最高人民法院未认定香港荣华的"荣华月饼"为知名商品的特有名称，同时确认顺德荣华对"荣华"商标享有权利的（2012）民提字第38号民事判决，香港荣华不服，向最高人民检察院提起抗诉申请，最高人民检察院经该院检察委员会讨论决定，以高检民抗字（2016）第1号民事抗诉书，对（2012）民提字第38号民事判决向最高人民法院提起抗诉。最高人民法院以（2017）最高法民再197号案对该案再审，已于2017年11月7日开庭审理，目前尚未做出判决。香港荣华能否再次成功翻盘，还需等待最高人民法院的再审判决。

三、争议焦点解析

本案的核心争议焦点问题是注册商标与实际使用商标的权利冲突，以及由此引发的商标使用证据的认定、注册商标的保护范围等问题，具体如下。

（一）商标在港澳地区使用的证据能否作为在内地主张权利的证据

一种观点认为，争议一方位于香港，另一方位于广东，所属地域相邻，商标在港澳地区的使用证据可以作为在内地主张权利的证据。

广东省高级人民法院（2007）粤高法民三终字第412号民事判决认定（判决书第52页）："而现有证据表明，早在第533357号'荣华'商标核准注册和苏国荣核准受让该商标之前，香港荣华公司已大量销售'荣华月饼'，通过抽奖活动、赞助女排大奖赛等方式，使'荣华月饼'在香港和内地具有相当高的知名度。"从而认定香港荣华使用的"荣华月饼"为知名商品特有名称，而其中的抽奖活动发生在香港，女排大奖赛发生在澳门，均被认定为在内地主张权利的证据。

北京市高级人民法院（2014）高行终字第2010号、第2011号行政判决，以及广东省高级人民法院（2013）粤高法民三终字第488号民事判决也做了类似的认定。

另一种观点认为，虽然香港是我国的一个特别行政区，但香港和内地属于不同的法域，根据商标地域性的原则，商标在港澳地区使用的证据不能作为在内地主张权利的证据。

北京市高级人民法院在（2013）高民终字第 4324 号民事判决中认定（判决书第 44 页）："香港荣华公司、东莞荣华公司虽然主张其在月饼上使用的'荣华'标识构成在先未注册驰名商标及知名商品特有名称，但本案现有证据不能证明在第 533357 号'荣华及图'商标申请注册之前，香港荣华公司、东莞荣华公司使用在月饼上的'荣华'标识已经在中国内地进行大规模的商业性使用，故在案证据不足以证明香港荣华公司、东莞荣华公司使用在月饼上的'荣华'标识在第 533357 号'荣华及图'商标申请注册前已经在中国内地通过使用形构成未注册驰名商标或知名商品特有名称。"虽然香港荣华在该案中同样提供了在香港的抽奖活动、在澳门赞助女排大奖赛等相关证据，但法院并未以此认定香港荣华在内的使用和知名度。

北京市第一中级人民法院（2001）一中民初字第 14867 号民事判决也做出了类似的认定。

最高人民法院（2012）民提字第 38 号民事判决虽然没有对香港荣华的"荣华月饼"是否构成知名商品特有名称做出判定，但在该院知识产权审判庭就（2012）民提字第 38 号民事判决答复国家工商行政管理总局商标局的复函中认定："根据我院在（2012）民提字第 38 号民事判决中查明的事实，香港荣华公司在 1990 年 11 月 10 日前的宣传和使用行为主要发生在香港地区，并没有证据证明香港荣华公司的'荣华月饼'在第 533357 号'荣华'商标核准注册前已在内地具有一定知名度"。

笔者认为，虽然香港澳门已成为我国的特别的行政区，但香港澳门与内地实行不同的法律制度，二者分属不同法域，根据商标地域性的属性，商标在港澳地区使用的证据，不能作为在内地直接主张权利的证据。当然，如果确实有在内地实际使用的证据，商标在港澳地区使用的证据，可以作为参考和补充，但不可能单独作为直接或主要证据在内地主张权利。在内地商标权利的确定，应以内地的使用证据为主要依据。

（二）受让商标商标权的保护期间问题

在本案中，顺德荣华的第 533357 号"荣华"商标于 1997 年 12 月 28 日经国家商标局核准受让取得，且顺德荣华不能提供该商标在受让之前原注册人山东省沂水县永乐糖果厂在月饼产品上的使用证据。顺德荣华能否以其受让之前、商标获准注册之后的注册商标权对抗香港荣华在内地的在先使用权，不同的法院有不同的观点。

一种观点认为，香港荣华使用的"荣华月饼"在 1997 年 12 月 28 日顺德荣华受让第 533357 号"荣华"商标之前就已经具有较高知名度，依法应受法律保护。

东莞市中级人民法院（2006）东中法民三初字第 35 号民事判决认定（该判决第 46 页至 47 页）：香港荣华提交的 1991 年至 1997 年的大量证据，"能够证明在 1997 年 12 月 28 日第 533357 号注册商标核准转让给第三人苏国荣之前，荣华月饼已在国内大量销售，'荣华'为注册商标已被大范围、频繁强烈地使用和宣传""质言之，本院认为，在 1997 年 12 月 28 日第 533357 号注册商标核准转让给第三人苏国荣之前，原告的'荣华'未注册商标已通过长期持续的使用和宣传成为使用在月饼商品上的驰名商标"。

广东省高级人民法院（2007）粤高法民三终字第 412 号民事判决认定（判决书第 52 页），"但在苏国荣受让该商标前，没有证据证明第 533357 号'荣华'注册商标实际使用在月饼或该商标核定使用的糖果、糕点等产品上，更不具有知名度"，"而现有证据表明，早在第 533357 号'荣华'商标核准注册和苏国荣核准受让该商标之前，香港荣华公司已大量销售'荣华月饼'，通过抽奖活动、赞助女排大奖赛等方式，使'荣华月饼'在香港和内地具有相当高的知名度"，从而认定香港荣华使用的"荣华月饼"为知名商品的特有名称，而其中证明其具有相当高知名度的证据，均发生在该商标转让之后。

另一种观点认为，在 1990 年 11 月 10 日第 533357 号"荣华"商标获得注册之后，该商标即受法律保护，香港荣华在相同或类似商品上使用的"荣华月饼"构成对该注册商标的侵权，不可能再形成受保护的合法权利。

北京市第一中级人民法院（2011）一中民初字第 14867 号民事判决（判决第 45 页）认定："苏国荣虽然于 1997 年 12 月 28 日才获得涉案商标一（即第 533357 号'荣华'商标），但是其因受让涉案商标一获得的在先权益包括禁止在后商标申请注册和使用等，仍然应当以涉案商标一的申请注册日起算，仅是索赔请求权应当以受让日开始计算"。

北京市高级人民法院在（2013）高民终字第 4324 号民事判决中认定（判决书第 43 页）："第 533357 号'荣华及图'商标早在 1989 年 11 月就申请注册，并在 1990 年 11 月就核准注册，而本案现有证据并不足以证明在第 533357 号'荣华及图'商标申请注册之前，香港荣华公司与东莞荣华公司使用在月饼或类似商品上的'荣华'商标已经在内地实际使用并以形成足以对抗第 533357 号'荣华及图'商标专用权的民事权利或者合法权利"。

最高人民法院（2012）知行字第 18 号行政裁定认定（裁定第 7 页）："在'荣华及图'注册商标有效存续的情况下，依照中国现行的商标注册法律制度，在争议商标申请注册时，荣华公司在中国大陆地区使用的'荣华'未注册商标，不能认定为商标法第三十一条所指的在先使用并具有一定影响的商标"。

广东省高级人民法院（2013）粤高法民三终字第 488 号民事判决也做了相同的认定。

笔者认为，按照商标法的规定，权利主体经受让取得的注册商标专用权，虽然自国家商标局核准转让之日起享有注册商标利，但商标自核准注册之日起，就受法律保护，就产生了对他人在后注册和使用的排他权利。

（三）文字商标近似判定问题

本案中，第 533357 号 注册商标由圆圈内变形的文字荣华构成，香港荣华使用的 文字是由专人书写的具有魏碑特征的繁体文字。两者是否构成近似，不同的法院做出了不同的认定。

一种观点认为，两者表现方式不同，不会造成消费者混淆，不构成近似。

广东省高级人民法院（2007）粤高法民三终字第 412 号民事判决（判决书第 53~55 页）认定："尽管（香港荣华）'荣华月饼'中的'荣华'文字与第 533357 号荣华注册商标中圆圈内的文字相同，但两者在表现方式和实际使用中均存在差异，在规范使用的情况下，相关公众施以一般注意力不会导致混淆和误认。"

广东省高级人民法院（2013）粤高法民三终字第 488 号民事判决也做了

类似的认定。

另一种观点认为，虽然两者文字表现形式不同，但其文字组成及呼叫基本相同，两者同时使用在月饼商品上，会导致相关公众的混淆误认，构成近似。

北京市高级人民法院在（2013）高民终字第4324号民事判决中认定（判决书第44页）："被控侵权月饼的外包装铁盒上印有'荣华月饼''荣华'，月饼独立包装袋上印有'大荣华月饼''香港荣华月饼'，月饼上印有'荣华'，与第533357号'荣华及图'商标相比，或者完全相同，或者仅加上产地、商品名称或简单修饰语，二者在含义、呼叫上相近且容易导致消费者的混淆误认，故已构成近似商标。"

最高人民法院（2012）民提字第38号民事判决认定（判决第34页）："被诉侵权商品上文字部分的主要识别部分'荣华'与今明公司被许可使用的第533357号商标的文字组合及呼叫基本相同，且该标识使用在月饼商品上，故今明公司在被诉侵权商品使用'荣华月饼'文字的行为具有正当性。"

最高人民法院（2012）知行字第18号行政裁定、广东省高级人民法院（2009）粤高法民三终字第395号民事判决也做了类似的认定。

笔者认为，文字商标近似的判定，与图形等其他类型商标有着不同的特点。文字商标近似的判定，由于构成商标的文字的含义和呼叫是固定的，不会因为文字字体的改变而改变，除非已经变形到无法识别，否则，商标只要文字的构成相同，就会产生相同的含义或呼叫，二者构成相同或近似商标。国家商标局《商标审查标准》规定，文字商标构成商标的文字相同，因字体、字母大小写或者文字排列方式有横排与竖排之分使两商标存在细微差别的，仍判定为相同商标。仅字体或设计、注音、排列顺序不同，易使相关公众对商品或者服务的来源产生误认的，判定为近似商标。

（四）注册商标与实际使用商标的权利冲突问题

本案中，香港荣华以其对"荣华月饼"文字拥有在先使用权为由，要求保护其知名商品特有名称权，顺德荣华以其受让的第533357号"荣华"注册商标，要求保护其注册商标专用权。对于实际使用商标与注册商标的权利冲突问题，不同的法院乃至同一法院前后做出了不同的认定。

一种观点认为，虽然顺德荣华拥有第 533357 号"荣华"商标，但该商标受让之前并未实际使用，因此，应当保护香港荣华的在先使用权。

广东省高级人民法院（2009）粤高法民三终字第 488 号民事判决（判决第 77~79 页）首先认定了顺德荣华享有的第 533357 号荣华注册商标的专用权应该从 1990 年该商标注册之日起算起，其次认定了 1990 年至 1997 年顺德荣华受让荣华商标期间香港荣华对"荣华月饼"的使用及其影响力和知名度，最后得出结论："综上所述，从两家企业拥有和使用'荣华'文字的历史和发展现状，两家企业使用'荣华'文字的主观心态，特别是从鼓励对有限商业标识资源积极有效使用的原则出发，应当认定（香港）荣华公司享有'荣华月饼'知名商品特有名称权"，从而认定顺德荣华使用的"荣华"月饼标识侵犯香港荣华知名商品特有名称权。

北京市高级人民法院（2014）高行终字第 2010 号、（2014）高行终字第 2011 号行政判决，以及广东省高级人民法院（2007）粤高法民三终字第 412 号民事判决也做了类似的认定。

另一种观点认为，顺德荣华拥有的第 533357 号"荣华"商标依法应受法律保护，自该商标 1990 年注册之日起，香港荣华对"荣华月饼"标识的使用构成对顺德荣华第 533357 号注册商标的侵权。

北京市高级人民法院在（2013）高民终字第 4324 号民事判决中认定（判决书第 43 页）："本案现有证据并不足以证明在第 533357 号'荣华及图'商标申请注册之前，香港荣华公司与东莞荣华公司使用在月饼或类似商品上的'荣华'商标已经在大陆地区实际使用并以形成足以对抗第 533357 号'荣华及图'商标专用权的民事权利或者合法权利。"进而做出香港荣华使用的"荣华月饼"标识构成对顺德荣华第 533357 号"荣华"注册商标侵权的判决，保护了顺德荣华的"荣华"注册商标专用权。

最高人民法院（2012）知行字第 18 号行政裁定也做了类似的认定。

最高人民法院知识产权审判庭就（2012）民提字第 38 号民事判决答复国家工商行政管理总局商标局的复函中认定："在他人已有注册商标专用权存在的情况下，香港荣华公司不能依据其在后对'荣华月饼'的使用行为，以相同或者近似标识在'月饼'这一类似商品上再取得一个知名商品特有名称权。"

对于注册商标与实际使用商标的权利冲突问题，笔者认为，有两种情况：

一种情况是，注册商标在先，使用商标在后。对于此种情况，不论实际使用商标的使用时间有多长、范围有多广、知名度有多高，均不可能成为受法律保护的权利，更不可能反过来限制在先注册的商标权。因为商标注册之后，就产生注册商标专用权，他人在相同或类似商品上的使用，就会构成对在先注册商标的侵权，其重复大量的使用，也不可能因为量的叠加改变其行为侵权的性质，从而成为受法律保护的合法权利。正如最高人民法院知识产权审判庭就（2012）民提字第 38 号民事判决答复国家工商行政管理总局商标局的复函中所述："商标核准注册后，在其核定使用的商品范围内，与其相同或者近似的标识，不能再通过实际使用行为而产生未注册商标权或者知名商品特有名称权，否则将损害商标注册制度的基本价值。"

另一种情况是，使用商标在先，注册商标在后。对于此种情况，《中华人民共和国商标法》第十三条、第十五条、第三十二条以及第四十五条规定了明确的救济措施，即商标在先权利人可以根据商标法的规定申请撤销在后注册的商标。但是在该商标依法被撤销之前，根据 2014 年版之前的商标法，在先使用人如果在他人就该商标获得注册之后仍然继续使用的，会构成对在后注册商标的侵权。根据 2014 年版的商标法，如果在他人申请注册之前，先于注册申请人使用并具有一定影响的，在先使用人也只能够在原来的范围内继续使用，并可能被要求附加适当的区别标识，而不可能反过来限制已经获得合法保护的注册商标。即便是商标注册后没有实际使用的商标，根据商标法第六十四条之规定，也只是免除商标侵权人的赔偿责任，而不可能改变商标侵权行为的侵权性质。

四、案件启示

顺德荣华和香港荣华因"荣华"月饼商标相互诉讼多年，除对诉讼本身的分析外，思考分析纠纷形成的原因，避免或减少同类诉讼事务的发生，不论对于两家企业本身，还是对于其他法律主体，都具有重要的启发和警示作用。

1. 了解并尊重遵守法律规定，是避免或减少同类诉讼事宜发生的前提和基本条件，也是企业正常合法经营的基本要求

对于香港荣华而言，自述 1950 年就已在香港成立，1990 年前后就已进入中国市场，然而在 1991 年申请注册"荣华"商标被驳回后，却没有采取任何补救措施，而是继续我行我素地在内地经营销售"荣华"月饼产品。香港荣华的这种行为，可能与在英美法系商标注重实际使用法律环境下的香港企业，对内地商标保护的相关法律规定不了解有直接关系，但相信如果当时采取了相应的诸如受让商标、撤销在先注册商标或合理避让等补救措施，也不至于陷入到后面二十多年的诉争当中。

对于顺德荣华而言，1983 年就已成立，虽然发展规模和速度不及香港荣华，但在 1997 年商标申请被驳回后，及时与原商标注册人协商受让"荣华"商标，不能不说商标意识不强。但在受让"荣华"商标后，如果能在经营过程中注意与香港荣华产品包装的区别，相信在后面的商标维权过程中面临的压力要比现在轻松得多。

2. 诉讼是保护权利、解决纠纷的有效手段，不是唯一手段

两家企业在多年的诉讼过程中，每一次判决都会给其中一方或双方的经营带来很大的困扰和影响，造成不可挽回的损失，广东省高级人民法院（2007）粤高法民三终字第 412 号民事判决和（2009）粤高法民三终字第 488 号民事判决，直接影响到顺德荣华当年的月饼经营，使企业蒙受重大损失；同样，最高人民法院（2012）民提字第 38 号民事判决和北京市第一中级人民法院（2011）一中民初字第 14867 号民事判决，同样直接影响到香港荣华当年的月饼经营，造成很大损失，乃至连续使用六十多年的"荣华月饼"不得不改为"元朗荣华"或"WINGWAH"。

诉讼的确是保护权利、解决纠纷的有效手段，但并非唯一手段。在漫长的诉讼过程中，法院多次组织双方调解，其中有几次甚至无限接近达成协议，但终因某些原因而未能达成。在市场竞争本来就十分激烈的情况下，双方都需要分散大量精力应付诉讼而不能专注于市场的经营，不论为此做出的付出，还是诉讼带来的不利影响，对双方都是不必或不能承受之重。

五、结语

粤港两地本来地缘相近，文化相同，两家企业却因一盒荣华月饼诉讼缠斗二十多年，虽然现在还看不到结尾，但相信在各级司法机关及相关各方的努力下，事情尽快得到解决。最终不论"荣华"二字花落谁家，双方律师为本案付出的法律劳动都是有目共睹的，案件给予企业的启示都是深远的。

正所谓：二十年诉争跌宕起伏未定论，荣华案商标水落花开尽止争。

✒ 作者简介

董宜东律师，广东太平洋联合律师事务所主任律师、首席合伙人。自 1994 年起一直专注于知识产权法律事务。资深知识产权律师，著名商标代理人，著名商标品牌战略管理专家，原广东省商标事务所所长，中国案例法学研究会知识产权专业委员会委员，广东省知识产权专家库专家，广东省法学会知识产权法学研究会副会长，广东省律师协会知识产权法律专业委员会委员，广州市律师协会商标法律专业委员会主任，广州知识产权法院律师调解员，广州仲裁委员会仲裁员，香港商标协会首席法律顾问，香港特区政府生产力促进局内地知识产权顾问，香港特区政府"大中华区最佳创建品牌企业奖"历届特邀专家评委，2017 年荣获"广州知识产权大律师"称号。

对商标事务有着丰富的经验，是业界的权威专家。曾受多家国际知名企业邀请，提供商标品牌的策划设计、品牌战略规划和管理等咨询顾问服务。成功代理新百伦、王老吉、荣华月饼、可口可乐、南海渔村、陈李济等多家知名企业的商标侵权、维权案件，国际国内新闻界多次重点跟踪报道。

多次应邀在各地方政府、广东各级工商行政管理局、中山大学、暨南大学、广东省委党校、香港生产力促进局、香港律师协会、香港职业训练局、澳门连锁加盟商会等单位开办的知识产权培训班或讲座上演讲，受到主办单位和听者的好评。

反其垄断　促成和解

——从工业软件领域的反垄断案
看滥用（知识产权）市场支配地位的认定

广东踔厉律师事务所　田子军

【本文摘要】

　　在市场竞争中，垄断与反垄断总是处于不断辩争中。企业总是想越做越大，但是当企业占领较多的市场份额、一家独大时，便会限制市场竞争，不利于创造和维护公平、有序、稳定的市场竞争环境。处于垄断地位的企业往往会给出一些霸王条款。面对强势的垄断企业，处于弱势的小企业往往无计可施，被迫处于被动地位。而为了更好地构建合理的市场秩序，保护公平的市场竞争状态，维护企业的合法权益，必须严格遏止垄断行为。本文以法国工业软件公司与中国公司之间的反垄断案件为例，讲述如何认定滥用（知识产权）市场支配地位，说明中小企业善用反垄断法的重要性以及如何使用该法为其发展保驾护航。

一、基本案情

　　法国 D 公司为生产工业软件 C 的专业公司，其软件在建筑、航空、汽车工业设计中举足轻重，目前中国的汽车厂商半数以上使用 D 公司的工业软件。广州的 M 公司和 S 公司为汽车机器人制造商，分别从 D 公司购买了 10 套和 2 套 C 软件。后 D 公司发现两公司实际使用的数量超过了购买数量，于是向法院提起软件著作权侵权诉讼。M 公司和 S 公司委托了笔者所在律师事务所代理软件侵权案件。

接受代理工作后，笔者了解到 D 公司对 M 公司和 S 公司的软件销售报价条件为一揽子报价，报价中没有具体的软件功能描述、模块构成、数量，经过反复商议，D 公司仍然不愿意给出详细清单，并提出只有在同意其条件后方能给出详细软件清单。律师们觉得这个报价方案违反常理，属于霸王交易。于是对该软件的市场占有地位展开调查。经初步调查，D 公司对 C 软件拥有完全的著作权，该软件在汽车行业应用很广，第三方专业机构称该软件为汽车工业软件的事实标准。由于该软件对其他同类软件不完全兼容，尤其是不兼容二次开发。因此，如果厂商使用本软件，其供应商就必须使用该软件，否则无法匹配厂商的设计数据，供应商基于买方的软件应用对该软件形成了技术依赖。据此，律师们的调查方向从软件侵权案件转向了反垄断调查。

经过深入调查，律师们认为 D 公司的 C 软件具有市场支配地位；D 公司的报价方案属于强制交易，交易方式不符合公平、合理、无歧视原则，属于滥用市场支配地位。于是，M 公司和 S 公司对 D 公司提起了滥用市场支配地位的反垄断反制措施，以迫使 D 公司对软件销售实行公平合理的交易条件。案件提起后，D 公司做出了积极的回应，经过近三个月的谈判，反垄断案件和软件著作权侵权案件顺利和解。

本案中律师的思路和调查工作对案件的启动和最终解决发挥着重大作用。现将案件体会分享如下。

二、案件思路的引发

D 公司对 M 公司和 S 公司私自下载复制其软件先行提起了软件著作权侵权诉讼。一般来讲，对抗著作权侵权诉讼的切入口无非是权属问题、侵权与否问题、赔偿责任问题。本案的权属属于原告 D 公司是毫无争议的，私自下载构成侵权是毫无疑义的。因此，本案的软件侵权诉讼律师贡献空间可想而知。

但本案的 D 公司在软件侵权诉讼后的交易报价引起了律师的注意。基于 M 公司和 S 公司对技术的依赖，D 公司的诉讼目的是促使该两公司购买其软件，而非停止使用。于是 D 公司提出了天价报价包，报价包中没有明确具体的软件规格型号、数量等，只有一个交易总价。这个报价包是 M 公司和 S 公司预计购买总价的三倍。D 公司的霸王交易条件触发了律师们的敏感神经——基于技术依赖令 D 公司可以如此粗暴！技术依赖形成的交易依赖使得 D 公司具有市场支配地位。于是律师们的视线转向了反垄断！

三、滥用市场支配地位的概念

滥用市场支配地位是我国反垄断法规定的三种垄断行为之一。反垄断法将协议垄断、经营者集中与滥用市场支配地位列为规制的垄断行为。

《中华人民共和国反垄断法》（简称《反垄断法》）第十七条中规定："禁止具有市场支配地位的经营者从事下列滥用市场支配地位的行为：（一）以不公平的高价销售商品或者以不公平的低价购买商品；……（三）没有正当理由，拒绝与交易相对人进行交易；……（五）没有正当理由搭售商品，或者在交易时附加其他不合理的交易条件；（六）没有正当理由，对条件相同的交易相对人在交易价格等交易条件上实行差别待遇。"《反垄断法》第十八条规定："认定经营者具有市场支配地位，应当依据下列因素：（一）该经营者在相关市场的市场份额，以及相关市场的竞争状况；（二）该经营者控制销售市场或者原材料采购市场的能力；（三）该经营者的财力和技术条件；（四）其他经营者对该经营者在交易上的依赖程度；（五）其他经营者进入相关市场的难易程度；（六）与认定该经营者市场支配地位有关的其他因素。"第十九条规定："有下列情形之一的，可以推定经营者具有市场支配地位：（一）一个经营者在相关市场的市场份额达到二分之一的；（二）两个经营者在相关市场的市场份额合计达到三分之二的；（三）三个经营者在相关市场的市场份额合计达到四分之三的。有前款第二项、第三项规定的情形，其中有的经营者市场份额不足十分之一的，不应当推定该经营者具有市场支配地位。被推定具有市场支配地位的经营者，有证据证明不具有市场支配地位的，不应当认定其具有市场支配地位。"

国家工商行政管理总局令第 74 号《关于禁止滥用知识产权排除、限制竞争行为的规定》第七条规定："具有市场支配地位的经营者没有正当理由，不得在其知识产权构成生产经营活动必需设施的情况下，拒绝许可其他经营者以合理条件使用该知识产权，排除、限制竞争。认定此行为需要同时考虑下列因素：（一）该项知识产权在相关市场上不能被合理替代，为其他经营者参与相关市场的竞争所必需；（二）拒绝许可该知识产权将会导致相关市场上的竞争或者创新受到不利影响，损害消费者利益或者公共利益；（三）许可该知识产权对该经营者不会造成不合理的损害。"

四、关于相关市场的划分

反垄断法规制的是市场竞争，因此，相关市场的界定是认定是否构成垄断的前提。在规制协议垄断、滥用市场支配地位、经营者集中等垄断行为时，都要以确定相关市场作为分析切入点。各国对相关市场的认定标准有所不同。大多数国家及国际组织都将相关市场划分为产品市场和地域市场两种。我国《反垄断法》第十二条规定，相关市场是指经营者在一定时期内就特定商品或者服务进行竞争的商品范围和地域范围。可见，在反垄断民事诉讼中，对相关市场的界定应当采用产品市场标准与地域标准。关于产品市场，经济合作与发展组织将其定义为"集合在一起的产品群"。产品市场的划分应考虑以下几个因素：产品性质、产品用途、产品价格、消费者喜好、产品的替代性。地域市场，即结合在一起的地理区域。地域市场的大小也是决定企业是否具有市场支配地位的决定因素。在实践中，确定相关产品的地域市场主要需要考察产品的销售范围。一般来讲，划分产品地域市场涉及以下几个因素：运输成本、地域差异、产品特性。

对于不同类型的案件，相关市场的精确度要求不同。相对于其他案件，滥用市场支配地位的垄断案件需要更加精确地判断相关市场的范围。

然而，最高人民法院在实践中也提出了灵活处理的观点，在奇虎与腾讯的滥用市场支配地位纠纷案件中提出："如果通过排除或者妨碍竞争的直接证据，能够对经营者的市场地位及被诉垄断行为的市场影响进行评估，则不需要在每一个滥用市场支配地位的案件中，都明确而清楚地界定相关市场。"

对最高人民法院的"即使不明确界定相关市场，也可以通过排除或者妨碍竞争的直接证据对被诉经营者的市场地位及被诉垄断行为可能的市场影响进行评估。因此，并非在每一个滥用市场支配地位的案件中均必须明确而清楚地界定相关市场"的观点，笔者不敢苟同。如果相关市场的界定不能确定，又如何评估垄断行为对市场的影响呢？这里受影响的市场是哪个市场？最高人民法院认为界定相关市场是评估垄断行为影响的工具，笔者同样不敢苟同。笔者认为，界定相关市场是评估垄断行为对竞争影响的路径，而不是工具。

即使就相关市场的份额有具体的量化标准，但相关市场的边界如何划分，仍然是个技术上非常难以操作的事情。在实践中也存在不同的标准。有的法院就相关市场做了比较清晰的论述，有的案件则没有就此展开论证。例如，唐山人人公司诉百度垄断纠纷案，法院认为，由于搜索引擎服务所具有的快速查找、定位并在短时间内使网络用户获取海量信息的服务特点，是其他类型的互联网应用服务所无法取代的，即作为互联网信息查询服务的搜索引擎服务于网络新闻服务、即时通信服务等其他互联网服务并不构成一个相关的市场所必需的紧密的需求替代关系。因此，"搜索引擎服务"本身可以构成一个独立的相关市场。而在其他许多案件中，法院并没有就此做出深入论证。

在本案中，D公司的C软件作为工业设计软件，拥有独立的市场体系。其他的办公软件、系统软件等，对工业设计软件都不能替代。因此，工业设计软件为一个独立的相关市场是可以成立的。基于计算机技术的应用，工业设计软件大大地提高了设计能力和设计效率。

根据独立第三方专业机构的调查报告，在汽车机器人工业软件领域，C软件占有该市场的绝对垄断地位，其软件功能及产品覆盖率令该软件成了汽车机器人工业软件的事实标准。

基于此认定，我们认为工业软件构成一个独立市场，便以此为一个相关市场进行论证C软件的市场支配地位。

五、市场支配地位认定

在确定市场支配地位方面，我们侧重研究两个方面：一个是市场份额，另一个是交易依赖。在市场份额方面，我们透过专业研究机构的市场分析数据，但无法得出其市场份额。

交易依赖是本案的关键。由于 D 公司拥有 C 软件的完全著作权，该软件对同类的其他软件不兼容二次开发，因此，只要原告的买方所提供的基础开发设计数据为 C 软件应用开发，作为供应商的原告就必须使用同样的软件才能阅读和延伸开发。因此必须使用 C 软件。也正是基于如此的技术逻辑，D 公司才敢于开出如此霸王的交易条件。该软件属于国家工商行政管理总局令第 74 号《关于禁止滥用知识产权排除、限制竞争行为的规定》第七条规定的"该项知识产权在相关市场上不能被合理替代，为其他经营者参与相关市场的竞争所必需"，因此，我们认为这一递进关系构成交易依赖。交易依赖属于反垄断法规定的市场支配地位的一种表现形式。

六、滥用市场支配地位的认定

基于构成交易依赖的基本判断，我们进一步论证 D 公司的行为是否构成滥用市场支配地位，损害交易方的利益。

反垄断法不反对交易依赖，也不反对企业扩张规模以实现规模效应。规模效应是经济学理论推崇的效应模式。各国法律并不规制企业规模，规制的是滥用企业的市场优势、技术优势去排斥竞争、限制交易、损害交易他方的利益。各国知识产权法均在保护知识产权方面明确了保护知识产权的基本态度。反垄断法只是禁止滥用知识产权排斥、限制竞争。因此，我们下一步就要论证 D 公司的交易条件是否构成滥用市场支配地位。

国家工商行政管理总局令第 74 号《关于禁止滥用知识产权排除、限制竞争行为的规定》第七条规定，具有市场支配地位的经营者没有正当理由，不得在其知识产权构成生产经营活动必需设施的情况下，拒绝许可其他经营者以合理条件使用该知识产权，排除、限制竞争。认定此行为需要同时考虑下列因素："（一）该项知识产权在相关市场上不能被合理替代，为其他经营者参与相关市场的竞争所必需；（二）拒绝许可该知识产权将会导致相关市场上的竞争或者创新受到不利影响，损害消费者利益或者公共利益；（三）许可该知识产权对该经营者不会造成不合理的损害。"

D 公司的 C 软件有多个版本，技术功能由低到高，价格也随之逐步提高，M 公司和 S 公司的设计需要 C 软件的低级版本即可。但 D 公司坚持只售卖最高版本给 M 公司和 S 公司，且由于 D 公司的产品价格不公开，买方无法得知价格是否公平。因此，我们律师认为 D 公司设定的交易条件属于"在交易时附加其他不合理的交易条件"。

根据上述规定，被告拒绝原告以合理条件使用其知识产权构成了滥用知识产权的滥用市场支配地位的垄断行为。

七、损害认定

垄断行为必须对原告的利益造成损害，才构成侵权。如果有滥用，但对原告的利益没有造成损害，则不构成垄断。

对于何为损害，反垄断法没有具体规定。从反垄断法的规定上看，只要垄断行为构成了排除、限制竞争的，就构成垄断侵权。至于其他方面的损失如何界定，则不属于侵权行为的构成要件，而是责任处理问题。

结合本案的交易依赖，被告提出不合理附加交易条件，所造成的损害可以有：（1）交易价格高于同类交易对象，存在价格差异。（2）因交易条件不合理导致交易延迟或者失败，从而造成商业机会的损失。在交易依赖的案件中，此类损失是显而易见的存在的，由于没有可替代的产品，原告对被告产品存在严重依赖，而交易条件所带来的原告成本的增加，原告无法转移给下游消费者。这种情况下，原告显然缺乏竞争力。（3）调查、制止费用。针对垄断行为的调查、制止难度异常的大，专业性强，因此，原告调查费用异常的大。按照司法解释，调查、制止垄断行为的费用可以列入损失赔偿。

然而，最高人民法院在奇虎与腾讯案中提出"虽然被上诉人实施的'产品不兼容'行为对用户造成了不便，但是并未导致排除或者限制竞争的明显效果"，既然确认了"造成不便"这一结果，为何又以"明显效果"的标准来认定是否构成滥用的损害结果？"明显"的意思即凸出，高于常态，这是否意味着"明显"成为损害的标准？依照侵权责任法的原则，侵权构成不以造成损失为要件。没有损失的，就承担停止侵害的责任，有损失的则承担赔偿损失的责任。但如果按照此判决的观点，则是以存在"明显效果"为构成要件，而"明显效果"是否以造成损失为标准？则语焉不详。

笔者提议需要进一步探讨的是，最高人民法院还指出：上诉人主张，被上诉人没有正当理由，强制用户停止使用并卸载上诉人的软件，构成反垄断法所禁止的滥用市场支配地位限制交易行为。对此，法院生效裁判认为，虽然被上诉人实施的"产品不兼容"行为对用户造成了不便，但是并未导致排除或者限制竞争的明显效果。这一方面说明被上诉人实施的"产品不兼容"行为不构成反垄断法所禁止的滥用市场支配地位行为，也从另一方面佐证了被上诉人不具有市场支配地位的结论。这个逻辑反命题式的推论，实际上是承认了限定交易行为的存在，且肯定了限制交易行为是属于反垄断法规制的行为，只是其在反垄断法中得到规制的前提条件是"具有市场支配地位"。其公式为：如果具有市场支配地位，那么限定交易就必然产生排除或者限制交易的明显效果；既然效果不明显，那么就说明其不具有市场支配地位。法院的这段论述不是从正面角度去论证被告是否具有市场支配地位，而是反方向地以结果来推导前提。这是不是一种创新呢？

八、损失赔偿

反垄断法规定，因垄断行为给原告造成损失的，被告应承担赔偿损失的责任。损失包括实际损失和调查、制止垄断行为的合理费用。这里没有结合反垄断案件的特性做出特殊性的规定，但显然包括取证、专家证人、专业机构的论证和律师费用。

美国《谢尔曼法》第七条规定："任何因反托拉斯法所禁止的事项而遭受财产损失或者营业损害的人，可在被告居住的、被发现或者有代理机构的区向美国区法院提起诉讼，不论损害大小，一律给予其损害的三倍赔偿及诉讼费和合理的律师费。"

对于高价出售商品的，原告可以就超出正常的价款请求被告赔偿；对于限制交易的，原告可以就因限制交易而导致的营业损失请求被告赔偿。但原告是否需要举证证明其就被告的限制行为提出过异议并告知其可能遭受的损失，笔者认为这一节尚有进一步讨论的空间。

九、关于举证责任

举证责任是反垄断法的难点：一是要阐述相关市场的界定，二是要证明被告实施了垄断行为，损害竞争对手或者交易他方的利益。

相关市场的界定本来是一个经济学的概念，法学理论中并没有相应的界定标准，且随着技术和产品的革新，相关市场的概念边界也是与时俱进的。最高人民法院在奇虎与腾讯案中干脆就认为根本没必要去界定相关市场。

而对于垄断行为的举证责任，尤其是滥用市场支配地位的行为，原告处于较为被动的地位，往往难以获得被告实施垄断行为的证据。譬如，被告实施的价格歧视、限制交易等，都是被告的商业秘密，原告一般只是基于常识性的推断，或者是非正式途径的"听说"，往往不能获得司法标准认同的证据。在奇虎与腾讯的案件中，法院更是以结果来反推原因——在肯定强制用户交易的行为构成限制竞争的行为的前提下，以没有造成限制竞争的明显效果来反推其不具有市场支配地位。这也是没办法的办法。在实践中，原告取得被告具有市场支配地位的证据是异常困难的。

关于举证责任的分配，2012 年 6 月 1 日实施《最高人民法院关于审理因垄断行为引发的民事纠纷案件应用法律若干问题的规定》（本文以下简称《垄断司法解释》）前后，对责任分配有了较大的变化。《垄断司法解释》第七条规定："被诉垄断行为属于反垄断法第十三条第一款第（一）项至第（五）项规定的垄断协议的，被告应对该协议不具有排除、限制竞争的效果承担举证责任。"第八条第一款规定："被诉垄断行为属于反垄断法第十七条第一款规定的滥用市场支配地位的，原告应当对被告在相关市场内具有支配地位和其滥用市场支配地位承担举证责任。"该解释还规定被告对外发布的信息可作为原告证明其具有市场支配地位的初步证据。被告对外发布的信息能够证明其在相关市场内具有市场支配地位，人民法院可以据此做出认定，但有相反证据足以推翻的除外。这一规定是对反垄断法的补充。在垄断司法解释出台前，在唐山人人公司诉百度公司的案件、北京掌中无限公司诉深圳腾讯公司的垄断纠纷案件中，法院均没有采纳被告所对外发布的相关信息作为证据。

在相关市场界定的举证责任方面，司法解释虽然没有明确说明原告对相关市场的界定负有举证责任，但按照逻辑演进，原告需要证明被告的支配地位，必然是相关市场的支配地位，从这个逻辑推理出发，原告的举证责任自然就包括了相关市场的界定。

另外，对于认定市场份额的举证责任问题，还存在不同的观点。有的法院认为应该由原告举证，有的则采取法院取证。

十、和解

本案以和解结案，这个结果是预料之中的。从经验上看，大多数跨国企业对待反垄断的态度是不愿意将案件进行到底，无论是行政调查还是民事诉讼。❶ 如果原告证据确实比较充分，论证做得比较扎实，外国的企业一般不会冒被认定具有市场支配地位的风险。一旦被认定，意味着其行为将来要受到更多的约束，譬如价格透明、公平、合理、无歧视。个案中被告以合理条件进行交易并没有损害其应有利益，这是被告对和解具有积极性的动力所在。当然，我们也注意到，在针对中国企业提出的反垄断案件中，被告被认定具有垄断地位并实施了垄断行为的个案实在太少，这与目前缺乏专业律师和专业法官的现状不无关系。

十一、结束语

作为私人反垄断行动，其目的不是令对方受到怎样的处罚，而是透过反垄断的高压手段，令对方在交易中做出合理让步。无论是华为与 IDC 的反垄断案件，还是华为诉三星滥用反垄断政策中的"禁令慎用"原则，都是借助

---

❶ 在这一方面，中国的企业与外国企业的态度不太一致。从目前中国的诉讼来看，多数案件都是以法院判决结案的。

反垄断法律体系，构建公平竞争秩序，维护各方合法权益。目前我国的反垄断民事诉讼成功的案例并不多，多数案件是以原告败诉为告终。作为原告的律师，应当善于利用反垄断程序赋予的机会，掌握火候，及时为委托人争取到最合理的交易条件。

作者简介

田子军律师，广东踔厉律师事务所主任律师、合伙人、法学学士、管理学博士、高级律师、广州知识产权大律师。历任广州市第十三届、第十四届人大代表、现任广州市第十五届人大代表、广州市人大预算审查委员会委员、中国民主建国会广东省理论研究委员会副主任、广州仲裁委员会仲裁员、国家商务部企业知识产权海外维权援助中心专家、国家版权贸易基地（越秀）维权专家委员会主任、广东省版权保护联合会监事长、广东省跨境电子商务行业协会监事、中华全国律师协会信息网络与高新技术法律专业委员会委员、广东省律师协会信息网络与高新技术法律专业委员会副主任、广州市律师协会版权法律专业委员会主任等，曾荣获广州市律师协会"2012—2015年度优秀律师"、广州市律师协会"2014年度优秀专业（事务）委员会主任奖"、广州市律师协会"2014年度优秀专业委员会主任"和"广州知识产权大律师"等称号。

田子军律师执业21年，从事法律工作30年。精通知识产权法律，熟悉知识产权审判及维权服务业务；经办了大量具有影响的专利、软件、商标、反不正当竞争、反垄断等知识产权案件。部分案件成为最高人民法院公报案例。代表广州市律师协会主编出版了《岭南知识产权文集》。精通信息网络与高新技术、重组并购、公司投资与管理、股权事务、合同事务等法律事务。曾受广东省商务厅、知识产权主管部门的邀请，为企业巡回讲授跨境电子贸易的知识产权保护，并为相关企业提供涉外知识产权保护服务。担任多家手机游戏厂商法律顾问，为游戏厂商的游戏开发、运营网络提供法律风险管理意见、出具产品法律意见书，帮助企业有效控制法律风险。

专利在后　使用在前

——专利侵权纠纷之在先使用抗辩实例并理论探讨

广东华进律师事务所　周清华

【案件概评】

本案例入选 2015 年广东律师十大知识产权诉讼经典案例、2015 年广东知识产权保护协会十大知识产权诉典型案例。

【本文摘要】

在先使用抗辩是指在专利申请日前已经制造相同产品、使用相同方法或者已经做好制造、使用的必要准备，并且仅在原有范围内继续制造、使用的，不视为侵犯专利权，是较难获得法院认可的抗辩方式之一。其中，主要难点集中在抗辩证据举证困难，以及因立法限制导致法院对在先使用抗辩相关的认定标准不统一等问题上；此外，在先使用人管理上不健全，在先使用证据不充分，也造成了在实务中成功运用在先使用抗辩获得法院支持的案例稀少，难度很高。本文介绍一起被告成功运用先用权抗辩取得成功的典型案例，本案中被告以专利申请日前签订的买卖合同、设计图证明了在涉案专利前已完成实施该项技术的准备，成功引导法院认定被告在专利申请日之前已经掌握涉案专利技术方案。本文尝试通过相关案例，对在先使用抗辩中的理论问题进行初步梳理，并探讨实务中应用在先使用抗辩的策略。

一、基本案情

案号：（2013）深中法知民初字第 203 号。

原告：深圳市牧特电子设备有限公司（简称"牧特公司"）。

被告一：深圳市劲拓自动化设备股份有限公司（简称"劲拓公司"）。

被告二：深圳国威电子有限公司（简称"国威公司"）。

被告三：深圳国威电子有限公司观澜分公司（简称"国威观澜分公司"）。

被告四：东莞爱电电子有限公司（简称"爱电公司"）。

牧特公司于 2010 年 2 月 3 日向国家知识产权局申请一项实用新型专利，实用新型名称为"一种双线合一生产装置"，国家知识产权局于 2011 年 1 月 26 日授权公告，并向原告颁发了第 1682344 号"实用新型专利证书"，专利号为 ZL201020109875.2。原告的专利是：一个连接相互平行的两条线路板生产线 A 和 B 以及回流炉的生产装置。通过单轨转角机构将生产线 A 上的线路板旋转 90° 后输送至输送机的转角轨道，再通过输送机传输至双轨转角机构，通过双轨转角机构将生产线 A 上传输来的线路板旋转 90° 后，与生产线 B 上直接传来的线路板一同输送至回流炉，实现"双线合一"，见表 1。

表 1　专利号为 ZL201020109875.2 专利的权利要求及附图

专利权项	权利要求
专利权利要求	一种双线合一生产装置，分别与相互平行的两条生产线以及回流炉相连接，所述相互平行的两条生产线为生产线 A 和生产线 B，其特征是： 　所述的双线合一生产装置包括单轨转角机构、输送机、双轨转角机构。 　所述单轨转角机构的输入端与所述生产线 A 相连接，输出端与输送机的输入端相连接，所述的单轨转角机构上设有用于将生产线 A 上的线路板旋转 90° 后输送至输送机的转角轨道，所述输送机的输出端与双轨转角机构的输入端相连接，用于将从生产线 A 上传来的线路板输送至双轨转角机构，所述的输送机与所述两条生产线垂直，所述双轨转角机构的输入端还与所述生产线 B 相连接，输出端与回流炉相连接，所述的双轨转角机构包括用于将从生产线 B 上传来的线路板直接输送至回流炉的直行轨道，以及用于将从输送机上传来的线路板旋转 90° 后输送至回流炉的转角轨道
专利附图	

该生产装置的特点是：生产过程中运行周期较短，生产效率较高，而且对位精密较高，配件不易磨损，能更有效发挥回流炉的作用，实现节能减排，大幅度降低生产成本。国家知识产权局于 2012 年 8 月 2 日做出专利评价报告，该报告显示 ZL201020109875.2 号实用新型专利权利要求 1、权利要求 2 具备新颖性和创造性。

原告申请该项专利后，即开始进行该"双线合一"装置的生产、销售活动，取得了较好的经济效益。然而，原告在向客户推销产品的过程中，发现在被告国威观澜分公司、被告爱电公司等的生产线上，公然使用与原告专利相同或者相近似的生产装置，其供应商就是被告劲拓公司，设备上有被告劲拓公司的铭牌，并附有被告劲拓公司的电话、网址、电子邮箱等，上面显示被告劲拓公司自 2010 年 4 月就开始生产和销售侵犯原告该项专利权的产品。

被告劲拓公司是一家生产自动化设备的大中型企业，电路板的生产装置是其主要产品之一，被告劲拓公司在其 IPO 申请文件中自述其在国内同行业中占龙头地位，2010 年度和 2011 年度的毛利率分别高达 44.38% 和 41.27%。原告认为，被告劲拓公司明知是侵犯原告的专利权，仍大量生产和销售侵权产品，非法牟取高额利益，为其申请企业上市做铺垫；被告国威观澜分公司、被告爱电公司等企业在明知或应知被告劲拓公司的生产装置是侵犯原告专利权的生产装置，仍向被告劲拓公司购买并使用该生产装置进行生产经营活动，因此，各被告的行为构成共同侵权，依法应当连带承担停止侵权、公开赔礼道歉、销毁侵权产品、赔偿损失、承担原告维权成本和承担诉讼费用等法律责任。

2013 年 3 月 20 日，牧特公司以四被告侵害其专利权为由，向深圳市中级人民法院提起诉讼，请求法院判令：（1）劲拓公司立即停止侵害牧特公司 ZL201020109875.2 专利权的行为，公开赔礼道歉，立即销毁库存的和在线生产的侵权产品，立即销毁用于生产侵权产品的模具和相关设备；（2）国威公司、国威观澜分公司、爱电公司立即停止使用并销毁侵害牧特公司 ZL201020109875.2 专利权的设备装置，公开赔礼道歉；（3）上述四当事人连带赔偿牧特公司人民币 300 万元；（4）上述四当事人连带支付牧特公司因办理本案而支出的专利评价报告费、调查费、律师费人民币92000元；（5）上述四当事人承担案件的受理费、保全费等诉讼费用。

二、案件审理

被告一劲拓公司是涉嫌侵权设备的生产者，其他被告则是设备的使用者。牧特公司提交了其自称拍摄于被告三国威观澜分公司处的涉嫌侵权设备照片，照片显示设备铭牌标注制造时间为2010年4月，以证明侵权行为存在。2013年11月8日，一审法院组织各方当事人对爱电公司、国威观澜分公司所使用的被诉侵权双线合一生产装置进行现场勘验。爱电公司双线合一生产装置转角移载机上表明设备购入日期为2010年3月16日。国威观澜分公司双线合一生产装置转角移载机上表明供应商为劲拓公司，设备购入日期为2010年4月。

在本案中，被告劲拓公司提交了与其他两被告国威公司和爱电公司分别于2010年1月18日、2010年1月25日前签订的买卖合同，合同中详细列明实施专利技术所使用的全部设备名称，并提交了合同所附使用专利技术的设计图（见图1），以证明劲拓公司是在先使用人，主张在先使用抗辩。

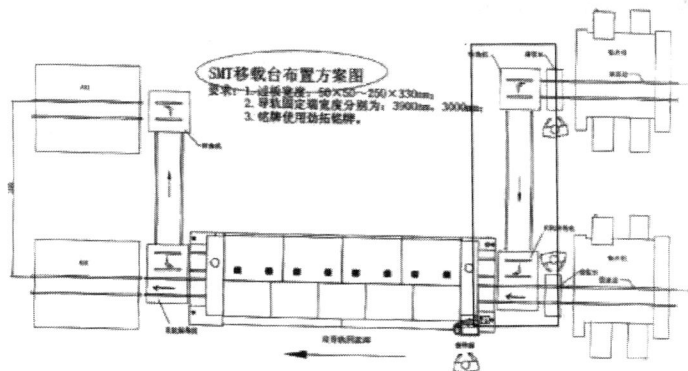

图1 被告提交证据：设备买卖合同所附方案图

（注：本图因出版时未找到原图，所以仅为示意图）

在该案中，关于在先使用抗辩是否成立这一焦点，原告、被告争议很大。原告牧特公司认为被告先用权抗辩不成立，买卖合同附图无合同双方签字盖章不认可其真实性，提出被告只生产了相关零部件，在原告专利公开授权日前使用其他方法安装，在该专利技术公布后根据该项技术改装设备，并落入专利权保护范围。

针对原告的主张，被告通过合理的推理分析，充分利用举证倒置的原则，主要从以下几方面阐述了理由，并得到了法庭的认可：

（1）根据订制设备交易的通常惯例，一般生产线设备买卖合同签订时需由卖方根据买方厂房设计设备并出示设计图，买卖合同附图是此类买卖合同中必要的组成部分，并且合同中亦有"设备以图纸为依据"等条款表明图纸的存在。

（2）被告的一系列证据及法院勘验证据，如设备铭牌、合同中列明"双线合一"所必需的设备等，也能充分证明其在申请日前已做好了实施专利技术的准备。

（3）被告完成了先用权抗辩所要求的举证责任。而原告主张，被告是在涉案专利公开后根据其专利公开信息重新对涉案设备进行改装，则原告需承担该项举证责任。原告甚至无法说明合同中所出售的设备如果不用"双线合一"这种方式，可否使用其他可能的布局方案。

判决中法院采纳了被告的意见，法院认为：

（1）被控侵权装置具备专利权利要求1的所有技术特征，落入专利权利要求1的保护范围。

（2）劲拓公司与国威公司、爱电公司在申请日前存在相关设备的购销关系。购销合同所附方案图与两被告正在使用的装置与专利权利要求1技术方案完全吻合。劲拓公司先用权抗辩成立。

（3）原告称原告获得专利权后，被告三公司重新购入设备、改变原设备连接关系才致侵权，与现场勘验不符，没有事实依据，不符合情理，不予采信。

买卖合同附图同现场勘验设备情况一致，显示劲拓公司生产的设备使用了专利技术。设备合同中载明出售的核心设备"双轨回流焊"以及其他辅助部件符合"双轨式"布局的特征，可以证明被告已在销售设备的同时掌握了涉案专利所涉及的技术方案。被告在涉案专利公开前已经开始自行研发并使用了所涉技术，对于该项专利技术具享有先用权，不构成侵权，因此法院驳回了原告的诉讼请求。

原告不服，提起上诉，请求撤销原审判决，依法支持其在一审提出的诉讼请求，并提出以下理由：

（1）一审判决认定被诉侵权产品落入涉案专利权利要求 1 的保护范围，但是未落入权利要求 2 的保护范围。实际上被诉侵权产品有"多段停板"的技术特征，落入权利要求 2 的保护范围。

（2）劲拓公司提出的先用权抗辩不能成立。原告对劲拓公司在涉案专利申请日之前生产了被诉侵权产品的各个部件没有异议，但是由于劲拓公司是设备生产商，仅掌握了设备单个部件的制造技术，不一定可以组装出涉案专利产品、劲拓公司提出的现有技术抗辩不能成立。

除前述理由之外，劲拓公司在涉案专利申请日之前生产被诉侵权产品的各个部件，但并没有公开，因此不构成现有技术。

二审法院认为：根据一审法院组织现场勘验，被诉侵权产品具备权利要求 1 的全部技术特征，但是并非多段停板输送机，因此不具备专利权利要求 2 "所述的输送机为多段停板输送机"的技术特征，未落入专利权利要求 2 的保护范围。

另外，根据现有证据可以证明劲拓公司在销售设备时已经掌握与涉案专利相同的各个设备的组装方法。理由如下：

（1）劲拓公司销售给深圳国威公司、爱电公司的核心设备为回流焊设备（所有销售订单均表明回流焊设备占合同金额的绝大部分），上述订单均反映所销售的回流焊为"双轨回流焊"，即回流焊为双轨道结构。而在整套设备中还有接驳台、转角移载等设备。按通常理解，整套设备的安装结构应当是两条单轨分别通过接驳台、转角移载设备，合并到双轨回流焊的技术方案，从而提高工作效率。由于回流焊的双轨结构，以及整套设备包括接驳台、转角移载等设备，说明劲拓公司所销售的设备应当采用"双线合一"这一技术方案。

（2）订单所附"方案图"也可以证明劲拓公司在销售设备时已经完成了布局方案的设计。劲拓公司与爱电公司订单显示"附方案图一份"。上述设备的采购合同属于定制设备，供货方负责前期的方案制订，以及后期的设备安装调试。按通常理解，"方案图"要根据各个购买者生产场地不同而对设备布局有所调整，但是设备组装关系一般是固定的。一审法院组织的勘验结果证明各个设备在使用单位的布置方案与涉案专利的技术方案完全相同。综上，二审法院认为劲拓公司在涉案专利申请日之前，已经完成实施发明创造所必需的主要技术图纸或者工艺文件，并已经制造或者购买实施发明创造所必需的主要设备，即已做好实施该发明创造的必要准备，依法享有先用权。由于劲拓公司未提交上述组装方式在涉案专利申请日之前已经公开的证据，因此，二审法院对其现有技术抗辩主张不予支持。由于牧特公司未提供证据证明国威公司、爱电公司在整套设备组装之后其具体布局相对于原布置方案而言有变动，也不能解释如果不按现行方式组装，是否有其他合理组装方式，因此二审法院对其提出劲拓公司先用权抗辩不成立的上诉请求不予支持，同时驳回牧特公司的其他诉讼请求，维持原判决。

本案是成功运用在先使用抗辩的典型案例。法官在认定在先使用抗辩成立要件时，并没有机械地量化相关要件标准，并考虑到在被告能够生产整个生产线装置全部设备的情况下，设计出使用专利所涉的装配方案生产整个装置的技术难度并不大；亦考虑到此种买卖行为的一般交易习惯，认可了作为关键证据的设计图纸的真实性，再综合现场勘查情况和其他证据认定在先使用抗辩成立。

三、理论探讨

（一）在先使用抗辩的理论基础

知识产权制度的设置初衷是平衡权利人和公众之间的利益，在先使用抗辩制度的设置也是基于这一点考虑。专利制度的要求是先申请者享有权利，但是亦有可能有他人在申请日之前亦合法掌握了该项技术甚至做好了实施该项技术的准备。如果以专利权为由禁止此人实施该项技术，那么对于已经投入人力、财力研发并准备好设备、材料等的此人是显失公平的，不符合专利法立法原则。但如果放任此人将该项技术扩大性使用，甚至将该技术许可给他人使用，则权利人的专利权将失去作用，亦对专利权利制度造成了冲击。在先使用抗辩制度中使用"视为不侵权"的措辞，并将先用人的使用范围限定在申请日之前已准备好实施条件的范围，以保证各方利益的平衡。

相对于在先使用抗辩这一称谓，在司法实务界和学者中更多使用"先用权抗辩"这一称谓。有观点认为先用权是一种消极的抗辩事由，是对专利权的一种限制，并不是单独存在的权利，仅仅在侵权纠纷的解决程序中才有意义。另外有观点认为先用权是一种独立权利，相对于专利权而独立存在的。而理论界普遍认同的是先用权是一项抗辩权，要符合抗辩权的适用条件。

笔者认为要辨析在先使用抗辩"是事实抗辩还是抗辩权""是独立权利还是抗辩权"两个问题。

（1）判断一项抗辩制度设置为事实抗辩还是抗辩权，首先要辨认其对抗的请求权的性质。先用权对抗的是权利人的停止侵害和损害赔偿请求权。事实抗辩如果存在，则其对应的请求权不存在或已消灭，抗辩权则意味着法律对该项请求权的特殊限制。如果认为先用权是一项事实抗辩，则由于先用权人的在先使用和实施导致了权利人从专利权获得的请求权不存在或已消灭。这个逻辑不符合立法的本意，从立法者使用"视为不侵权"这一措辞中即可看出，先用权是一种特殊的例外，不能认定其为事实抗辩。

（2）判断先用权是独立权利还是抗辩权则要从民事权利理论分析。民事权利按照其作用可以分为支配权、请求权、形成权和抗辩权。一些学者认为先用权来自于在先使用者对自己合法掌握的技术的民事权利，不仅能单独存在并能够对抗专利权。但是明显地，无法认为先用权是支配权、请求权、形成权其中的任何一种。立法中使用"不视为"这一措辞，明显是在确认专利权侵权的基础以外基于利益公平的原则对在先使用者赋予了一个特殊的对抗专利权人请求权的制度，那么在这个制度下，先用权明显是作为抗辩权存在的。

确定先用权的性质可以明确两个重要问题：先用权是否具有排他性；先用权是否可以转让。先用权不是一项积极的权利，不能为其赋予请求权权能。在先使用者明显不能拥有同专利权人一样的排他性权利和转让权，仅能在已有范围内使用。

将先用权明确为请求权后，必须经过当事人主张，法院才能援引。如当事人不顾先用权存在的事实和给付后不能依据不当得利返还，这种特性维护了专利权的排他性，也符合先用行为是秘密行为只有依赖当事人提出相关证据。

（二）在先使用抗辩具体成立要件及适用限制

我国专利法第六十九条第（二）项规定：在专利申请日前已经制造相同产品、使用相同方法或者已经作好制造、使用的必要准备，并且仅在原有范围内继续制造、使用的，不视为侵犯专利权。该条为在先使用抗辩的适用提供了直接的法律依据。2009 年，《最高人民法院关于审理侵犯专利权纠纷案件应用法律若干问题的解释》（本文以下简称《侵犯专利权司法解释》）第十五条规定了在先使用抗辩的具体适用条件要求：（1）技术合法性要求。被诉侵权人必须合法取得技术或者设计。（2）必要准备要求。已经完成实施发明创造所必需的主要技术图纸或者工艺文件；已经制造或者购买实施发明创造所必需的主要设备或者原材料。（3）原有范围要求。专利申请日前已有的生产规模，或者利用已有设备及准备可以达到的生产规模，且自己生产不可转让或许可他人实施。

1. 相同产品、相同方法的认定

专利法和侵犯专利权司法解释均未对相同产品、相同方法做明确的进一步解释。司法实践中，对这一范围是否涵盖等同、相似情形出现了分歧。有法院认可等同侵权情形亦可进行在先使用抗辩；亦有法院依据等同原则判定侵权，但在判断在先使用抗辩是否成立时以相同产品的认定标准应是同一对应、非等同原则，不支持抗辩权主张。

笔者认为，立法原意是给予在先使用人有限的使用技术的权利，从利益平衡的角度来看，无论是等同侵权还是相同侵权在先使用人均应享有相同的抗辩权。且在先使用抗辩权对应权利人侵权请求权，抗辩权必须基于请求权成立这一先决条件，在请求权成立的情况下，在先使用人在技术等同和相同情况下均应享有在先使用抗辩的权利。根本不需要在判定侵权时使用某一标准进行一次判断，而在判断以侵权判断结果为基础的抗辩权是否成立的问题时，再一次用另一标准进行一次判断，这必然导致判决中逻辑前后矛盾。

综上，笔者认为所谓"相同产品、相同方法"，在司法实践中解释为落入专利保护范围内即可，既符合立法原意，又避免在同一案件中对同一问题进行重复判断。

2. 合法技术来源要求

《侵犯专利权司法解释》第十五条规定：被诉侵权人以非法获得的技术或者设计主张先用权抗辩的，人民法院不予支持。对于"非法获得"这一表述存在以下争议：在先技术的来源是否包括从专利权人处获得的途径，非法途径的涵盖范围是什么。

对于从专利权人处获得技术是否享用先用权，日本专利法严格限制从专利权人处获得技术的在先使用人获得抗辩权；德国专利法认为在先使用人从专利权人处获知技术，如果专利权人披露技术时未保留其权利或者保留该权利后在宽限期六个月内没有申请专利，则获知技术者可以享有先用权。

笔者认为，从专利制度平衡公众和专利权人之间利益的角度。如果专利权人在申请日前怠于保护自己技术，虽然在其后获得专利权，但可以推断在先使用人的使用行为是善意的，或可认为其行为得到了专利权人消极的默认甚至许可。根据宽限期的制度，我国亦可采用德国立法的观点，排除专利权人保留权利并在宽限期内申请专利所追诉的在先使用人的在先抗辩权。

而对于"非法"这一概念的认识，可以用集中在司法实践中有具体的冲突情形来讨论。在先使用人与专利权人或者其他独立拥有该项技术的第三人签订了技术许可合同，获知了该项技术，但是违反了合同中对于范围和期限的约定自行实施该技术，这种行为违反合同约定不应获得在先使用抗辩权。以上双方签订的是承揽合同，则应通过合同内容来判定。但笔者认为一般的承揽合同中委托方并无转让或授权使用技术或设计的意思，即便没有明确的限制性约定，但从合同目的和民事行为诚实信用角度亦不应认为在先使用"合法获得"了该项技术或设计。

3. 具备必要准备

《侵犯专利权司法解释》中对于必要准备的要求是：已经完成实施发明创造所必需的主要技术图纸或者工艺文件；已经制造或者购买实施发明创造所必须的主要设备或者原材料。北京市高级人民法院在2001年发布的《专利侵权判定若干问题的意见（试行）》中规定："必要准备，是指已经完成了产品图纸设计和工艺文件，已准备好专用设备和模具，或者完成了样品试制等项准备工作"。在2010年发布的《江苏省高级人民法院侵犯专利权纠纷案件审理指南》中规定："所谓主要技术图纸或者工艺文件应当是指完备的、详细的、可立即付诸实施的技术图纸或者工艺文件，而非草图、简图、示意图等仍然需要进一步细化的工艺文件。所谓主要设备、模具，应当是指为实施发明创造所需要的特种设备或者模具，而非进行一般加工或者生产的通用设备。"

现司法界和学界普遍支持必要准备是必须同时具备技术要件和生产要件，即《侵犯专利权司法解释》中的两项要求是缺一不可的。但有学者认为北京市高级人民法院在判定意见中要求的样品试制等准备工作亦是必要条件。

笔者认为同时具备技术要件和生产要件是在先使用人在申请日前可以实施或者在短期内可以实施相关技术的必要条件，也符合一般的生产规律。从利益平衡角度来讲，只有具备技术并投入资源将要使用技术的、积极的在先使用人才能被赋予在先使用抗辩权。但限制在先使用人必须达到所谓"样品试制"的条件，这种要求比较狭隘并不能涵盖全部的生产技术领域，比如该技术并不是批量生产而是某一大型项目的情形。另外，所谓"样品试制"也仅仅证明在先使用人掌握相关技术，具备技术要件的一个方面，并不能独立成为要件。

4. 原有范围

对于原有范围的限制界定我国立法和学界普遍将产量或者生产能力作为评价标准。如有观点认为"原有范围是指产量不高于专利申请日时的产量"。《侵犯专利权司法解释》亦规定原有范围指"专利申请日前已有的生产规模，或者利用已有设备及准备可以达到的生产规模"。但是这种观点似乎仅仅考虑到某些量产型的生产领域，倘若该项技术专利是某种大型项目的技术，比如发电站电机排列组合设计。难道设计单位作为在先使用人的做好准备的仅仅为已经实施的某一项目，而不能将这种设计应用在其他项目中？这种限制很可能导致某些行业的在先使用人根本性丧失在先使用抗辩权

现国外立法中普遍否认了这种对原有范围的限定，德国专利法规定：先

用权人可以根据其生产需要，安排在自己或其他人的工厂继续实施该项专利技术。日本专利法规定：准备实施和已经实施的发明技术及生产目的范围内，即先用权人实施行为在原有事业范围内实施即可。这种规定真正地保证了在先使用人的先用权可以为其创造经济价值，维系了在先使用权设置所希望达到的利益平衡。

四、总结

在实务中，在先使用抗辩是否能够得到法院的支持，非常重要的一点是证据的稳定性问题。因在先使用本身的秘密性，造成很多案件只能获得证人证言等证据，而难以鉴定形成时间的图纸等证据，往往导致法院对证据的效力不予认定，使得在先使用人的权益难以保证。因此，在先使用人日常经营中应着重注意技术文件的管理、合同的规范，以及相关证据的存留工作。如在上述案件中，笔者即建议当事人在以后的经营中，设计图纸应视为合同的一部分加盖骑缝章，在项目验收时应对现场进行拍照存档等。另外，对于某些重要的技术如选择使用商业秘密保护，应考虑使用申请公证、第三方时间戳、邮寄密封信函等形式进行证据保存。

在前期证据保存工作较为完善的情况下，在先使用抗辩相对于现有技术抗辩或者选择对涉案无效程序等诉讼策略，在证据收集难度、诉讼周期等方面显得更为便利。但需要指出的是，在先使用抗辩所获得的效益并不充分和完全，抗辩成立后亦只能在原有范围内实施该项专利技术。而在我国现行立法和司法实践中，对原有范围并无统一的认定标准。如在上述案例中，被告劲拓公司虽然在案件中获得胜诉，但是否能够在后续的设备交易中继续使用、可以在多大范围内使用该项专利，仍然会存在许多争议。因此，当事人应全面考虑案件所涉技术的相关效益，采取合理的、适合自身需要的应诉策略。

知识产权制度设置的核心原则是平衡权利人和社会公众之间的利益，对于在先使用人和专利权人相互之间的利益平衡关系应该充分考虑市场和生产规律，不能教条地设置某些认定标准。在现有的立法条件下，作为律师在代理专利侵权案件的过程中，无论是代理权利方还是代理使用方，首先应对专利侵权案件抗辩有深入的研究和充分的掌握，理清抗辩体系是我们高效、专业处理专利案件的前提。

作者简介

周清华律师，从事专职律师工作超过 15 年，现任广东华进律师事务所高级合伙人。担任第九届广州市律师协会版权法律业务专业委员会副主任、最高人民法院知识产权案例指导研究（北京）基地专家咨询委员会专家、广东省知识产权专家库专家、广东省涉外知识产权律师库成员、广东省涉外律师领军人才库成员、广东省律师协会讲师团讲师、广州仲裁员、专利助理研究员，2017 年获得"广州知识产权大律师"荣誉称号。

周律师早年毕业于华南理工大学，取得工学学士学位，其后就读于中国政法大学民商经济法学院，取得法律硕士学位。2002 年到加拿大学习深造，毕业后在加拿大 Sing Lyn 律师事务所工作超过 1 年时间，期间还担任监誓公证人。

周律师从业多年来，主要专注于知识产权、公司法以及外商投资等领域的法律事务，在上述领域积累了丰富的办案经验，服务的客户包括众多国内外知名企业，为企业构建知识产权策略、规划提供专业法律意见；为企业知识产权诉讼提供专业法律服务，包括商标、专利、版权诉讼、不正当竞争及商业秘密侵权等；为企业提供知识产权法律顾问服务，提供全面专业的知识产权法律服务并积累了丰富的经验。

商业秘密　依法保护

——从佛山两企业专利侵权案引发的商业秘密侵权及专利权属纠纷谈起

广东华进律师事务所　**曾旻辉**

【本文摘要】

商业秘密是企业极具价值的无形资产。当前市场竞争激烈，许多企业缺少有效的商业秘密管控机制与知识产权保护意识，员工另立门户窃取商业秘密，并以个人或新公司的名义申请专利权，由此商业秘密侵权纠纷接踵而至。然而，技术信息往往带有很强的专业性和行业性，一般不能通过公开的渠道获得，侵犯商业秘密的案件往往存在定性难、取证难的问题，在司法实践中，法院一般根据"实质性相似加接触"的规则确认证据及认定事实，但是在诉讼过程中举证困难，搜证耗费大量人力、物力等因素，使企业在此类案件中面临胜诉难、维权成本高等问题。因此，企业在日常经营中从事前防护、事中控制、事后维权等方面建立足够严密的商业秘密保护体系显得尤为重要。

一、基本案情

广东泓利机器有限公司（简称"泓利公司"）是佛山市顺德区一家注塑机研发、制造企业，主要从事医疗、PET、精密注塑成型装备技术的研发与制造。熊某原系泓利公司的员工，曾担任泓利公司的副总经理兼运营总监。2012 年 3 月 7 日（在职期间），熊某擅自与他人在外注册成立了一家与泓利公司主营业务相同且具有明显竞争关系的广东顺德立信精密机械有限公司

（简称"立信公司"），并高薪利诱马某（泓利公司原研发中心经理）、付某（泓利公司技术人员）等 20 余名技术人员集体跳槽，转入立信公司。2012 年 4 月 15 日，熊某、马某、付某等人均与泓利公司解除劳动合同关系。熊某、马某、付某三人利用职务之便，带走了大量处于泓利公司保密状态下的客户联系方式、技术图纸、产品图纸等重要资料，其中包括注塑机锁模机构的技术图纸资料。

2012 年 4 月 26 日，立信公司将注塑机锁模机构申请了实用新型专利，该专利名称为"注塑机锁模机构"，专利号为 ZL201220182812.9。实用新型专利权证书上载明该专利发明人为熊某、马某与付某。2013 年 3 月 26 日，立信公司针对泓利公司向佛山市中级人民法院提起专利侵权诉讼，主张泓利公司生产、销售的产品侵犯其"注塑机锁模机构"实用新型的专利权。但随后，立信公司于 2013 年 6 月 17 日撤回其诉讼请求。

泓利公司认为立信公司上述行为损害了泓利公司的商业信誉和商品声誉，因此，在积极应诉的同时，于 2013 年 5 月 21 日对立信公司、熊某、马某和付某向佛山市中级人民法院提起侵犯商业秘密纠纷及专利权权属纠纷之诉。

在侵犯商业秘密纠纷之诉中，原告泓利公司请求判令立信公司、熊某、马某、付某停止侵犯泓利公司商业秘密的行为，并赔偿经济损失 210 万元。泓利公司为证明四被告侵害其商业秘密，向法院提交了一系列证据材料，包括公司技术图纸资料管理制度、劳动合同补充协议、产品设计图纸、技术图纸（18 页）等。由于在被告处无法通过正常公开渠道取得与该案相关的证据，泓利公司向一审法院佛山中院申请证据保全。佛山中院查封立信公司的"四缸直压式注塑机"一台，并复印了立信公司被诉侵害商业秘密的 12 张技术图纸。同时，佛山中院依泓利公司的申请，委托具有鉴定知识产权资质的广东省知识产权研究与发展中心司法鉴定所对本案进行司法鉴定。该鉴定机构所提交鉴定意见［粤知司鉴所（2014）鉴字第 07 号］指出：（1）泓利公司提交的 18 张技术图纸中所含的整体技术信息及其表达的技术方案具有"不为公众所知悉"的性质；（2）法院保全的立信公司的 12 张图纸与前述泓利公司的 18 张技术图纸对应的技术信息和技术方案对比结果相同或者实质相同；（3）涉案实用新型专利未公开泓利公司的 18 张技术图纸中不为公众所知悉的技术信息或技术方案。立信公司、熊某、马某、付某接到《确定鉴定机构通知书》后，未在规定期限内提出异议。

法院认为，结合广东省知识产权研究与发展中心司法鉴定所做出的司法鉴定，同时，泓利公司所提供的证据能够证明如下：（1）所提交的技术图纸（18 页）归泓利公司所有；（2）泓利公司依图纸制造的 JPH120 全液压注塑机多次获得各种荣誉，能给公司带来经济利益；（3）能够证明泓利公司对此已采取保密措施的案件事实；（4）证明熊某、马某、付某曾分别担任泓利公司的副总经理兼运营总监、研发中心经理、技术人员，能够接触到该技术图纸的案件事实。在此事实基础上可认定泓利公司所提交的 18 页的技术图纸中所含的整体技术信息与技术方案属于商业秘密。同时，鉴定意见中"保全的立信公司的 12 张图纸与前述泓利公司的 18 张技术图纸对应的技术信息和技术方案对比结果相同或者实质相同"，表明立信公司所使用的 12 张技术图纸包含有泓利公司的商业秘密，而立信公司与熊某、马某、付某不能合理解释立信公司所使用的被诉侵害泓利公司商业秘密的技术信息和技术方案的来源。经多次开庭，佛山市中级人民法院于 2015 年 9 月 10 日做出一审判决，判决立信公司、熊某、马某、付某构成对泓利公司商业秘密的侵害，并判赔泓利公司经济损失 150 万元。

在专利权权属纠纷诉讼中，泓利公司主张"注塑机锁模机构"技术属于职务发明，该技术的专利权应归泓利公司所有，并向法院提交一系列证据材料，包括：熊某、马某、付某三人的人事调动薪酬通知、缴纳社保记录、在先劳动纠纷判决书等证据，以证明熊某、马某、付某三人与泓利公司的劳动合同关系情况。其中，泓利公司与其三人补充签订的劳动合同补充协议，约定于泓利公司工作安排下取得的职务技术成果的知识产权归属于泓利公司。同时，泓利公司提供的产品技术图纸证明了泓利公司处涉及的商业秘密图纸上有马某和付某的签名，即证明涉案发明创造与熊某、马某、付某在泓利公司承担的本职工作有关，而涉案发明创造的专利申请日是在熊某、马某、付某与泓利公司的劳动关系终止后 1 年内，涉案专利仍属于职务发明。随后，案外人何某兵向专利复审委员会提起无效宣告请求，打算无效该涉案专利。针对此情况，泓利公司向国家知识产权局申请中止该无效宣告程序。该申请获得了国家知识产权局的批准，使得涉案专利的无效宣告程序中止了一年。一审法院佛山市中级人民院法判决涉案专利归原告泓利公司所有。

四被告不服该广东省佛山市中级人民法院（2013）佛中法知民初字第273、第274号民事判决，向广东省高级人民法院提起上诉。侵犯商业秘密纠纷案二审中，泓利公司补交了证据。其中第4份证据"15页技术图纸的原件"属于泓利公司对用于鉴定的18页技术图纸来源、形式等方面瑕疵进行补正的证据。而立信公司与熊某、马某、付某认为上述证据已超过举证期限。二审法院认为由于泓利公司所提交的证据与该案基本事实相关联，且立信公司与熊某、马某、付某在一审时未对逾期举证行为提出异议，因此对该补强证据予以采纳。在认定一审法院判决的基础上，二审法院认定泓利公司对其逾期提供证据存在重大过失，并另行作出处以5万元的罚款决定。后立信公司及熊某、马某、付某不服二审判决，向最高人民法院提出再审。最终，最高人民法院做出（2016）最高法民申第2459号、（2016）最高法民申第2460号裁定书，驳回立信公司、熊某、马某、付某的再审申请。最终认定：涉案实用新型专利"注塑机锁模机构"的专利权归属泓利公司享有，立信公司与熊某、马某、付某侵犯了泓利公司的商业秘密，须立即停止其侵权行为，并赔偿泓利公司经济损失150万元。

二、案情分析与结论

（一）企业面临商业秘密泄露危机

随着市场经济的快速发展与知识经济的兴起，企业逐渐拥有了一批自主创新的专有技术。这些专有技术的一部分会以专利权的形式保护起来，但大部分的技术会成为企业不对外公开的商业秘密。如今，商业秘密已经成了现代企业在商业竞争中保持绝对竞争优势的秘密武器，甚至成为企业生死存亡的关键。近年来，我国80%以上的商业秘密外泄案都发生在职工跳槽之际，跳槽者大多是企业核心部门业务骨干，跳槽过程中其会选择利用原单位的资源提高跳槽身价，这些跳槽者利用职务之便带走了大量原单位处于保密状态的重要技术资料，甚至以个人或者其他公司的名义申请专利并获得了授权，使得企业面临自身商业秘密被公开的风险，最终可能导致企业在市场竞争中蒙受损失。此类型侵犯商业秘密的案件已呈多发趋势。

所谓商业秘密，最新修改的《中华人民共和国反不正当竞争法》第九条第三款有明确规定："商业秘密，是指不为公众所知悉、具有商业价值并经权利人采取相应保密措施的技术信息和经营信息。"该条指出了在司法实践中认定涉案信息为商业秘密的三个关键构成要件：（1）不为公众所知悉；（2）具有商业价值；（3）已采取保密措施。

（二）诉讼策略

在案件中，泓利公司原核心业务部门的高管以及技术人员集体跳槽，带走泓利公司处于秘密状态下的技术图纸等资料，并以此申请了专利获得了授权。泓利公司随后被起诉侵犯该专利权。泓利公司在积极应诉的同时，于2013年5月21日对立信公司、熊某、马某、付某向佛山市中级人民法院提起侵犯商业秘密纠纷及专利权权属纠纷之诉。在案件管辖地的选择上，由于双方都为佛山市顺德区的企业，根据《最高人民法院关于印发基层人民法院管辖第一审知识产权民事案件标准的通知》的标准（按照上述标准，诉讼标的额在200万元以下的第一审知识产权民事案件归佛山市顺德区人民法院管辖），将案件诉讼标的额定为220万元，使得案件一审归佛山市中级人民法院管辖。

专利权权属纠纷认定中，案件的争论焦点在于涉案技术是否属于职务创造。《中华人民共和国专利法》明确规定："执行本单位的任务或者主要是利用本单位的物质技术条件所完成的发明创造，是职务发明创造"。《中华人民共和国专利法实施细则》第十二条第一款中规定："执行本单位的任务所完成的职务发明创造，是指：（1）在本职工作中作出的发明创造；（2）履行本单位交付的本职工作之外的任务所作出的发明创造；（3）退休、调离原单位后或者劳动、人事关系终止后1年内作出的，与其在原单位承担的本职工作或者原单位分配的任务有关的发明创造。"

在本案中，涉案专利的申请日为2012年4月26日，距离熊某、马某、付某从泓利公司处离职仅十余天，三被告熊某、马某、付某根本不可能在短短的十余天内完成一个结构较为复杂的注塑机锁模机构发明创造。退一步讲，即便三人能在离职至申请日之间十余天完成，结合泓利公司的经营范围以及熊某、马某、付某三人的工作职责，其三人均可接触或者负责技术研发工作。同时，被告三人在职期间与泓利公司签订的劳动合同补充协议均约定其在泓利公司工作安排下取得的职务技术成果的知识产权属于泓利公司。事实也证明了该涉案发明创造与熊某、马某、付某在泓利公司承担的本职工作有关。同时，涉案发明创造的专利申请日是在熊某、马某、付某与泓利公司的劳动关系终止后1年内，涉案专利仍属于职务发明，申请专利权的权利应属于泓利公司。

随后，立信公司和熊某、马某、付某利用案外人的身份向专利复审委员会提起无效宣告请求。为了防止该专利权人在无效审查阶段中恶意地放弃专利权，给真正的权利人造成损失，根据《中华人民共和国专利法实施细则》第八十六条"当事人因专利申请权或者专利权的归属发生纠纷，已请求管理专利工作的部门调解或者向人民法院起诉的，可以请求国务院专利行政部门中止有关程序"的规定，泓利公司向国家知识产权局申请中止该无效宣告程序。该申请获得了国家知识产权局的批准，使得涉案专利的无效宣告程序中止了一年。同时，为了防止立信公司通过不缴纳年费使涉案专利归于失效，在笔者的建议下，泓利公司缴纳了涉案专利年费，继续维持涉案专利权的效力，该做法有效地维护了泓利公司的权益。一审、二审与再审法院均认定涉案专利归原告泓利公司所有。

（三）企业起诉离职员工侵犯其商业秘密的焦点归纳

1. 涉案技术是否构成商业秘密

在此类案件中，企业主张涉案技术属于企业自身商业秘密的同时，离职员工通常会以"涉案技术已经被公开"作为抗辩理由，法院在认定商业秘密的问题上往往会作较严格的审查，企业要证明其所掌握的技术未被公开且已采取措施对技术进行保密，就必须提供充分的证据。此类案件中举证困难可能使企业面临胜诉难、维权成本高等难题。在司法实践中认定涉案信息属商业秘密的三个关键构成要件是：（1）不为公众所知悉；（2）具有商业价值；（3）已采取保密措施。

至于案件中泓利公司所主张的技术内容是否属于商业秘密，法院结合司法鉴定所的鉴定意见：泓利公司所提交的 18 张技术图纸中所含的整体技术信息及其表达的技术方案具有"不为公众所知悉"的性质。同时，泓利公司依图纸制造的全液压的注塑机多次获得各种荣誉，即因该技术取得了一定的经济收益和市场竞争优势，以及公司内部颁布实施公司技术图纸资料管理制度、复印管理规定、劳动合同补充协议等规章制度，表明泓利公司为防止技术信息泄露采取了合理、有效的保密措施，最终认定泓利公司在本案中主张保护的技术内容属于商业秘密。

2. 离职员工是否实施了侵犯企业商业秘密的行为

关于侵犯商业秘密的行为，新修订的《中华人民共和国反不正当竞争法》第九条做出了列举式的规定："经营者不得实施下列侵犯商业秘密的行为：（1）以盗窃、贿赂、欺诈、胁迫或者其他不正当手段获取权利人的商业秘密；（2）披露、使用或者允许他人使用以前项手段获取的权利人的商业秘密；（3）违反约定或者违反权利人有关保守商业秘密的要求，披露、使用或者允许他人使用其所掌握的商业秘密。第三人明知或者应知商业秘密权利人的员工、前员工或者其他单位、个人实施前款所列违法行为，仍获取、披露、使用或者允许他人使用该商业秘密的，视为侵犯商业秘密。"

商业秘密的侵权行为具有隐蔽性，在一般情况下，很难收集证据证明被告实施了侵犯企业商业秘密的行为。在司法实践中，民事诉讼中的原告想要证明被告占有、披露、使用的商业信息属于原告的商业秘密，通常采用"实质性相似加接触"原则来初步证明被告占有、披露、使用的商业信息来源于原告的商业秘密，即（1）证明被告使用的商业信息与原告商业秘密相同或实质性相同；（2）被告有接触商业秘密的便利条件。

在本案中，鉴定结论表明："法院保全的立信公司的 12 张图纸中所含的技术信息和技术方案与泓利公司 18 张图纸中的技术信息和技术方案相同或实质相同。"同时，提供的证据可证明熊某、马某、付某三人可通过职务之便接触到本案的商业秘密，立信公司无法证明该技术为其自行研究开发，也无法举证证明其获得该技术信息的正当性，因此法院推定四被告构成侵权，熊某、马某、付某的行为违反了约定或者违反权利人有关保守商业秘密的要求，披露、使用或者允许他人使用其所掌握的商业秘密。立信公司明知或者应知三人的违法行为，仍然获取、使用泓利公司的商业秘密，均构成侵犯泓利公司商业秘密的行为，应承担相应的民事责任。

（四）司法实践中法院对证据"原件"的采纳过于严格

本案二审对于泓利公司在一审中提交的技术图纸的"原件"的认定显得过于机械。泓利公司在技术资料管理中存在一定的问题，即在制作一套原件图纸后，复制数套分别交给技术部门、生产部门以及管理部门等使用。在起诉时，由于并不知道证据保全可以得到什么型号的产品图纸，故而仅根据涉案专利的说明书附图提交了与之对应的某型号的图纸。在证据保全后，在一审的庭审过程中，原告仅仅根据保全图纸的图号（并未看到图纸内容）到自己的图纸库中找寻与之对应的图纸，然后提交鉴定机构鉴定。由于相关产品的图纸数万张，当初也没有严格规定"原件"图纸必须存放在某一个部门，使得保存在不同部门的图纸有可能是"原件"，也可能是"原件"的复印件。根据高度盖然性的证明标准，完全可以相信，即使原告提供的图纸是"原件"的复印件，也可以具有"原件"的效力。二审诉讼阶段，只认"原件"图纸，并且认定原告提交"原件"技术图纸属于其逾期提供证据，存在重大过失，处以50000元罚款的做法显得对于技术图纸的"原件"的认定过于机械。当然这个案件也提醒企业在技术资料的管理水平上需要进一步提升，要从为可能的诉讼准备证据材料的角度进行完善。

（五）企业如何建立健全商业秘密保护体系

商场如战场，竞争无处不在，企业需要防范跳槽者带走商业秘密，有效地保护好自己的知识产权，因此，在日常经营中企业应从事前防护、事中控制、事后维权等方面建立足够严密的商业秘密保护体系。因此，企业要对自身的商业秘密进行管理。

（1）分档处理。对于公司内部的技术信息与经营信息进行商业秘密评价，做等级与分档的处理，确定本企业商业秘密的范围与分类。

（2）建立规章制度。企业应设立商业秘密的保密制度，需要考虑：商业秘密的范围、管理者与责任、档案管理、申报与审定以及保密义务、泄露商业秘密应承担的法律责任等方面，并需以公开或者明示的方式告知企业员工。

（3）人员管理。对接触企业商业秘密的工作人员及其接触到的商业秘密要进行严格的限制。做好岗位定职，工作交接，签署保密协议、竞业限制协议等工作，从源头降低商业秘密被泄露的风险。

（4）对商业秘密文件的管理。根据企业密级的划分对文件进行标识，对于公司的机要文件、技术图纸等涉及商业秘密的机要原始资料必须保存好；对文件的收发管理建立登记制度，防止在过程中流失。所有密级文件的复制都必须在企业内进行并由具有审批权限的领导审批。建立内部监控设施、防盗系统，把涉密人员控制在绝对范围内。

（5）增强企业意识。增强企业领导和广大员工知识产权意识，将企业的知识产权管理规范化、系统化，完善企业管理体系，提升企业应对市场中各类知识产权问题的能力。在面对员工违反法律或协议，侵害企业的商业秘密或者知识产权事件时，受害企业一定要及时反击，通过司法途径维护自身合法权益。创业应增强维权意识，一旦发生商业秘密泄露事件要及时收集证据，必要时可先申请法院强制执行，使侵权企业和个人立即停止生产，避免给企业造成更大的损失。

✒ 作者简介

曾旻辉，广东华进律师事务所律师，华中科技大学知识产权博士，专利商标代理人，国家知识产权专家库专家，专利副研究员，全国律师协会知识产权专业委员会委员，广东省知识产权维权援助中心维权援助专家，广东省律师协会知识产权专业委员会委员，广东省知识产权工作专家库专家，广州仲裁委员会委员，广州市创新创业产业领军人才等。

曾旻辉从事知识产权工作 20 余年，具有坚实的知识产权法理论基础以及多年的知识产权实务经验，擅长机械、电子领域的专利事务，在知识产权诉讼和企业科技创新战略、知识产权战略规划、规范管理方面有着丰富的经验。执业期间承办了 300 余起知识产权诉讼类案件，案件类型涵盖专利侵权诉讼、商标侵权诉讼等，尤其是处理了大量的涉外案件。带领团队通过发明专利授权保险、专利维权、无效保险等降低企业获权、维权成本；通过专利质押融资工作帮助企业利用知识产权获得银行贷款；通过与评估机构、资本市场的合作，为企业运用知识产权进行资本化运作提供帮助；通过专利预警、专利导航为企业、行业、政府提供产业发展的知识产权路线；通过与国际机构合作为广州培养国际化的技术转移转化人才。

罪与非罪 天差地别

——不在同一种商标上使用，重审二审改判不构成假冒注册商标罪案

广东三环汇华律师事务所　程跃华

【案件概评】

本案先后获得广州法院 2014 年知识产权十大案例、2014 年度广州市知识产权十大案例、广东高院 2014 年十大知识产权案例、2014 年度广东省知识产权十大案件、2014 年度中国法院 50 件典型知识产权案例，笔者也获得广东省律师协会 2014 年度十大知识产权典型案例奖、中华全国律师协会知识产权专业委员会 2015 年度十大知识产权典型案例奖，助手作为第三被告人的辩护人获得了广州市律师协会 2014 年度业务成果奖。

【本文摘要】

多米诺印刷科学有限公司是一家生产喷码机产品的英国公司，其国际注册第 G709885 号"![DOMINO]"商标，通过领土延伸指定到我国并获得保护，申请使用在商标注册用商品和服务国际分类第九类商品上，该商标核定使用的商品包括："喷墨打印装置；喷墨标示装置……"等（商标档案显示的商品信息）。被告人谢某某先后设立拓×科技、杜×公司，自 2003 年起，招聘包括另十三名被告人在内的员工，按各自职能分工共同研发、生产、销售喷码机、零配件及耗材等。2012 年 3 月，各被告人在公司内被公安机关抓获归案，现场缴获涉嫌假冒多米诺注册商标的喷码机、零配件一批及相应的合同、单据等。

本案经过一审、发回重审、重审一审、二审终审，历时两年多，最终二审法院认为，涉案喷码机属于《类似商品和服务区分表》中的第七类商品，与多米诺公司第 G709885 号注册商标核定使用的第九类商品并非同一种商品，原审法院认定各被告人构成假冒注册商标罪适用法律不当，判决

撤销重审一审刑事判决，改判 14 名被告人无罪。

　　本文是重审二审辩护词部分内容的总结，认为假冒注册商标罪的"同一种商品"应当考虑尼斯分类、国家工商行政管理总局商标局及商标评审委员会的裁决、国际知名品牌喷码机商标注册信息、国家工商行政管理总局商标局关于本案的复函；并从涉案喷码机功能、用途、主要原料、消费对象、销售渠道等方面进行分析论证；同时指出认定"同一种商品"，应当在权利人注册商标核定使用的商品和行为人实际生产销售的商品之间进行比较，而不应当在权利人实际使用的产品与行为人实际生产销售的商品之间进行比较；公诉机关主张的多米诺公司主张权利的商标专用权具体指向的商品必须明确，认定假冒注册商标罪，应当先查清被假冒注册商标核定使用的商品名称，否则不应限制被告人的人身自由权。

一、基本案情

　　多米诺印刷科学有限公司（Domino Printing Sciences PLC，以下简称"多米诺公司"）是一家生产喷码机产品的英国公司，该公司的国际注册第 G709885 号"DOMINO"商标，1999 年根据《商标国际注册马德里协定》和《商标国际注册马德里协定有关议定书》的规定，通过领土延伸指定到我国并获得保护，申请使用在商标注册用商品和服务国际分类第九类商品上，该商标核定使用的商品包括"喷墨打印装置；喷墨标示装置；激光标示装置；喷墨打印机；上述商品的电动、电子控制装置；控制工业喷墨打印机、工业喷墨标示装置和工业激光标示装置的运行状况的计算机软件；喷墨打印机的打印头；上述商品的零配件"等（商标档案显示的商品信息），有效期自 2009 年 1 月 28 日至 2019 年 1 月 27 日。

　　2012 年，英国多米诺公司声称自己的商标被假冒，向广州市越秀区警方报案，之后，该案顺利侦结，多家公司数十人涉案，被称为英国在华知识产权第一案。在案件侦结后，2012 年 5 月，英国驻广州总领事馆副总领事麦思安、英国多米诺标识科技有限公司总裁韩某就曾专程赴该区致谢并赠送"打击罪恶，伸张正义"的锦旗。2012 年 7 月 16 日上午，广州警方通报由广州越秀警方发起的"羊城 20"跨省集群战役成功打掉了一个跨省特大制售假冒国际知名品牌喷码机的犯罪网络。

检察机关指控，被告人谢某某于 2003 年 8 月 26 日成立广州市拓×科技有限公司，2008 年 3 月 18 日与被告人谢某标共同成立广州市杜×机电有限公司，招聘被告人罗某、淡某、谢某桃、李某诗、孔某明、梁某荫、艾某、苏某彬、李某武、胡某强、刘某坚、郑某等人，按各自职能分工共同研发、生产、销售喷码机、零配件及耗材等。2012 年 3 月 21 目，各被告人在公司内被公安机关抓获归案。公安机关在杜×公司缴获涉嫌假冒多米诺注册商标的喷码机、零配件一批及相应的合同、单据等，涉及的机型为 A200 型喷码机和 E50 型喷码机，其中，A200 型喷码机由杜×公司自主生产并使用了回收的多米诺公司的二手主板，E50 型喷码机是对原装 E50 型多米诺喷码机进行了墨盒改装的机器。经查，缴获的涉嫌假冒多米诺注册商标的喷码机 34 台，价值为人民币1054000元。对查获的杜×公司送货单及国际订单进行审查检验，2010 年 1 月 4 日至 2012 年 3 月 14 日，销售涉嫌假冒多米诺注册商标的喷码机 l34 台，销售金额为人民币4175700元。广州市越秀区人民检察院指控上述被告人犯假冒注册商标罪，于 2012 年 9 月 28 日向广州市越秀区人民法院提起公诉。

二、原审裁判

广州市越秀区人民法院经审理认为：谢某某等 14 人犯假冒注册商标罪。各被告人分别被判处 1 年 6 个月至 4 年有期徒刑，并处罚金，其中谢某某被判处有期徒刑 4 年，并处罚金 70 万元；扣押在案的商品予以没收。

宣判后，14 名被告人均不服一审判决，提出上诉，广州市中级人民法院将该案发回原审法院重新审理。

广州市越秀区人民法院重审认为：

（1）多米诺公司享有"多米诺"和图形多米诺商标的专用权，其生产的"喷码机"属于核定使用的商品之一。

多米诺公司在国家工商行政管理总局商标局第九类商品上注册的第 G709885 号"DOMINO 及图"商标，其核定使用商品包括"喷墨标示装置"。根据国家工商行政管理总局商标局出具的商标函字（2014）10 号关于第

G709885 号"DOMINO"商标有关情况的复函，核定使用的商品"喷墨标示装置"包括符合第九类分类标准的"喷码机"，且证明"喷码机"并非《类似商品和服务区分表》所列商品名称，其所及的商品较为宽泛，需要根据具体商品的功能、用途、销售渠道、消费对象等方面确定其所属的类别。根据国家工商行政管理总局商标局复函第三点，"喷码机"的功能、用途等和"与计算机连用的打印机"类似，属于第九类；功能、用途等和"塑料导线印字机""工业打标机"类似，属于第七类，证实多米诺喷码机的主板分为三层，每层都有一个中央处理器（CPU）。此外主板上还有储存、输出/输入装置，有外部接口可与其他计算机相连，故多米诺公司生产的喷码机在机器结构和功能上均可以与计算机连用，其属于第九类注册商标的商品。现阶段，"喷码机"商品有在第七类注册的情形，也有在第九类注册的情形。在庭审中，各被告人也确认喷码机就公众所理解之范畴均用于工业用途，而不存在办公用途的喷码机，因此，功能、用途等于"与计算机连用的打印机"类似的在第九类注册的喷码机也同样适用于工业用途。多米诺 A200 型和 E50 型喷码机在功能、用途和"与计算机连用的打印机"类似，是符合第九类分类标准的喷码机，包括在通过领土延伸指定到我国并获得保护的"多米诺"商标核定使用商品"喷墨标示装置"中不能简单、片面地将该商品的某项用途指向的销售渠道、消费对象就将其定义在"工业打标机"类似的商品上。

（2）杜×公司的行为系假冒注册商标的行为。

经查，杜×公司生产的 A200 型喷码机，据报告人供称该机型是仿制多米诺公司 A200 型喷码机，而 E50 型喷码机只是对墨路系统进行改造，由此可见，杜×公司涉案的上述两件型号喷码机不但在外形上与多米诺原厂生产的基本一致，最关键的是在功能和用途上是完全一致的，且均用于工业用途。可以认定杜×公司生产、销售的涉案喷码机与多米诺公司注册商标核定使用的商品属于"同一种商品"。

杜×公司是合法成立多年的公司，其主要产品是喷码机及其配件，也申请了自己的注册商标，但是，杜×公司并没有在涉案喷码机上标明自己公司的注册商标。从杜×公司生产的产品来看，大都与多米诺品牌产品有关，而没有使用自己的注册商标，由此可见，其真正目的还是让公众误认其产品是多米诺品牌产品。

杜×公司生产的 A200 型喷码机，除了在外观上足以对公众产生一定的误导之外，还在开机界面显示"DOMINO"标识，公众在开机使用过程中必然会看到"DOMINO"标识。因杜×公司在该款机型外观上未显示任何商标标识，其开机显示"DOMINO"标识更直接让公众误认为该商品来源于多米诺公司。杜×公司卖给报告人的喷码机从外观、操作方式、型号、保养方式到适用墨水、配件等均与之前从多米诺公司采购的喷码机一样，开机界面同样显示"DOMINO"的商标。

（3）被告人及其辩护人认为不构成假冒注册商标的辩解意见和辩护意见均不成立。

广州市越秀区人民法院认为，杜×公司未经注册商标所有人许可，在同一种商品上使用与其注册商标相同的商标，情节特别严重，各被告人均参与作案，其行为构成假冒注册商标罪，在本案中，被告人谢某某起主要作用，是主犯，其他被告人起次要作用，是从犯。

重审判决：谢某某刑期为 3 年 11 个月，并处罚金 70 万元；其他被告人分别判处 1 年 3 个月至 2 年 2 个月有期徒刑，并处罚金；扣押在案的商品予以没收。

三、重审二审判决

宣判后，14 名被告人均不服重审一审判决，提出上诉。

广州市中级人民法院经审理认为：

（1）杜×公司生产、销售的喷码机应属于工业用机械设备。

根据商标局 2014 年第 118 号复函，区分属于第七类或第九类的喷码机并非以是否与计算机控制为标准，而是根据功能、用途、销售渠道、消费对象等方面进行分类。属于第七类的喷码机主要为工业用机械设备或工业成套设备的组成部分，属于第九类的喷码机则为家用或普通商用的小型电子设备。经查，首先，多米诺 A200 型喷码机、E50 型喷码机及杜×公司生产的涉案喷码机属于工业用途，且多米诺 A200 型、E50 型喷码机属于连续式喷码机

（Continuous ink jet printer），对上述事实，多米诺公司与各上诉人均无异议。其次，根据上诉人一方提交的"连续式喷码机（Continuous ink jet printer）"的国家标准，该标准是由全国包装机械标准化技术委员会提出并归口，且该标准的起草单位包括多米诺标识科技有限公司，该标准引用的文件中包括工业产品使用说明书。包装机械属于工业用机械设备，其在《类似商品和服务区分表》属于第七类商品中的0721群组。最后，从涉案喷码机的功能、喷印速度、销售渠道和消费对象看，其不属于家用或普通商业用的电子设备。由于涉案喷码机属于工业用机械设备，故其应属于第七类商品。

（2）喷码机行业的倾向性意见是喷码机商品属于第七类商品。

（3）本案现有证据不能证实第 G709885 号注册商标核定使用的第九类商品中具体哪一个商品包括了杜×公司生产的喷码机。权利人、商标局对于涉案喷码机应属于第 G709885 号注册商标核定使用的第九类商品中的具体哪一个商品，意见不一致。

（4）从多米诺公司的商标注册情况看，其最初在喷码机商品上使用的商标是申请注册在第七类商品上的。

（5）商标局商标评审委员会在审理案外人李某贵认为在第七类商品上申请注册的"多米诺""DOMINO"商标的异议裁定和异议复审裁定时认定，第七类的印刷机器、喷墨印刷机、喷码机（印刷工业用）等商品与第九类的喷墨打印装置等商品不属于"同一种商品"。

（6）原审判决根据多米诺公司生产的喷码机在机器结构和功能上均可与计算机连用来判断涉案喷码机属于第九类商品，理由不成立。商标局2014年第118号复函已经明确表明"区分属于第七类和第九类的喷码机并非以是否与计算机控制为标准，而是根据功能、用途、销售渠道、消费对象等方面进行分类"，故该意见已经推翻了商标局 2014 年 10 号复函中关于喷码机"功能、用途等和计算机连用的打印机类似的喷码机，属于第九类；功能、用途等和塑料导线印字机、工业打标机类似的，属于第七类"的意见。

二审法院认为，涉案喷码机属于《类似商品和服务区分表》中的第七类商品，与多米诺公司第 G709885 号注册商标核定使用的第九类商品并非同一种商品，原审法院认定各被告人构成假冒注册商标罪适用法律不当，经审判委员会讨论决定，判决撤销广州市越秀区人民法院（2013）穗越法知刑重字第 3 号刑事判决，改判各被告人无罪。

四、案件评析

杜×公司生产销售的涉案产品喷码机是一种通过软件控制、使用非接触方式在产品上进行标识的设备，其运用带电的墨水微粒，利用高压电场偏转的原理，在各种物体表面喷印文字、图案和数码。可用于喷印生产日期、批号、产品有效期、条形码、商标图案、防伪标记等。

《中华人民共和国刑法》第二百一十三条规定："未经注册商标所有人许可，在同一种商品上使用与其注册商标相同的商标，情节严重的，处三年以下有期徒刑或者拘役，并处或者单处罚金；情节特别严重的，处三年以上七年以下有期徒刑，并处罚金。"在案件审理中，最大的争议焦点在于涉案喷码机与涉案注册商标的核定使用商品是否构成了刑法第二百一十三条所规定的"同一种商品"。

对此，笔者认为：

第一，从尼斯分类的角度，本案涉案产品喷码机属于第七类 0705 组印刷工业用机械及器具。根据多米诺公司第 G709885 号和第 1984308 号注册商标注册当时的《类似商品和服务区分表》（第七版）记载，涉案产品属于第七类 0705 组印刷工业用机械及器具。而根据现行《类似商品和服务区分表》（第十版）的记载，涉案产品属于第七类 0716 组工业用雕刻、打标机械。《类似商品和服务区分表》（第七版）记载，第七类商品为机器和机床，马达和发动机等，其中 0705 组为印刷工业用机械及器具，包括有如下产品：贴标签机（机器）、在金属薄板上使用的印刷机器、塑料套管印字切割机、塑料导线印字机等。与此同时，第九类商品为科学、航海、测地、电气等，其中 0901 组为电子计算机及其外部设备，其中包括计算机、与计算机联用的打印机、扫描仪（数据处理设备等）等。显然，将其划分为第七类商品更合适。《类似商品和服务区分表》（第十版）记载，第七类 0716 组工业用雕刻、打标机械，包括塑料导线印字机、工业打标机等；且该组记载"本类似群与第十版及以前版本 0705 塑料套管印字切割机，塑料导线印字机，0742 电线印号机交叉检索"。从第十版区分表来看，其仍然属于第七类商品。

第二，从国家工商行政管理总局商标局及商标评审委员会裁决的角度，本案涉案产品喷码机属于第七类 0705 组印刷工业用机械及器具。从本案使用的喷码机商品和第七类商标异议审查和驳回复审审查实践来看，商标局最初认为其与第七类商品不近似，商标评审委员会认为两者仅仅属于近似，而不是相同。多米诺公司早在 1997 年 1 月 28 日就已经在第七类上申请注册了第 938241 号 " Domino " 商标，核定使用的商品为"印刷机械、喷墨印刷机的印刷头（机器零件）、喷墨印刷机、贴标签机、上述产品的零部件"，而该商标在 2007 年 1 月 27 日专用权期限届满后却未进行续展。由此造成李忠贵于 2008 年 7 月 16 日向商标局分别申请注册了第 6844051 号"DOMINO"、第 6844050 号"多米诺"商标，指定使用在第 7 类包装机（打包机）、贴标签机（机器）、印刷机器、喷码机（印刷工业用）等商品上，经商标局初步审定并公告后，多米诺公司提出异议。商标局审理裁定异议理由不成立，认为引证商标，即本案多米诺公司主张本案权利的两项商标与待注册商标不构成近似，被异议商标被核准注册。该商标后经异议复审程序被商标评审委员会不予核准注册，商标评审委员会的理由是："经综合考虑，'多米诺'商标和'DOMINO'商标与多米诺公司拥有的第九类第 G709885、第 1984308 号商标同时使用在上述关联性较强的商品上，易导致消费者对商品来源产生混淆，已构成了《中华人民共和国商标法》第二十八条所指的使用在类似商品上的近似商标。"因此，从本案商标来看，商标局最初认为其与第七类商品不近似，商标评审委员会认为两者仅仅属于近似，而不是相同。

第三，从国际知名品牌喷码机商标注册信息的角度，本案涉案产品喷码机属于第七类 0705 组印刷工业用机械及器具。国家工商行政管理总局商标局查询的信息，喷码机的国内和国际知名品牌，包括但不限于伟迪捷、马肯依玛士、KGK、科诺华、申瓯、镭德杰、法玛诺、小霸王、来宾格，都是在商品国际分类第七类进行的注册，商品列表中有的已经写明了"喷码机"。公诉人当庭出示的第九类商标恰恰包括"传真机、复印机"等商品，而不包括喷码机。

第四，从国家工商行政管理总局商标局关于本案的复函来看，本案涉案产品喷码机属于第七类 0705 组印刷工业用机械及器具。从国家工商行政管理总局商标局《关于第 G709885 号 "DOMINO" 商标有关情况的复函》（商标函字2014 年第 10 号）看，涉案产品喷码机属于第七类 0705 组印刷工业用机械及器具。国家工商行政管理总局商标局《关于第 G709885 号 "DOMINO" 商标有关情况的复函》第三部分记载为 "'喷码机' 并非《类似商品和服务区分表》所列商品名称，且其所及的商品较为宽泛，需要根据具体商品的功能、用途、销售渠道、消费对象等方面确定其所属的类别。例如：功能、用途等和 '与计算机连用的打印机' 类似的，属于第九类；功能、用途等和 '塑料导线印字机' '工业打标机' 类似的，属于第七类"。撇开该逻辑是否合适不谈，按照此逻辑，判断本案涉案产品是何类别，可以从其是否与计算机连用来考虑，由于E50 型机器根本不存在与计算机连用的接口，无需与计算机连接即可实现其基本喷码功能；而 A200 型喷码机与外部计算机连接是一个可选项目，即需要使用另行附加的 RS232 通信接口可选套件，才能实现与计算机连接；在实际使用中，通常不与计算机相连接，即能实现喷码功能，因此，其两者均不属于第九类商品；而应当是功能、用途等和 "塑料导线印字机" "工业打标机" 类似的第七类商品，同样是在工业上应用，在商品包装上打标、喷码。

第五，本案涉案商品喷码机，其功能、用途、主要原料、消费对象、销售渠道等方面与喷墨打印器具并非指向同一种事物，不属于 "同一种商品"。《最高人民法院、最高人民检察院、公安部关于办理侵犯知识产权刑事案件适用法律若干问题的意见》[法发（2011）3 号] 第五条第一款规定："关于刑法第二百一十三条规定的 '同一种商品' 的认定问题。名称相同的商品以及名称不同但指同一事物的商品，可以认定为 '同一种商品'。'名称' 是指国家工商行政管理总局商标局在商标注册工作中对商品使用的名称，通常即《商标注册用商品和服务国际分类》中规定的商品名称。'名称不同但指同一事物的商品' 是指在功能、用途、主要原料、消费对象、销售渠道等方面相同或者基本相同，相关公众一般认为是同一种事物的商品。"

笔者认为，本案的涉案商品是喷码机，其功能、用途、主要原料、消费对象、销售渠道等方面与喷墨打印器具并非指向同一种事物，不属于 "同一种商品"。理由如下：

（1）功能不同：喷码机具有在任意介质上实现打印的功能；而喷墨打印器具，与计算机连用，在计算机驱动下具有在纸质上打字绘图的功能。

（2）用途不同：喷码机用于在产品包装上打印生产日期、批号、产品有效期、条形码、商标图案、防伪标记等；而喷墨打印机属于印刷工业用器具或者打包设备，属于国际分类的第七类商品，属于工业用途。从喷码机的国家标准来看，其是由国家包装机械标准化技术委员会提出，喷码机（英文"Continuous ink jet printer"）的国家标准（GB/T 29017—2012）至少引用了三个包装机械类的国家标准，分别是《包装机械分类与型号编制方法》GB/T 7311，《包装机械噪声声功率级的测定》JB/T 7232，《包装机械安全要求》JB 7233，很显然，喷码机应当属于包装机械类商品。

而喷墨打印器具从放在第九类的分类来看，更多倾向的是一种办公器具，与计算机连用，主要用于办公室人员打字绘图。

（3）消费对象不同：喷墨打印器具主要消费对象是办公室工作人员、企业及个人；而喷码机主要消费对象为工厂、生产型企业，例如在本案中，公安机关取证的燕塘牛奶公司、风行牛奶公司等。

（4）销售渠道不同：喷墨打印器具主要销售渠道为电脑城、办公文具等销售电脑的地方，展销会通常是办公用品、办公设备展销会；而喷码机销售渠道是包装设备市场、工业设备市场等，参加包装展会、工业设备展会等。

（5）对于相关公众而言，喷码机的终端销售价一般为5万~10万元，而喷墨打印机一般在500~3000元，所以两者的相关公众不同，喷码机的相关公众一般将喷码机理解为喷墨印刷类机器，而不会理解为只是一台喷墨打印机；喷墨打印机的相关公众多数并不了解喷码机，根本不会将喷码机和喷墨打印器具认为是同一种商品，不会混淆、误认。

因此，无论从国际、国内知名品牌喷码机的实际注册信息来看；还是从国际商品与服务分类表来看；无论是从国家工商行政管理总局商标局针对本案的批复来看，还是从商标局针对个案的审查决定及商标评审委员会的评审决定来看；无论是从功能、用途、销售渠道、消费对象来看，甚至以多米诺公司自身注册商标的动机和自我陈述的意见来看，本案涉案产品应属于国际商品和服务分类表第七类"印刷工业机械及器具"。

为了进一步说明、强调相关功能、用途、主要原料、消费对象、销售渠道的联系和区别，我们专门制作了一份图文并茂的放大的比对表（见图1）。

商品名称	涉案喷码机：1、杜高 A200 型喷码机。2、改良墨盒之后的多米诺 E50 型喷码机	工业打标机（第7类商品）	塑料导线印字机（第7类商品）	喷墨打印机等（第9类商品，**系与计算机连用的打印机**）
相关图片	杜高 A200 型喷码机　改良墨盒之后的多米诺 E50 型喷码机			
功能	（在产品表面喷印生产日期或序列号等）	（在产品表面上雕刻出生产日期或序列号等）	（在导线上压印生产日期或序列号等）	（在纸张上打印文字或图片）
用途	（工业用途）	（工业用途）	（工业用途）	（办公室用途）
销售渠道	包装设备市场、工业设备市场	包装设备市场、工业设备市场	包装设备市场、工业设备市场	电脑城、办公文具
消费对象	工厂、生产型企业	工厂、生产型企业	工厂、生产型企业	办公室企业及个人
参加的展会	包装展会、工业设备展会、电线电缆展会	包装展会、工业设备展会、电线电缆展会	包装展会、工业设备展会、电线电缆展会	办公设备、办公用具展会
消耗品	墨水耗材	打印头	墨水耗材	墨水、碳粉、纸张

图 1　涉案喷码机与工业打标机、塑料导线印字机、第 G709885 号商标核定商品的比较

113

第六，认定"同一种商品"，应当在权利人注册商标核定使用的商品和行为人实际生产销售的商品之间进行比较，而不应当将权利人实际使用的产品与行为人实际生产销售的商品进行比较。

公诉人认为涉案的杜×喷码机与多米诺公司使用了第 G709885 号商标图案的喷码机产品在功能、用途等方面相同，从而得出杜×公司谢某某构成假冒注册商标罪。实际上，一审法院在一审和一审重审时也是采取这一错误观点。我们当庭指出，公诉人和一审法院的这种比对方式犯了比对对象的错误，《最高人民法院、最高人民检察院、公安部关于办理侵犯知识产权刑事案件适用法律若干问题的意见》第五条第二款规定：认定"同一种商品"，应当在行为人实际生产销售的商品与权利人注册商标核定使用的商品之间进行比对；而不是与所谓权利人实际使用的商品进行比对。基于正确的比对方式，由于杜×公司实际生产的喷码机属于第七类商品，本案当然不构成假冒注册商标罪。

第七，在本案重审二审法庭调查时，在举证环节，笔者反复强调，本案公诉机关主张的多米诺公司主张权利的商标专用权具体指向的商品必须明确；认定假冒注册商标罪，对于被假冒注册商标核定使用的商品名称均没有查清，如何能据此限制被告人的人身自由权？

在本案中，笔者带领助手是在重审二审时才介入的，在此之前，本案中14 个当事人，在公安机关介入初期，均聘请了律师，且各律师的辩护观点不一致，有罪轻辩护的，有无罪辩护的。据当事人声称，前后共计聘请 50 名律师参与本案，但是，似乎都没有关注到在本案中，权利人多米诺公司通过领土延伸指定到我国并获得保护的国际注册第 G709885 号" "商标据以主张采取刑事保护的核定使用的商品到底是什么商品。

在本案中，笔者介入后，及时向国家工商行政管理总局商标局调取了该注册商标的注册信息和内档信息，并制作了商标注册证明和内档信息一览表（见图 2）。

信息来源	核定使用商品
2011 年商标局开具商标注册证明	核定使用商品 喷墨打印器具；喷墨绘图器具；激光打印机；喷墨打印机；上述商品的电气电子控制部件；控制工业用喷墨打印机、工业用喷墨绘图及工业激光绘图器具运转用计算机软件；喷墨打印机头；上述商品的零配件（截止）
2012 年商标局开具商标注册证明	核定使用商品 喷墨打印器具、喷码机；激光打码器具、喷墨打印机、上述商品的电气电子控制部件；用于控制工业用喷墨打印机、工业用喷墨打码器具及工业用激光喷墨打码器具运转的计算机软件；喷墨打印机头、上述商品的零配件（截止）
商标档案	商　品 喷墨打印装置；喷墨标示装置；激光标示装置；喷墨打印机；上述商品的电动、电子控制装置；控制工业喷墨打印机、工业喷墨标示装置和工业激光标示装置的运行状况的计算机软件；喷墨打印机的打印头；上述商品的零配件 2014 08 12
马德里国际商标审查底稿	类别　　使用商品、服务 9 901 (9FN) 喷墨打印器具，喷墨绘图器具；激光打印机；喷墨打印机；上述商品的电气电子控制部件；控制工业用喷墨打印机、工业用喷墨绘图及工业用激光绘图器具运转用计算机软件；喷墨打印机打印头；上述商品的零配件。
马德里注册商标核定使用名称	9 Ink jet printing apparatus; ink jet marking apparatus; laser marking apparatus; ink jet printers, electrical and electronic control apparatus for the aforesaid goods; computer software for use in controlling the operation of industrial ink jet printers, of industrial ink jet marking apparatus and of industrial laser marking apparatus; printheads for ink jet printers; parts and fittings for all the aforesaid goods.

图 2　第 "G709885" 号注册商标商标注册证明及内档信息一览表

经过比对，笔者发现，在本案中，多米诺公司分别于 2011 年、2012 年两次开具商标注册证明，并且这两次商标注册证明的商品不完全一致，同时与商标局商标档案中核定使用的商标信息也不一致，而商标档案中马德里国际商标审查底稿与商标档案中的商品也不一致，进一步地，本案中多米诺公司申请马德里国际注册时，是以英文作为官方语言。通过比对 2011 年、2012 年商标注册证明与商标局商标档案，笔者发现，各次商标信息主要是第二个商品不一致，其中，2011 年商标注册证明显示为"喷墨绘图器具"，2012 年商标注册证明显示为"喷码机"，而商标档案显示为"喷墨标示装置"，进一步查马德里国际商标审查底稿，则显示为"喷墨绘图器具"，再查马德里国际商标英文档案，对应的第二个商品则为"ink jet marking apparatus"。而公诉人和多米诺公司却主张喷码机应为"ink jet printer"，该英文名在马德里英文国际注册信息中排在第四个商品名称，但是该核定使用的商品无论在马德里国际商标审查底稿中还是在商标局商标档案中，抑或是在 2011 年、2012 年商标注册证明中均翻译为"喷墨打印机"。在指出了上述问题后，笔者指出，其核定使用的商品应当以最原始的商标审查底稿档案为准还是以商标档案为准，公诉机关和人民法院需要明确。认定假冒注册商标罪，对于被假冒的注册商标核定使用的商品名称均未查清，如何能据此限制被告人的人身自由权？

二审法院在本院认为部分充分肯定了笔者的质疑，认为"现有证据不能证实第 G709885 号注册商标核定使用的第九类商品中具体哪一个商品中包括了杜×公司生产的喷码机"，并进一步指出"权利人、商标局对于涉案喷码机应属于第 G709885 号注册商标核定使用的第九类商品中的具体哪一个商品意见不一致"，权利人认为喷码机的英文通用名称为"ink jet printer"的意见并未得到商标局的认可。

最终，二审法院充分采纳了笔者的辩护意见，结合笔者提交的证据以及商标局 2014 年第 118 号复函中明确表明的"区分属于第七类和第九类的喷码机并非以是否由计算机控制为标准，而是根据功能、用途、销售渠道、消费对象等方面进行分类。属于第七类的喷码机主要为工业用机械设备或为工业成套设备的组成部分；属于第九类的喷码机则为家用或普通商用的小型电子设备"，最终认定"涉案喷码机属于《类似商品和服务区分表》中的第七类商品，即杜×公司生产、销售的喷码机与多米诺公司第 G709885 号注册商标核定使用的第九类商品并非同一种商品"，判决谢某某等 14 名被告人无罪。

五、小结

《中华人民共和国刑法》第二百一十三条仅将"未经注册商标所有人许可""在同一种商品上使用与他人注册商标相同的商标""情节严重"的行为规定为犯罪，对于在类似商品上使用相同商标、在相同商品上使用近似商标、在类似商品上使用近似商标等侵权行为均不以假冒注册商标罪论处。对于本罪的理解应当严格依据我国刑法的有关规定，构成本罪的前提一是必须是同一种商品，二是必须是相同商标，三是要注意比对对象是与权利人的注册商标；追究行为人的刑事责任、限制行为人的人身自由，应当慎之又慎，坚持罪刑法定的原则，罪与非罪，天差地别，绝不应把一般违法行为当作犯罪来处理。

✎ 作者简介

程跃华律师，本科毕业于上海医科大学（现复旦大学）药学院，中国政法大学法律硕士，专利副研究员、二级律师、专利代理人、中华全国律师协会知识产权专业委员会委员、中国广州仲裁委员会仲裁员、广州知识产权法院律师调解员、广州市律师协会医事法律专业委员会主任。2011年入选国家第三批"百千万知识产权人才工程"高层次人才，2014年入选广东省律师协会"知识产权讲师团"成员，同年入围广东律师专家库第一批成员名单，2016年被广州市律师协会授予2012—2015年度"优秀律师"称号，2017年荣获"广州知识产权大律师"荣誉称号。

程跃华律师从事知识产权律师业务二十余年，业务涵括专利、商标、著作权和反不正当竞争领域，不少案件取得了较好的社会效果和经济效果，其中代理的珠海某企业应诉 OEM 商标侵权纠纷案，该案系广东省首例同种商品相同商标涉外定牌加工行为不被认定为商标侵权行为的商标纠纷案件，被评为 2013 年度广东律师十大知识产权典型案例；担任假冒注册商标罪第一被告人谢某某重审二审的辩护律师，成功进行无罪辩护，14 名被告人均改判无罪，入选 2014 年中国法院 50 件典型知识产权案例、广东省高级人民法院 2014 年十大知识产权案例；多个案例入选专利复审委员会、广东法院知识产权经典案例或获得各级律师协会十大案例奖或业务成果奖。

勇于挑战　突破壁垒

——从系列跨国知识产权纠纷案件谈起

北京市立方（广州）律师事务所　刘延喜

【案件概评】

本系列案件中发生在中国的专利无效纠纷案获评"2011 年度国家知识产权局专利复审委员会年度十大案例"。

【本文摘要】

本系列案涉及一家中国企业与一家行业国际巨头在中国、美国和巴西围绕通信领域的几个基础性专利持续近 10 年的知识产权纷争，最后以中国企业的全面胜利谢幕。该系列案之所以获得胜利，一方面是具备专业的知识产权法律专家团队，找准关键点，打蛇打七寸；另一方面是企业具备良好的预警意识，及时建立起专利风险监控机制，防患于未然。如今，在全球化的大背景和"一带一路"的倡议下，中国企业正迎来走向世界的良好时机，机遇与挑战并存，而该案例对于中国企业走出国门、打破国际知识产权壁垒具有现实的借鉴意义。

一、基本案情

【案件当事人】

中方：京信通信系统（中国）有限公司（以下简称"京信公司"），是一家主要营业地点在中国广州的高科技企业，专注于移动通信相关基础设备的研发和制造。

外方：安德鲁有限责任公司（以下简称"安德鲁公司"），是一家总部位于美国的企业，主要营业方向为移动通信相关基础设备的研发和制造。在移动通信基站的电调天线方面具有领先的技术和全球市场份额。

（一）序幕

1. 侵权指控

2005年，京信公司收到一封来自美国的律师函，函件称安德鲁公司拥有移动通信电调天线的基础性核心专利，京信公司生产的所有类型的电调天线产品侵犯这些专利权，必须停止制造和销售行为。

当时正值中国移动通信产业飞速发展，国内市场对于相关通信设备的需求迅猛增长，京信公司作为相关设备供应链中电调天线这一环节的制造商，正准备大展拳脚。如果停止生产这类产品，对京信公司的影响将是致命的。突如其来的威胁让京信公司进退两难，却又不得不直面危机。

2. 涉案专利

涉案专利溯源至1994年，一家新西兰公司研发了一款能远程控制其信号覆盖波束的倾仰角度的天线，该天线能够通过一个控制器向自身发送控制信号，从而驱动自身内部的机电装置以机械运动的方式调节天线内部的机械结构移相器，通过移相器调节信号的相位，达到调整所述倾仰角度的目的。这种新型天线区别于两类传统的天线波束倾仰角度控制技术：一种是直接控制天线整体的空间倾摆范围来达到波束倾仰角度调整的效果；另一种是通过信号控制天线内部的电子移相器，在不产生机械运动的情况下，实现调节信号相位从而调整所述倾仰角度的效果。

该新西兰公司基于该项技术创新，向新西兰专利局提交了两件专利申请，公告号分别为 NZ264864（申请日 1994.11.4）与 NZ272778（申请日 1995.8.15）。美国安德鲁公司后来收购了这家公司，从而拥有了这些专利申请，并以此为多项优先权基础提交了 PCT 国际专利申请。随着美国安德鲁公司全球知识产权布局工作的开展，该 PCT 国际申请陆续进入美国、欧洲、中国等国家和地区启动国家阶段审查，最终在这些国家相继获得多项专利权。

上述专利申请在中国知识产权局专利局审查过程中，安德鲁公司提交了多件分案申请，最后在中国获得了5项专利权，其中以申请号为95196544.1

为母案，整合了两件优先权基础所包含的技术方案。

由于这些专利是电调天线领域最基础的专利，定义了电调天线的基础架构，要求保护电调天线的必须部件及其相互之间必须的连接关系，导致全球范围内所有的电调天线都必然落入这些专利的保护范围。

3. 勇敢的选择

如前所述，京信公司面临非常大的产品侵权的可能性，如何应对美国安德鲁公司的战略威胁，成为京信公司不得不面对的问题。在此之前，京信公司也是美国安德鲁公司的 OEM 供货商，双方维持着良好的供应合作关系，然而，一旦予以妥协，无异于自弃城池，那么，京信公司的发展必然止步于国门之内。摆在京信公司决策者面前的选择只有三种：放弃、和谈或者挑战。

经过多个不眠之夜的研究和论证，京信公司最后选择了勇敢直面挑战！由此，京信公司与安德鲁公司之间旷日持久的知识产权战争的序幕由此拉开，中国企业奋起抗击并破除国际巨头精心构筑的基础专利壁垒的典型案例也由此诞生。

（二）第一幕：中国专利无效程序

最好的防守是进攻。与其坐以待毙，不如主动出击！

京信公司基于这一战略抉择，决定针对安德鲁公司的专利提起无效宣告程序。

作为中国领先的通信设备提供商，京信公司的抉择不是草率的，而是经过认真研究、深思熟虑后做出的。

京信公司做出这一抉择之前，笔者作为京信公司多年的知识产权法律顾问，受京信公司委托，与其技术人员和知识产权部门人员投入了大量的时间进行检索分析。期间，我们共同研究了相关领域的技术发展历程、技术演变、本行业的其他厂商的产品、技术和专利文献，也与国外的律师同行一起研讨，经过多次研讨和论证，最后得出结论：安德鲁公司的专利被宣告无效的可能性非常大。

于是，开始行动！针对美国安德鲁公司在中国的母案的专利无效宣告程序由此拉开序幕，一场紧锣密鼓的对抗也开始公之于众。

出于维持京信公司与美国安德鲁公司之间良好合作关系的考虑，京信公司在提起专利无效宣告程序时，避免使用京信公司自身名义，而是以个人名义作为专利无效宣告的请求人，为继续维持双方良好的合作关系降低了商业影响，这一决策进一步体现了京信公司明智豁达的商业格局。

2006年11月，基于多个无效宣告理由，京信公司以个人名义提起了针对美国安德鲁公司在中国申请的天线控制系统母案的无效宣告请求。经过开庭审理，专利复审委员会于2007年6月做出专利无效审查决定，涉案专利因不符合其授权之时的《中华人民共和国专利法实施细则》第二十条第一款（权利要求不清楚）的规定，被宣告专利权无效，被宣告无效的权利要求要求保护的正是用于构筑基础专利壁垒的核心技术方案。

不出意料，安德鲁公司不服该无效审查决定，向北京市第一中级人民法院提起行政诉讼，北京市第一中级人民法院一审判决认为专利复审委员会的决定所认定的事实错误，应针对其他无效宣告请求理由重新审查。此后，北京市高级人民法院维持了一审法院的判决，案件重新回到专利复审委员会审理。

专利复审委员会重新组织合议庭，再次开庭审理，于2010年6月做出第14048号专利无效宣告请求审查决定，以涉案专利不符合《中华人民共和国专利法》第二十六条第四款（权利要求得不到说明书支持）为理由宣告涉案专利无效。

安德鲁公司再次对审查决定不服，向北京市第一中级人民法院提起行政诉讼，北京市第一中级人民法院一审判决维持专利无效的决定。安德鲁公司继续提起上诉到北京市高级人民法院，北京市高级人民法院于2011年8月终审判决认定涉案专利无效。

至此，安德鲁公司在中国的专利，经过了六个法律程序，包括两份专利无效审查决定，四个法院判决，最终认定专利无效。

一波未平一波又起，就在中国专利无效程序即将落幕，京信公司准备庆祝胜利之际，突然陆续收到了来自北京市第二中级人民法院和巴西圣保罗法院的被诉通知，安德鲁公司全面出击，在这两个区域针对京信公司提起了数起专利侵权诉讼。

（三）第二幕：中国专利侵权战场

在中国的诉讼中，安德鲁公司指控京信公司侵犯其两项专利权，其一为上述电调控制天线的一个分案的专利权（ZL02118420.8），另一件则为电调控制天线所用的必需部件的相位移相器的专利权（ZL00815637.9）。安德鲁公司要求京信公司停止制造销售相关产品，并分别要求赔偿损失 1000 万元人民币和 200 万元人民币。

在笔者 2011 年 4 月 7 日记载的一份工作备忘录中，有如下的刻画："2011 年 4 月 6 日，京信收到北京市第二中级人民法院发出的安德鲁诉该司及该司关联公司共 6 家公司侵犯安德鲁公司专利案件的诉状及资料。相关证据包括了其专利资料、京信公司多年来的宣传资料、销售证明以及产品情况等。根据此情况，京信组成工作小组，对处理方针和工作安排进行初步讨论，我方作为顾问团队迅速介入与会。"

通过与会人员对案件情况进行深入的分析，京信公司发现被控产品侵权的可能性非常大，不可不论的是，相位移相器专利要求保护的范围也是非常基础且难以绕开的，箭在弦上，不得不发，京信公司最终确定了宣告涉案专利无效的对抗策略，且不得不一改以往隐名的方式，直接以京信公司名义与美国安德鲁公司对簿公堂。

为了给专利无效程序争取时间，京信提起了管辖权异议程序。事实上，我们认为，原告以其在北京提货的方式是不能构成专利法意义上的侵权产品销售的，因而北京市第二中级人民法院对于本侵权案件没有管辖权。遗憾的是，尽管京信公司达到了争取时间的目的，但北京市第二中级人民法院以及之后的北京市高级人民法院均未认可我们的异议请求。

两件专利的无效宣告程序进展过程是不同的。其中天线控制系统的专利，由于形式条款作为无效理由有其局限性，对于一项拥有 5 件中国分案的核心技术而言，治标不治本，于是笔者团队改变以往以形式条款申请其母案无效的策略，通过深入的数据挖掘和案情研究，从专利数据库中找到影响其创造性的对比文件并找到了攻击漏洞，最终涉案专利毫无悬念地被宣告无效。

值得一提的是，笔者团队在研究安德鲁公司的天线控制系统家族专利过程中，调出新西兰两件申请的原文，在核实优先权时，发现构成专利壁垒的核心技术方案的优先权基础并不全部成立，其实际优先权日应当被后推到 1995 年的新西兰专利对应的申请日。而且，恰恰在两项优先权基础的申请日期间，安德鲁公司的另一件足以破坏涉案专利创造性的 PCT 国际申请公开了。正是这样精心研究挖掘出来的证据及相应的运用策略，最终导致了安德鲁公司的专利壁垒的土崩瓦解。

尽管安德鲁公司对无效宣告审查决定不服，提起了行政诉讼，然而北京市第一中级人民法院和北京市高级人民法院依然维持了专利复审委员会的决定。鉴于专利被宣告无效，北京市第二中级人民法院驳回了安德鲁公司关于该项专利侵权的诉讼请求。

相比于涉案天线控制系统专利的水到渠成，另一件涉案相位移相器专利的进程则是曲折的。限于其时《审查指南》并未赋予合议组认定公知常识和发现证据的职权，京信公司针对这件专利的无效宣告理由因缺乏公知常识的明证被专利复审委员会认为不成立，尽管涉及的氧化物涂层耐摩擦、抗腐蚀的特性为工业界所熟知甚至显而易见。是故，北京市第二中级人民法院基于专利有效，判定京信公司构成专利侵权，判令停止侵权，并赔偿人民币 100 万元。

由于相位移相器是电调控制天线必不可少的部件，业界所运用的技术方案必然落入涉案专利的保护范围，京信公司即将面临产品被禁售的风险！为应对迫在眉睫的司法压力，通过再一次深入研讨，京信公司确定了行动策略：专利侵权诉讼上诉，同时重新组织检索分析，找出更为有效的对比文件，提出新的无效宣告请求。功夫不负有心人，笔者所在团队经过多个日夜不断变换关键词的检索，在考察阅读了海量对比文件之后，终于找到了详细披露氧化物涂层在机械运动过程中所起耐摩擦、抗腐蚀作用的记载，由此发起新一轮专利无效宣告请求。果然，相位移相器专利在新的对比文件的加持之下，原形毕露，最终被宣告全部权利要求无效！

吊诡的是，当相位移相器新的无效宣告审查决定结果出来，宣告专利无效之时，北京市高级人民法院早已做出二审判决，终审认定京信公司构成专利侵权。在面临产品可能被执行禁售的危机的情况下，京信公司只好向最高人民法院提交再审申请，同时请求中止对侵权案件判决的执行。

由于相位移相器专利已经被以实质性理由宣告无效，此后的程序相当顺利。当然，安德鲁公司不服无效宣告决定，决然提起行政诉讼，做最后的挣扎。后来行政诉讼相继历经一审和二审，北京市高级人民法院最终判决维持专利无效的审查决定，安德鲁公司回天无力，无可奈何花落去。皮之不存，毛将焉附，2016 年，北京市第二中级人民法院民事侵权的判决因涉案专利无效而被撤销。至此，京信公司与安德鲁公司在中国的系统诉讼以京信公司全面胜诉而完美谢幕。

如今看来，京信公司与安德鲁公司在中国的对抗过程，对于京信公司而言，可谓：山重水复疑无路，柳暗花明又一村！

（四）第三幕：巴西、美国专利侵权/无效战场

在地球的这一端，京信公司与安德鲁公司在中国努力拼杀；而在地球的另一端，两家公司在巴西的专利侵权战争也是如火如荼。

海外的知识产权纠纷对于中国企业来说是巨大的挑战。当时，中国企业面对海外知识产权纠纷的案件非常罕见，尤其是纠纷发生在巴西这一中国企业涉猎还相对较少的国家，因此，京信公司缺乏案例参考，只能以勇士自居，尝试挑战螃蟹的美味。

以京信公司此番面对巴西诉讼的经验来看，中国企业面对海外知识产权纠纷的挑战归结为三个方面：一是实体法律，各国的专利法有差别，不同国家在把握专利"三性"方面是存在差异的；二是程序法，各个国家差别很大，尤其对于不同法系而言差别更大；三是语言，巴西的官方语言是葡萄牙文，这在交流过程中对语义的精准转译提出了更高的考验。

由于笔者长期从事涉外知识产权纠纷，因此能够利用长年积累的国际行业资源迅速联系在巴西的合作律师与客户进行研讨并了解案情：安德鲁公司在巴西圣保罗法院利用 5 件专利，提起了针对京信公司在巴西的关联公司的专利侵权指控，同时利用巴西法律给予的便利，提起刑事程序，请求警方协助获取侵权产品证据。

时间紧迫，问题的关键是要迅速拿出行之有效的应对方案！那么遇到此种情况，企业该如何应对？从协助京信公司处理巴西诉讼的经验中，笔者总结出如下经验。

首先，要迅速确定合适的当地律师。地利既定，天时与人和的问题尤为突出。在京信案中，笔者结合多年的涉外知识产权法律服务经验，迅速优选

巴西的合作伙伴，最后与客户一起选定了一名在当地富有实践经验的专利律师，由他带领团队应诉。

其次，确定应诉方案。巴西的刑事指控若不能得到有效的化解，将导致京信公司在巴西的业务中断，因此在确定当地的专利律师之后，便与专利律师共同制订应诉方案，及时化解刑事指控、提起专利无效程序、申请中止民事侵权程序。

最后，确保方案有效实施。为了帮助巴西律师尽快理解相关专利以及协调中国和巴西的诉讼，我们派出律师团队，前往巴西与当地律师一起研讨和交流，向当地律师分享中国相关案件的应诉经验。我们的团队成员在地球的另一端辗转于圣保罗与里约热内卢之间，在夜以继日地工作的同时，笔者及其他团队成员也遥相呼应，与外派团队成员和当地律师通过电子邮件和电话会议等方式进行及时的交流和讨论，协调各地案件进程，解决相关问题。

经过各方的共同努力，巴西的程序，至 2016 年，以宣告相关专利无效为最终结果，不出意料，京信公司全面胜诉。

作为全球专利纠纷解决策略的一部分，也是专利壁垒"破壁"的一个重要环节，在应对中国、巴西两地诉讼之后不久，京信公司同时在美国——安德鲁公司的老家，提起了宣告安德鲁公司关于天线控制系统的一件家族专利无效的程序，该程序最终也以京信公司胜诉而圆满谢幕。

打蛇打七寸，当安德鲁公司就其天线控制系统布局在中国、美国、巴西三国的专利均被京信公司有针对性地申请宣告无效之后，其构筑壁垒的关键基底近乎完全被拆除，壁体本身如残垣断壁，剩余的专利均已形同虚设，轻轻一碰，即可土崩瓦解。从此，中国移动通信天线企业走出国门已无壁垒，京信公司在完成自身战略突围的同时，也清除了相关民族工业走向世界的关键障碍。

二、案例启示

前事不忘，后事之师。回顾京信公司"破壁"的全程，笔者深深体会到民族工业全球化突围的不易，为此，有必要将期间所形成之心得加以概括，以资后来者参照。

（一）当企业遭遇海外知识产权侵权指控时如何应对

在上述案例中，京信公司勇于挑战，最后完胜，似乎是个励志故事。然而，这种挑战不是盲目的，是基于知识产权法律专家、公司技术和法务人员充分的研究和论证做出的。公司技术人员熟悉行业技术沿革，而知识产权法律顾问也跟踪该公司知识产权法律服务多年，一方面双方通过专利代理业务预先畅通了技术理解的渠道，另一方面双方又通过法务合作紧密了战略关系，双方之间具有较高的工作默契程度，故而能够在事发时快速进入高效的协作状态，共同配合，迅速确定正确的应对策略。

有鉴于此，在实践中，企业遭遇海外侵权指控，应寻找法律专业人士进行研究，根据不同情况采取不同的策略：针对一些很可能会侵权而且专利稳定性很高的专利侵权指控来说，妥协不失为一种明智的做法，比如可以通过支付许可费的方式获取制造和销售的权利；而对于一些市场前景不好而且有专利风险的产品，以退为进放弃对抗也不失为一种选择；但如京信公司这般能够识别出对方专利稳定性有懈可击的情况下，在兼顾商业上的全局思考之后，应当果断决策，该出手时就出手，以攻为守，同样有望转危为安，从此一路坦途。

凡事预则立，不预则废。中国企业对海外知识产权纠纷的应对，也可不必局限于仓促应对，而是防患于未然。正如京信公司的实践，早在安德鲁公司提起诉讼之前，收到安德鲁公司的法律意见函之后，便建立起了针对行业的专利风险监控机制，对业内专利布局及其历史沿革有了全面系统的把握，因此不仅能在应诉时快速地找到对比文件，而且可以先于诉讼本身而成功试水无效相关专利。

另一值得借鉴的是，京信公司在试水无效相关专利之时，充分顾及其与安德鲁公司之间的合作关系，慎重评估了案件对双方合作之间的潜在影响，决定避开京信公司身份，转而以个人名义提起专利无效宣告。由此，在初期双方对抗阶段，京信公司至少在商业上避开了与安德鲁公司公开对抗的锋芒，从而尽管台下暗流涌动，表面上依然风平浪静，这是一种商业上的智慧。

此外，对于安德鲁公司这种本身存有漏洞的专利布局而言，其全球布局不仅国家众多，而且在同一国家通过分案获得的专利也不少，中国企业如若面面俱到，企图无效其每一国家的每一件专利，于成本管理而言，也并非最佳策略。根据京信公司的经验，对这种情况，仅需利用实质性理由针对关键国家的关键专利进行各个击破，便可形成足够的威慑力，让对方剩余专利形同虚设，不敢再轻启战端，而中国企业本身也可望在最低诉讼成本耗费的情况下达到使自身成功打入国际市场的战略成效。

（二）中国律师在海外知识产权纠纷中的作用

企业在海外产生知识产权纠纷，其进程的主导应该是纠纷发生国的律师，但是中国的律师也是至关重要甚至是不可或缺的。其重要性体现在以下几个方面。

1. 协助客户寻找和筛选确定海外律师

寻找合适的律师，对于案件的胜败非常重要。但是大部分中国公司对于国外的法律市场没有任何概念，也没有任何途径找到和辨识专业律师，无法了解这些律师的专业水平和服务品质等，因此发生纠纷后，往往会一筹莫展，只能随机选择。有经验的中国律师由于在长期执业过程中与各国的多家律师所的相关律师建立了良好的合作关系，更有途径和有经验协助客户快速找到适合自己的代理律师。快速寻找和筛选海外律师，对于急于应诉的企业而言，不仅节省了其交易成本，而且也提高其应诉方案的有效性。

2. 协助客户与海外律师交流

虽然各国实体和程序法律存在差异，但是作为法律服务同业者，中国律师与外国律师还是具有共同的法律思维和话语术，相对于非法律专业的人员来说，更能够有效地交流和沟通。而且，以京信公司案件为例，由于存在中国同步应诉的情况，且专利授权条件在国际上具有一定的共性，中国律师可以为外国律师提供中国经验，为外国律师提供已经获得的相关对比文件和胜诉成果，达到事半功倍的效果。另外，中国律师也能利用身处中国的本地优势，快速分析客户需求，反馈海外律师意见，协助客户理解应诉期间所涉法律与技术相关问题。因此，在海外纠纷程序进行过程中，中国律师可以为客户和海外律师的双向沟通提供更为有效的支持。

3. 督促和跟进海外律师的工作

一方面，中国律师以其对于基本法律程序的理解，可以建立项目管理机制，督促国外律师按照既定的计划推进工作，同时可以提醒避免一些重要的法律期限。另一方面，中国律师可以参与跟进国外律师工作，防止其以计时收费方式虚报工作量以及避免一些不必要的工作量，从而减少中国当事人的诉讼费用支出。也就是说，中国律师在海外纠纷中可以在某种程度上充当客户的项目管理代理人，发挥积极有效的组织和监督作用。

4. 分担部分工作，节省支出

海外的诉讼，由于涉及中国境内的法律行为和法律主体，因此很多的工作可以在中国境内完成，这些工作主要包括法律上的分析工作和技术上的分析工作，以及诸如翻译、文书之类的辅助性工作。这些工作如果交给外国律师处理，则一方面花费的律师费高，另一方面因国外律师直接处理中国事务可能效率更为低下，如果交由中国律师来处理，则可能避免这些问题，节省不必要的开销。

（三）企业如何在知识产权诉讼中成长

在全球化的大背景下，尤其是在当前"一带一路"倡议的热潮中，中国企业面临产品走向全世界的良好机遇。然而，挑战与机遇并存，"知识产权壁垒"就是一个其中最严峻的挑战，如何应对以及应对的效果将直接决定中国的企业所迈出的里程。

京信公司的例子是打破行业巨头知识产权壁垒的一个正面的例子。但是，仅仅打破壁垒是远远不够的。打破壁垒，只是说明你生产销售产品不侵犯别人的专利权。要真正获得市场竞争的优势，赢得竞争对手的尊重，还必须拥有自己的知识产权，特别是专利权，借此形成自己的知识产权优势，以自己的知识产权构筑他人跨越途中的壁垒，才能形成市场竞争优势，才能走得更远。

正是吸取了这一教训，京信公司在与安德鲁公司诉讼的过程中，更加重视新产品的研发和创新，为此投入更大量的资金进行研发，并配合其经营战略在全球范围战略性地积极布局其知识产权，从而，先后在中国和全球多个国家申请了众多专利，并陆续获得多件专利权。凭借这些专利和技术，京信公司在国内外同行业中遥遥领先，成功走出国门，成为相关领域全球市场上的领先企业。

京信公司积极抗击安德鲁公司的案例，已经成为中国企业应诉海外知识产权纠纷案例中的经典。京信公司不惧强权、积极进取的企业精神，陆续受到地方政府与媒体的嘉奖和赞扬，广为传播，感染了众多国内后来企业。

作者简介

刘延喜律师，北京市立方（广州）律师事务所管理合伙人、专利代理人。1998年毕业于北京大学知识产权法律专业，执业领域专注于知识产权和竞争法相关。

从业以来，撰写了超过1000件国内外专利申请，代理了超过300件知识产权相关纠纷案件，服务的代表性客户包括微软公司（Microsoft）、奥的斯电梯（Otis）、3M公司；英国戴森公司（Dyson）、诺华制药（Novartis），日本大赛璐公司（Daicel）、三星公司（Samsung）、富士康（Foxconn）、京信通信（Comba）等。

曾任广州律师协会知识产权专业委员会主任，现为广东律师协会竞争法委员会副主任，广州律师协会公平贸易委员会主任。国际保护知识产权协会（AIPPI）、国际商标协会（INTA）会员。

2017年被评为广州知识产权大律师。

瑕疵公证　效力如何

——公证文书有瑕疵是否影响公证的证明力案例评析

广东广信君达律师事务所　黎志军

【案件概评】

　　本案例入选东莞市法院系统 2015 年度十大知识产权案例、广东省律师协会 2016 年度十大知识产权典型案例和广东知识产权保护协会 2016 年度十大典型案例。

【本文摘要】

　　公证书未经法定程序撤销或被认定无效，为有效的公证文书；在无相反证据足以推翻公证证明事项的情况下，即使公证书存在瑕疵，也不影响公证书的公证效力；公证处有权对其出具的公证书存在的瑕疵做出更正。公证对于知识产权侵权案件而言，实为解决知识产权侵权案件举证难的重要方式，而通过公证固化的侵权证据更是成为法官认定事实之重要辅助。本文通过劲霸公司诉杨某某商标侵权再审案件说明，在司法实践中法院应将公证文书的笔误与公证证明的事项区别考量，不应以公证文书的笔误而否认公证证明的事项，从而在司法实践中透彻地诠释公证的证明效力，确认公证证明的公信力。

一、基本案情

原告：劲霸男装（上海）有限公司（二审上诉人、再审申请人）。

被告：杨某某。

劲霸男装（上海）有限公司（以下简称"劲霸公司"）于 2015 年 1 月 16 日起诉至东莞市第三人民法院，请求判令杨某某停止侵权行为并赔偿经济损失人民币 2 万元。起诉证据包括一份由广东省江门市江海公证处出具的（2014）粤江江海第 005993 号公证书，上载劲霸公司委托代理人于 2014 年 6 月 19 日在公证员的陪同下，到杨某某处购买侵权产品，由公证员封存并交付劲霸公司的全过程。

因公证员的笔误，记载整个购买、封存、交付证物过程的公证书附件《现场工作记录》上落款日期为 2014 年 6 月 19 日，早于涉案证物封条上的记载日期 2014 年 6 月 25 日。后广东省江门市江海公证处出具一份《情况说明》对笔误进行解释，并将《现场工作记录》的落款时间更正为 2014 年 8 月 29 日。涉案公证员亦出庭接受了询问。2015 年 7 月 2 日，东莞市第三人民法院做出一审判决，认定公证书、工作记录记载的事实与公证员的陈述存在前后矛盾，公证书及公证员的陈述无法客观真实反映取证过程，无法证实涉案公证物系由杨某某出售，因此其无须承担侵权责任。劲霸公司不服，上诉至东莞市中级人民法院。二审判决认为，关于证物的封存时间与交付时间，公证书中的记载与其他证据相互矛盾，所附《现场工作记录》落款时间亦存在瑕疵，劲霸公司指控杨某某侵犯商标权证据不足，故驳回劲霸公司上诉请求，维持一审判决。劲霸公司不服，依法向广东省高级人民法院提起再审申请，并由广东省高级人民法院提审。

二、审判结果

广东省高级人民法院于 2016 年 10 月 14 日做出（2016）粤民再 382 号判决，认为广东省江门市江海公证处有权对其出具的公证书中的错误进行更正，其出具的《情况说明》已对涉案公证书所附《现场工作记录》落款时间进行了更正，公证员也出庭接受当事人询问，对笔误做了合理说明。涉案公证书记载了购买、封存及交付被诉侵权产品的整个过程，落款时间为 2014 年 8 月 29 日，被诉侵权产品封条显示时间为 2014 年 6 月 25 日，在公证购买之后、公证书落款时间之前，公证书记载的证据保全过程并无矛盾之处，本案亦无相反证据足以推翻公证证明事项。涉案公证书的真实性、合法性可予以确认。故撤销东莞市中级人民法院（2015）东中法知民终字第 122 号、东莞市第三人民法院（2015）东三法知民初字第 23 号民事判决，杨某某应于判决生效之日起停止销售侵犯劲霸公司涉案注册商标权的产品，并于判决生效之日起十日内赔偿劲霸公司人民币20000元。

三、案件影响

本案在一审、二审判决生效后，曾在东莞法院系统被评为东莞市 2015 年度十大知识产权案例。案中涉及的公证书效力曾在广东省公证界引起了巨大影响并引发各方展开了激烈的争论，而且各方观点不一。在经广东省高级人民法院再审后，被评为广东省 2016 年度十大知识产权案例，可见此案在实务中的重要意义。本案的重要性不仅在于解决个案中出现的公证问题，而是通过司法实证，透彻地诠释了公证的证明效力。

四、评析

本案争议的焦点，就是公证书所附的现场工作记录落款时间与证物封存时间存在瑕疵，是否影响公证书的公证效力。

公证对于知识产权侵权案件而言，实为解决知识产权侵权案件举证难的重要方式。通过公证这一方式对侵权证据固化早已成为法官认定事实之重要辅助，也是权利人在维权方面较易于操作的方式。

公证文书是指国家公证机关依法对当事人申请公证的法律行为、有法律意义的文书和事实进行审查后，确认其真实性、合法性而出具的证明文书。

公证文书的效力是指公证证明的适用范围和对人的法律约束力，也就是指公证文书在法律上所起的作用。一般而言，我国的公证文书具有以下效力。

（1）证据效力。法律行为、法律事实和文书经过公证证明之后，其真实性和合法性已被公证机关所确认，公证文书成为特定的书证，证明力较强，审判人员在认为没有疑义时，可以直接作为证据使用。这是其他书证所不具备的。

（2）强制执行效力。对公证机关依法赋予强制执行效力的债权文书，一方当事人不履行的，债权人有权根据公证机关的公证文书，直接申请人民法院强制执行，而不必向人民法院起诉。

（3）法律行为成立要件效力。法律行为成立要件效力，是指公证证明是该法律行为成立的必要条件，如果不办公证该行为就不能产生法律效力。

（4）域外效力。公证书不仅在国内有证明力，也得到了国际社会的公认。

结合本案，下文着重阐释如何解读公证文书的瑕疵与公证证明效力。

1. 公证证明效力的解读

公证之所以能够发挥如此重要的作用，就在于法律赋予了公证应有的证明效力。公证本质上是一种证明活动，公证证明是公证最为核心、最为广泛的活动，因此，公证证明的法律效力也就成为公证来源存在的制度基础。

公证证明效力的正当性、权威性来源于法律对于公证证明的合法性、真实性的实体和程序的系统保障，公证证明由此具有高度的公信力。

关于对公证证明效力的法律规定，《民事诉讼法》（2017 年修正）第六十九条规定："经过法定程序公证证明的法律事实和文书，人民法院应当作为认定事实的根据，但有相反证据足以推翻公证证明的除外。" 2015 年实施的《最高人民法院关于适用〈中华人民共和国民事诉讼法〉的解释》（本文以下简称《民诉法解释》）第九十三条明确将经公证证明的事实作为无需举证的事项之一。2001 年颁布的《最高人民法院关于民事诉讼证据的若干规定》第九条同样将"已为有效公证文书所证明的事实"作为无需举证的事实。而《中华人民共和国公证法》第三十六条规定："经公证的民事法律行为、有法律意义的实施和文书，应当作为认定事实的根据，但有相反证据足以推翻该项公证的除外。"上述法律和司法解释对公证证明在民事诉讼中的效力作了根本性、原则性的规定，确立了公证证明效力的基本制度框架。

通过对上述法律和司法解释中对公证证明的根本性、原则性规定的解读，可得出公证证明具有以下法律效力：

（1）具有约束法院认定事实的效力。

《中华人民共和国民事诉讼法》和《中华人民共和国公证法》中对公证证明的事项规定，"人民法院应当作为认定案件事实的依据"，这表明公证证明具有约束法院认定案件事实的效力，由此也产生了法院在认定事实方面的作为义务。如果当事人在诉讼中提出了与案件主要事实或要件事实有关联的经公证的法律行为、法律事实和文书，法院就有将其作为事实认定的义务。在没有否定该公证证明的例外情形时，法院不予认定的，法院的审理就违反了民事诉讼法和公证法，构成事实认定上的错误。

（2）具有免证的法律效果。

公证证明的法律效力就约束法院对案件事实的认定而言是一种义务，对提出公证证明的当事人而言就具有了免证的法律效果。

《民诉法解释》第九十三条第一款规定："下列事实，当事人无需举证证明：……（七）已为有效公证文书所证明的事实。前款第二项至第四项规定的事实，当事人有相反证据足以反驳的除外；第五项至第七项规定的事实，当事人有相反证据足以推翻的除外。"由此可见，对于反证对事实的影响，有两个不同程度判断：即"足以反驳"与"足以推翻"。"足以反驳"表示反证能使法官对事实产生合理之怀疑即可；"足以推翻"则表示反证使得本证证明的事实处于真伪不明的状态。显然后者的标准比前者的更严格，公证证据以"足以推翻"为判断标准，这间接印证了公证证据的法定证明力。针对公证证明的情形，当事人只要向人民法院提出了经公证证明的法律行为、法律事实和文书，人民法院就应当将其作为认定案件事实的根据，而无需当事人再提出证明该争议案件事实的其他证据。从当事人的实施主张与提供证据的关系来看，当事人的事实主张一旦有了公证证明，即使当事人没有为此提供其他证据证明，也不会因此导致该主张不成立。

（3）具有令法院对公证证明事实的实质审查判断的自由裁量权受到限制或排除。

在诉讼中，法官对当事人提出的各种证据都有审查判断的权力，通过审查判断该证据与所要证明的案件事实之间的客观联系，确定该证据是否具有证据能力或证据资格以及该证据证明力的大小。

公证证明的法定证明力，毫无疑问，令法官对于公证证明的事实的审查判断受到相当的限制，即只要公证证明的事实（证据事实）与案件事实有关联，法院对于其证据能力和证明力的大小就没有多少自由裁量的余地，一般地说是排除了法官的自由心证。

（4）具有优势证据力。

公证证明具有的优越性是从公证证明与其他证据证明力的对抗和比较的角度来认识的，即作为特殊证据的公证事项在对抗相反证据和证明自己主张的证据群众具有相对的优势和强势，因此在与不具有法定优势的其他证据对抗时，经公证证明的证据当然应当予以认定，无需进行比较，只有在公证证明与其他同样具有法定证据优势的证据对抗时，才需要比较证据力的大小。

（5）本案分析。

在本案中，劲霸公司委托代理人于 2014 年 6 月 19 日在公证员的陪同下，到杨某某处购买侵权产品，杨某某经营的店铺售卖侵权产品的行为和事实经公证证明，根据我国现行的法律和司法解释中对公证证明的根本性、原则性规定，经公证证明的侵权事实，法院应当作为认定案件事实的依据，同时，亦限制和排除了法官对公证证明的侵权事实实质审查判断的自有裁量权。而本案的一审、二审法院的经办法官，在被告方未出庭亦未提供任何相反证据否定该公证证明的侵权事实的情况下，根据其自由心证，对公证证明的侵权事实不予认定，法院的审理违反了民事诉讼法和公证法，构成事实认定上的错误。

2. 公证文书的瑕疵是否影响公证证明效力

公证的基本功能就是证明，具体体现为证明特定的法律行为、法律事实和文书存在与否的状况。而公证文书是这一证明结果的文本形式。公证文书的内容陈述了一个事实状态，公证文书只是这一事实陈述的物质载体。因此，对案件有直接证明作用的通常是公证文书的陈述内容，而不是公证文书本身。

故，在本案中，公证文书出现瑕疵，是否影响公证证明效力？即是否影响公证文书中所承载的事实陈述的真实性？

我国现行的民事诉讼法和公证法规定，有相反证据足以推翻公证证明的，法院不能将公证证明的相关事项作为认定事实的依据。又因为我国的公证证明属于实质性证明而非形式证明，因此，"推翻公证证明"，至少应有三个的层面的含义：一是公证证明的法律行为、事实和文书与案件事实本身不符合，是不真实的，当事人提出证据证明了这一点，从而导致公证证明丧失意义；二是当事人证明公证文书是伪造或变造的，不是公证机关或公证员的真实意思表示，导致公证证明的文本载体被否定；三是当事人提出证据证明公证行为违法，公证文书的制作没有按照法律、法规和规章制度的相应要求，导致公证证明被否定。

在本案中，第一种和第二种情形不存在，故需考虑的是第三种情形，公证文书的瑕疵是否足以导致公证证明被否定。

本案的公证书已明确记载了涉案侵权产品公证购买的时间及购买的全部过程，对于购买到的涉案产品，由公证书的公证员及公证人员进行封存并贴上封条，购买到的涉案产品及封存后的证物箱外观，也由公证员及公证人员拍照固定，并附于公证书后。本案的公证书的瑕疵，只是在现场工作记录中，最后的落款日期错误，这属于明显笔误。现场工作记录并非公证书的必要组成部分，该公证书记载内容能明确辨认是对公证购买过程真实记录，原告提交的公证封存物的外观与封存实物也与公证书所附照片一致，可见，该笔误与案件事实无关联，不影响公证证明效力，不足以推翻公证证明。

况且，在知识产权侵权维权的实践中，取证，特别是销售侵权行为的取证，存在一定的难度，因此不宜对权利人的举证责任采用过于严格甚至苛刻的标准。否则只会加重权利人的维权成本，限制权利人的维权行为，从而放任了侵权行为的产生及持续存在，这与《最高人民法院关于当前经济形势下知识产权审判服务大局若干问题的意见》［法发（2009）23号］中所提出的，加强知识产权保护，激励市场竞争的优势者，净化市场环境的精神背道而驰。

3. 对公证文书出现的瑕疵，公证机构予以补正说明是否予以采信

《中华人民共和国公证法》第三十九条规定："当事人、公证事项的利害关系人认为公证书有错误的，可以向出具该公证书的公证机构提出复查。公证书的内容违法或者与事实不符的，公证机构应当撤销该公证书并予以公告，该公证书自始无效；公证书有其他错误的，公证机构应当予以更正。"

在实践中，公证机构对公证文书中出现的笔误，出具情况说明的情况较多，但是否采信公证机构的说明理由，则需要视情况而定。如果公证机构的

解释合理，而且也有相关证据支持的，法院应当予以采信，直接认定公证书的效力。若一概不允许补正说明，让当事人承担因公证机构的错误而引发的严重后果，显然是不合理的。但也不是对公证机构的补正说明一概予以采纳，如果公证机构的解释没有相应证据支持，或者解释缺乏合理性，就不能认定公证文书的效力。

本案公证书的"现场工作记录"落款日期有误，但并未影响公证书对整个购买过程及购得侵权产品的真实记载。在发现存在笔误后，公证机构对该笔误进行更正，并出具一份"情况说明"对笔误进行了解释，故该更正是符合法律规定的，并不影响公证书的真实性与客观性。

五、案件意义

公证证明具有优于其他一般证据的证明效力，这就要求公证机构出具的公证书，必须严格遵守法定程序，且对涉及证据保全公证事项及保全步骤的记载必须准确、客观、规范，但同时，公证文书虽然具备一些自身的特点，但究其本质还是一种证明案件事实的证据，在判定公证书能否作为认定案件事实的依据上，还是要遵循认定证据的一般规则，不能因为是公证书而采用更严或更宽松的证明标准。

而本案的意义在于以司法实践的方式体现了法院将公证文书的笔误与公证证明的事项区别考量，不应以公证文书的笔误而否认公证证明的事项，从而从司法实践中再次确认了公证证明的公信力。

尽管广东省高级人民法院在本案中认定了公证书的效力，但通过本案例，也对公证处的公证质量敲响了警钟，对提高公证水平有一定促进作用。

保证较高的公证质量是保障公证文书在知识产权侵权维权诉讼中证明效力的前提，公证员应该严格按照法定的程序收集证据、审查证据、采信证据，在制作和出具公证文书时，要力求达到形式要件和实质要件上的完美。

✎ 作者简介

黎志军律师，广东广信君达律师事务所创始合伙人，担任第十届、第十一届广东省律师协会知识产权专业委员会副主任、优秀委员，广东省知识产权维权援助中心维权援助专家、广东知识产权保护协会专家库专家、广东省律师协会知识产权法律专家库专家、广东省知识产权局知识产权法律专家库专家，广州市知识产权研究会第三届理事会理事等。2004—2005 年度被评为广东优秀知识产权律师。2017 年获得"广州知识产权大律师"荣誉称号。

黎志军律师从事知识产权法律服务 21 年，一直专注于知识产权领域的研究，具有专业的知识和丰富的经验。除此之外，黎志军律师对于包括私募股权与风险投资、证券与资本市场、特许经营与分销体系构建和项目特许经营权方面、行政诉讼、刑事辩护等领域的法律实务及运作均有深入的研究，长期从事知识产权的诉讼与非诉讼代理工作，具有丰富的执业经验和专业知识，在行业中享有较高的声誉。

鉴定意见　质证重点

——佛山市通某公司、谭某等涉嫌侵犯商业秘密罪不起诉案

广东三环汇华律师事务所　王广华

【案件概评】

本案入选 2015 年年度广东律师十大知识产权诉讼典型案例。

【本文摘要】

公安机关接到被害单位报案后，对被告单位进行搜查，扣押一批技术图纸和设备等，并经鉴定机关鉴定及评估公司评估，鉴定机关和评估公司分别出具了鉴定意见书和资产评估报告书，鉴定意见书认定原告的图纸"属于商业秘密中的技术秘密"，并将扣押的被告图纸与原告的图纸进行比对构成"实质相同"。在十多天的庭审中，辩护律师对上述鉴定意见书、资产评估报告书多角度质证，最终检察院决定撤诉并做出"不起诉决定书"，认为"犯罪事实不清、证据不足，不符合起诉条件"。

本案是一起比较典型的律师为侵犯商业秘密罪被告进行辩护获得成功的案例。在目前的司法实践中，因各种原因，代理商业秘密刑事辩护难度很大，在本案中，辩护律师通过质疑鉴定结论、评估报告，最终否定公诉机关的关键证据的方法及角度均具有典型的指导和借鉴意义。

本案对广东省司法鉴定也具有积极的推动作用。

一、基本案情

公诉机关：佛山市南海区人民检察院。

被害单位：佛山市科某工业设备有限公司。

被告单位：佛山市通某热能科技有限公司。

被告人：谭某，佛山市通某热能科技有限公司法定代表人。

案件处理机关及相应法律文书：

（1）佛山市南海区人民检察院：佛南检公诉刑不诉（2015）第61号不起诉决定书；

（2）广东省佛山市南海区人民法院：（2014）佛南法知刑初字第49号刑事裁定书。

谭某系佛山市通某热能科技有限公司（以下简称"通某公司"）法定代表人。2013年4月，被害单位佛山市科某工业设备有限公司（以下简称"科某公司"）报案称，2012年10月至2013年1月，科某公司员工王某为牟取非法利益，违反保守商业秘密的要求，多次将自己所掌握的科某公司的圆锭锯切机组、金属压块机组等技术图样出售给谭某。谭某明知上述图纸属于科某公司所有，仍指使陆某将图样修改后用于生产。

2013年6月，公安机关接到报案后，对被告单位进行搜查，扣押一批技术图纸和设备等。

经广东省知识产权研究与发展中心司法鉴定所（以下简称"鉴定所"）鉴定，出具了第04号鉴定意见书，该意见书认定：科某公司提交鉴定的4种型号机组及12种型号设备的设计图样技术信息以及质量管理文件《产品检测项目表》，满足"不为公众所知悉，能为权利人带来经济利益，具有实用性并经权利人采取保密措施"的条件，属于商业秘密中的技术秘密。

同时，鉴定所还出具了第19号鉴定书，将公安机关从通某公司扣押的图纸，与上述科某公司的图纸进行比对，其中双方的B600锯切主机、B460锯切主机、BY15金属压块机有对应关系，其他设备没有对应关系。同时认定，双方的三种设备的技术图纸比对结果为"实质相同"。

经深圳市鹏信资产评估土地房地产估价有限公司评估（第394号、第395号资产评估报告书），科某公司的B600锯切主机、B460锯切主机、BY15金属压块机技术价值271.85万元，通某公司侵犯科某公司商业秘密，可得利益为118.37万元。通某公司、谭某的行为已对科某公司造成重大损失。

该案于2014年4月移送审查起诉，之后，检察机关二次退查，2014年9月18日，南海区检察院向南海区人民法院提起公诉，起诉通某公司、谭某等构成侵犯商业秘密罪。

二、案件分析与辩护策略

本案是一起商业秘密刑事案件，在接受委托后，笔者团队经过仔细查阅案卷的所有证据，会见被告人，咨询相关的技术专家，到现场了解相关的生产线，检索相关的专利文件等认为，基于本案的基本事实，本案的核心与关键在于要否定两份鉴定意见书和评估报告。只要有充分的理由否定或让法院怀疑上述鉴定意见和评估报告，本案的定罪量刑的关键证据就会被动摇。

为此，在案件进行过程中，我们主要的辩护要点就是针对上述关键证据。即辩护方的辩护意见主要集中在对于鉴定意见书和评估报告的质证。

（1）本案的事实没有查清。由于本案从侦查阶段开始对图纸的收集、固定、保管、提取，委托鉴定等均不符合《公安机关办理刑事案件程序规定》《公安机关执法细则》以及《计算机犯罪现场勘验与电子证据检查规则》，无法"确保检材在流转环节中的同一性和不被污染"。既然涉案的图纸存在污染的可能性，本案已根本无法认定谭某获取的具体图纸是什么。

（2）公诉机关最关键的证据，即鉴定意见书不能作为定案依据。第04号鉴定鉴定程序违法，鉴定方法错误，该鉴定结论不能作为定案依据。第19号鉴定比对方法错误，该鉴定结论不能作为定案依据。

（3）被告人谭某不具备主观罪过，缺少犯罪构成的主观要件，不构成犯罪。从本案的证据材料来看，根本没有证据证明谭某明知或应知其获得的图纸是科某公司的商业秘密。

（4）涉案图纸未公开即被查扣，设备未生产完成也被查扣，并未销售，不构成"重大损失"，且相关的评估报告评估方法错误，评估结论不客观、不真实，依法也不应采信。

三、案件结果

本案在检察院审查起诉阶段，两次退回公安机关补充侦查，公安机关补充侦查完毕后，重新移送审查起诉。在检察机关提起公诉后，在法院审理阶段，公诉人以"发现提起公诉的案件需要补充侦查"为由，要求延期审理。经过十多天的庭审，基本查明了事实。

2015 年 8 月 10 日，公诉机关请求撤回起诉，同日，南海市人民法院裁定：准许佛山市南海区人民检察院撤回起诉。2015 年 8 月 17 日，佛山市南海区人民检察院作出不起诉决定书，该决定书认为"佛山市公安局南海分局认定的犯罪事实不清，证据不足，不符合起诉条件。依据刑事诉讼法第一百七十一条第四款的规定"，决定对谭某等不起诉。至此，谭某涉嫌侵犯商业秘密罪终于有了一个比较满意的结果。

四、办案总结

本案经过了两年多的准备和努力，仅开庭时间达十天之久。辩护方将辩护重点放在了对公诉机关的关键证据进行多方质疑，并聘请了专业机构出具法律意见书，才动摇了公诉机关和法院对于关键证据的认定，最终获得不起诉的结果。而对于如何针对公诉机关所采用的鉴定意见和评估报告等关键证据进行质证，笔者认为主要应当抓住以下几个重点问题。

重点一：取证及鉴定程序合法问题

首先，公安机关的取证应当程序合法。侦查阶段证据的收集、固定、保管、提取，以及后续的委托鉴定都应当符合《公安机关办理刑事案件程序规定》《公安机关执法细则》以及《计算机犯罪现场勘验与电子证据检查规则》的规定。如在本案中，依照刑事诉讼法的相关规定，公安机关从通某公司的现场扣押电脑后，应由被告人等确认，并从电脑里打印相关的图纸让被告人确定后，再按照相关的程序复制并交由相关鉴定机构鉴定。

对于电子证据而言，在复制阶段，侦查人员将电子证据移交给网监的检查人员时，应同时提供"固定电子证据清单"和"封存电子证据清单"，复制完成后，应当重新封存原始存储媒介，并制作、填写"封存电子证据清单"，制作"原始证据使用记录"。《公安机关执法细则》和《计算机犯罪现场勘验与电子证据检查规则》之所以如此要求，就是为了"保护电子证据的完整性、真实性和原始性"。在本案中，网监人员如何将电子数据交给鉴定机构，并无任何记录。更为重要的是，开庭时提交的电子图纸和纸质图纸，都是从鉴定机构拿回来的。也就是说，从 2013 年 6 月到 2014 年 12 月，长达一年半的时间，本案的"原始证据"就是在鉴定机构保存的，鉴定机构怎么保管？有无资格保管？如何保证"不受外界污染"？公安机关和鉴定机构没有按照程序要求进行执法和鉴定，导致该电子证据受污染的可能性极大，因此不能作为本案的定案依据。

其次，司法鉴定机构出具的鉴定意见书不应超出其业务范围。如在本案中，第 04 号鉴定意见书第五点中，鉴定组一致同意，满足"不为公众所知悉，能为权利人带来经济利益，具有实用性并经权利人采取保密措施"的条件，属于商业秘密中的技术秘密。也就是说，司法鉴定机构不光鉴定秘密性，连实用性和保密性都鉴定，这就明显超出了其业务范围，越俎代庖，把应属于司法机关的职权范围的事由鉴定机构来做，属于程序违法。

最后，在具体操作程序上，鉴定意见书也违反相关的程序规定。

第一，一个技术信息是否为公众所知悉，应该按照《最高人民法院关于审理不正当竞争民事案件应用法律若干问题的解释》第九条❶规定，将第九条规定的六种情形一一排除，才能认定该信息"不为公众所知悉"。而本案中第 04 号鉴定意见完全没有按上述程序将六种情形一一排除。

第二，对于如何对上述六种情形一一排除，鉴定机构在鉴定过程中应当进行查新，而不是像本案中一样，鉴定人仅仅根据《司法鉴定程序通则》第十三条"委托人应当向司法鉴定机构提供真实、完整、充分的鉴定材料，并对鉴定材料的真实性、合法性负责"，就凭借委托人的保证来进行鉴定。

在本案中，第 04 号鉴定意见的鉴定组说明第二点明确："本鉴定是以信息所有人提供的有关技术信息来源于自行设计，并已采取保密措施为前提的；

---

❶ 《最高人民法院关于审理不正当竞争民事案件应用法律若干问题的解释》第九条规定："有关信息不为其所属领域的相关人员普遍知悉和容易获得，应当认定为反不正当竞争法第十条第三款规定的'不为公众所知悉'。具有下列情形之一的，可以认定有关信息不构成不为公众所知悉：（一）该信息为其所属技术或者经济领域的人的一般常识或者行业惯例；（二）该信息仅涉及产品的尺寸、结构、材料、部件的简单组合等内容，进入市场后相关公众通过观察产品即可直接获得；（三）该信息已经在公开出版物或者其他媒体上公开披露；（四）该信息已通过公开的报告会、展览等方式公开；（五）该信息从其他公开渠道可以获得；（六）该信息无需付出一定的代价而容易获得。"

且直至鉴定之日为止，该技术信息并未因有关方面故意或疏忽而进入公知领域。如有任何单位或个人举证证实，此前委托方材料中的某项信息已进入公知领域，则该项信息自动不再具有‘不为公众所知悉’的性质。”这显然是错误的，例如，科某公司对其部分产品申请了专利，鉴定机构对其也是明知的，但其不将有关专利已披露的有关技术信息予以排除，显然是错误的。此外，鉴定意见中也认为科某公司的图纸上的产品的尺寸等加工信息也构成"不为公众所知悉"，这显然也是错误的，因这些产品已被销售出去，这些尺寸方面的信息依法并不构成"不为公众所知悉"。

商业秘密是指不为公众所知悉的技术信息。在本案中，鉴定机构做出鉴定仅凭科某公司的单方陈述，并以假设有关资料不为公众所知悉为依据，未做任何检索和查新报告，未依法排除《最高人民法院关于审理不正当竞争民事案件应用法律若干问题的解释》所规定的六种情形，仅凭主观推测，就做出了该鉴定意见。属于明显依据不足、程序违法的情形。

由上我们可以看到，无论是取证程序、鉴定内容还是鉴定方式，都应当严格依照法定程序和法律规定进行。如果公安机关或者鉴定机构在取证及鉴定过程中存在程序违法的情形，辩护方应抓住该重点问题予以质疑。

重点二：技术秘密必须具体、确定。即使大部分相同，若技术秘密点不同，也不应认定构成侵犯商业秘密

商业秘密保护的权利范围究竟是一个整体方案，还是一个或若干个技术秘密点的组合？

技术秘密点，是指区别于公知信息的具体技术方案或技术信息。技术秘密点必须是明确、具体的技术信息或经营信息，而不能简单地说制造工艺、生产流程等。技术秘密点应有如下具体内容：如在某个产品制造的某个工艺过程中，温度控制在多少度之间可以有效地提供产品的强度等。若是设计图纸或生产工艺构成技术秘密，应具体指出设计图纸或生产工艺中的哪些具体内容、环节、步骤构成技术秘密，而不应该是全部技术信息。因此，在鉴定意见中，技术秘密必须具体确定，鉴定意见应当明确说明技术秘密点何在。

在本案中，第04号鉴定意见认为："科某公司提交鉴定的4种型号机组及12种型号设备的设计图样技术信息以及质量管理文件《产品检测项目

表》，属于商业秘密中的技术秘密。"鉴定意见的附件可看出，有图纸 677份，其中装配图 39 份，零件图 638 份，包括如护板、加强筋、电机罩、管夹等公知零配件图纸，鉴定意见将这些公知的零配件图纸都视为属于科某公司的"技术秘密"，违背了最高人民法院所要求的技术秘密必须具体化、明确化的要求，显然是错误的。

本案科某公司的锯切机组不是原创发明，而是在借鉴他人产品的基础上，稍加改进而来，同时，科某公司也对本案争议的锯切主机、压块机都申请了专利。这些他人的技术成果不可能成为科某公司的商业秘密，专利也不可能成为商业秘密。也就是说，本案的商业秘密不可能是锯切主机组整个方案，最多只能是一个或若干个技术秘密点的组合。

最有典型意义的就是，可口可乐配方的商业秘密就在于其浓缩液各原料成分的配比，即第 7 种神秘物质的构成，而不是生产可口可乐饮料的整个技术方案，如水、糖之类原料及生产工艺都是公知的，不是商业秘密。

因此，本案中第 04 号鉴定意见认为这个生产线的所有技术方案都构成"商业秘密"显然是错误的。

重点三：鉴定意见书采用的鉴定对比方法

将被告人的技术信息与被害单位包括专利在内的所有技术信息都进行比对，得出一个百分比的比对方法是否是商业秘密的比对方法？

在本案中，第 19 号鉴定意见书即出现了鉴定对比方法错误的问题。在基础鉴定第 04 号鉴定无明确其具体、明确的技术秘密点的情况下，第 19 号鉴定由采取了不正确的鉴定对比方法。

本案比对方法采用了类似于版权比对百分比的对比方法，甚至采用专利等同侵权的比对方法，但唯独未采用商业秘密的比对方法。在进行整体对比的情况下，第 19 号鉴定意见书给出了对比类似的一个百分比，然而这没有任何意义的，因为这个百分比再高，也不能够说明两个方案相同。

可口可乐的技术秘密就在于含量不到 1% 的第 7 种神秘配料，而其他配料都是公开的，如糖、碳酸水、咖啡因、焦糖等。如某饮料和可口可乐饮料所有配料一起比对，即使其他 99% 相同，但就是第 7 种神秘配方不相同，也不会侵犯可口可乐公司的商业秘密。可见，整体方案的百分比对比不是商业秘密的比对方法。

商业秘密的比对方法，就是首先确定技术秘密点，再判断侵权方是否使用了该技术秘密点。而不是将两个方案整体进行比对。

重点四：评估报告中关于"损害赔偿额"的适用法律

根据《最高人民法院关于审理不正当竞争民事案件应用法律若干问题的解释》第十七条第一款规定："确定反不正当竞争法第十条规定的侵犯商业秘密行为损害赔偿额，可以参照确定侵犯专利权的损害赔偿额的方法进行。"

第十七条第二款规定："因侵权行为导致商业秘密已为公众所知悉的，应当根据该项商业秘密的商业价值确定损害赔偿额。商业秘密的商业价值，根据其研究开发成本、实施该项商业秘密的收益、可得利益、可保持竞争优势的时间等因素确定。"

根据上述司法解释，只有该商业秘密"已为公众所知悉"，可根据该项商业秘密的商业价值确定损害赔偿额。如侵权行为没有导致商业秘密已为公众所知悉，则是按照"确定侵犯专利权的损害赔偿额的方法进行"，而非"根据该项商业秘密的商业价值确定损害赔偿额"。

具体到本案，涉案图纸已经被公安查封；涉案机器已被查封，根本没有为"公众所知悉"。既然没有为公众所知悉，则不适用"该项商业秘密的商业价值确定损害赔偿额"，而应适用"确定侵犯专利权的损害赔偿额的方法进行"。

而在本案中，第394号评估报告都是依据"该项商业秘密的商业价值确定损害赔偿额"，这显然属于适用法律错误。此外，根据侵犯专利权的赔偿规定，要么是权利人因侵权所受到的实际损失，要么是侵权人因侵权所获得的利益。根本就没有"可得利益"的规定。第395号评估报告中评估"可得利益"，甚至将发生在该案前签订的合同作为计算"可得利益"的基础，也同样缺乏事实和法律依据。

重点五：评估报告的评估方法是否科学、客观

首先，评估范围与鉴定意见书中认定的技术范围应当一致。

其次，对于研发费用的价值的评估、计算方法应当科学、客观。根据相关的成本途径来计算研发费用的价值，需要先统计历史年度研发费用支出明

细，根据其研发流程统计相关的工作量，然后根据评估基准日价格标准乘以工作量计算研发费用的价值。

技术秘密作为一种技术信息，在正常情况下会随着相关知识的积累和技术的更新而逐渐贬值。《资产评估准则——无形资产》第二十七条规定，注册资产评估师使用成本法时应当"合理确定无形资产贬值"。《专利资产评估指导意见》第三十三条规定，注册资产评估师运用成本法进行专利资产评估时，应当合理确定贬值。

重置成本法的计算公式为：生产线研发重置成本净价＝重置成本－相关损耗。重置成本主要包括研发成本、期间费用等。相关损耗是对于无形资产来说，主要是指由于新技术的发展和出现，造成被评估无形资产的相对贬值。

在本案中，没有统计历史年度研发费用支出明细，也没有根据研发流程统计相关的工作量。而只是将所有员工的工资、社保费用、租金、技术开发、其他费用简单相加，显然是错误的，也不符合常理。且"本次评估主要是了解研发成本，未考虑相关损耗"，这种明显违反重置成本法的评估报告显然也是错误的。

最后，评估报告所依据的与事实应当真实可靠，与具体费用有关数据需要原始凭证作为支持。

在本案中，辩护方在质证意见中也罗列了第 394、第 395 号评估报告中出现的上述瑕疵。主要包括：

（1）科某公司不可能有四十多人的研发人员，与其以前陈述自相矛盾。

评估报告为了提高该技术的研发成本，不顾事实，将四十多名员工都视为研发人员。而在科某公司或简介上写得清清楚楚："工程技术部和研发部门有技术人员十几人"。这与四十几人都是研发人员的说法不符，科某公司的说法自相矛盾，科某公司不可能有四十多名研发人员。

（2）科某公司成立于 2008 年 7 月 30 日，评估报告中出现 2006 年、2007 年的员工工资、社保费用等不符合常理。

（3）研发人员的工资没有任何原始凭证作为依据，只有科某公司单方面制作的"工资表"，显然不足为证。

（4）社保缴交也同样没有任何原始凭证作为依据，根本没有四十多名研发员工。

（5）房屋租金，作为一个生产型企业，所谓的研发人员占有40%的房屋租金也不符合事实，且没有原始凭证作为依据。

科某公司未提供任何原始凭证，仅仅凭科某公司的一方陈述就认定其属于研发费用显然是没有依据的。综上，本案中的评估报告不能作为定案依据，不能采信。

近几年，侵犯商业秘密的犯罪案件不断上升，在目前的司法实践中，代理商业秘密刑事辩护难度也很大，这有几方面的原因。

第一，公安机关对于涉嫌侵犯商业秘密的立案程序有缺陷。目前公安机关在接到商业秘密权利人的报案后，往往仅根据报案人提供的涉案信息非公知性报告就先行立案，并拘留犯罪嫌疑人，搜查证据，再将搜查到的证据与报案人提供的非公知信息进行比对鉴定，从而得出两者是否同一性的结论。这样的立案程序导致公安机关在该案的后面阶段即使错误也会坚持，不会轻易改变。

第二，审理侵犯商业秘密刑事案件的一般是基层法院，由于缺乏专业知识，非常依赖且盲目相信鉴定意见和评估报告，导致根本不考虑辩护律师的意见。

第三，由于法定代表人被抓，往往导致企业经营陷入困境，甚至倒闭，群龙无首，很难有效配合律师组织有效的证据等。

第四，由于涉及商业秘密，不公开审理，律师也很难看到被害单位所述的商业秘密的具体内容，也无从进行有效的检索分析来反驳对方。这对于律师辩护起来非常困难，我们认为，法院应该将商业秘密出示给被告及其辩护律师，但辩护律师及被告应承担保密义务。理由是：由于原告主张被告已获取了其商业秘密，其不存在"二次泄密"的可能。"二次泄密"的前提是被告没有获取该商业秘密。既然原告主张被告已经获取其商业秘密，就不存在"二次泄密"前提。因此，法院不应以"二次泄密"为由拒绝将原告所主张的商业秘密的材料给辩护律师看。

正是基于存在以上客观方面的困难，辩护律师就一定要从鉴定意见和评估报告上多下功夫，从鉴定资格、鉴定程序、鉴定依据、鉴定方法等方面，从评估资格、评估依据、评估程序、评估方法等方面，分析论证鉴定结论、评估报告的依据不足，否定公诉机关的关键证据，必要时委托有关专家出具法律意见书。通过动摇法庭对于鉴定意见、评估报告的信心，使法庭对鉴定意见、评估报告的真实性、合理性、科学性产生怀疑。使法庭感到"关键证据"的依据不足，才能取得较好的结果。

当然，具体到个案，其鉴定结论、评估报告各不相同，其存在的问题或错误各有不同，但商业秘密刑事案件中对于关键证据质证的重点是相似的。本文针对具体的案件，提出了一些具体的辩护思路，以期抛砖引玉。

本案对于广东省司法鉴定有一定的推动作用。以前鉴定所的鉴定结论，都鉴定为构成"技术秘密"，这显然是错误的。经过本案对鉴定报告的质证，目前，鉴定所现只做"非公知性"的鉴定。因此可以看出，具体案件对司法鉴定可能会产生积极作用。

作者简介

王广华律师，广东三环汇华律师事务所执行主任，现任广东省律师协会知识产权专业委员会主任、广州市律师协会商标专业委员会副主任、广东法学会知识产权研究会常务理事、广东省律师协会讲师团（知识产权专业）副团长、广州市百名专家律师"暖企行动"法律服务团专家律师。自1998年起开始执业，具有深厚的专业积累以及丰富的实战经验，长期从事知识产权等方面法律服务工作，尤其擅长知识产权侵权、专利无效行政诉讼、商标行政诉讼等重大诉讼案件。

执业以来，先后办理《九月九的酒》词作者与曲作者及茅台酒厂版权纠纷案、深圳华为公司与深圳中兴公司的不正当竞争案、鲁道夫达斯勒体育用品波马股份公司 PUMA 系列商标打假案、广州富力地产股份公司"富力"认定驰名商标案、东莞

"金锁匙"与北京"金钥匙"商标侵权案、香港荣华饼家有限公司与苏某"荣华月饼"商标争议行政诉讼案等一大批具有重大影响的知识产权案件，多起案例被收录进"知识产权审判指导""知识产权经典判例"；所经办的佛山市通某热能科技有限公司、谭某侵犯商业秘密罪一案，入选 2015 年年度广东律师十大知识产权诉讼典型案例。

全面覆盖　拆分判定[*]

——方法专利拆分式专利侵权的探讨

广东祁增颢律师事务所　曾　琦

【本文摘要】

发明方法专利：ZL99801139.8 "结构纹理防伪方法"，该发明方法专利的专利权人，向某市知识产权局请求处理 A 公司使用涉案专利的结构纹理防伪方法侵权。A 公司则辩称是由 B 公司制造涉案专利防伪标识，C 公司提供防伪标识的信息网站电话查询服务，以提供给消费者进行查询。在本案中，实际上是由 A 公司委托 B 公司制造涉案专利防伪标识并由 C 公司实施了专利权利要求 1 中的步骤 "将该防伪信息结合编码（1）一起存储到接入电话网或国际互联网的计算机识别系统数据库中，以供消费者调取该防伪信息来验证真伪"。B 公司提供防伪信息由 C 公司扫描防伪信息进行防伪查询，其余步骤为 C 公司完成。A 公司抗辩分别使用的方法不具备涉案专利权利要求的全部技术特征，按照 "全面覆盖" 原则，未落入涉案专利保护范围。

本案涉及的 "侵权主体的确定" "可拆分实施的发明方法专利" "拆分式专利侵权" 等问题，对其进行探讨具有一定的意义。

一、基本案情

方法专利拆分式侵权是一种特殊的侵权表现形式，通常为由多个主体实施

---

[*] 本文是由曾琦律师和孙夷则律师合作撰写完成。

方法专利的不同步骤，没有一个单一主体实施了全部的专利步骤，但多主体的不同行为结合起来完成方法专利全部步骤，结合完成了侵权行为。具有多主体参与、多步骤实施、行为可结合、侵权认定困难等特点。方法专利拆分式侵权行为若直接适用"全面覆盖"原则，存在立法与实践值得探讨的问题。

涉案专利名称：结构纹理防伪方法。

专利号：ZL99801139.8。

该发明专利的权利要求 1 为："一种结构纹理防伪方法，将防伪对象进行编码，在每一个产品上印设一个或多个仅属于它的编码（1），在防伪对象上设置防伪信息载体（3），选定载体（3）上的防伪信息，将该防伪信息结合编码（1）一起存储到接入电话网或国际互联网的计算机识别系统数据库中，以供消费者调取该防伪信息来验证真伪，其特征在于还包括以下步骤：a. 选用具有一些清晰的随机结构纹理（2）的材料，作为防伪信息载体（3）；b. 选定载体（3）上的随机结构纹理（2）图像，作为防伪信息。"

该涉案发明专利的专利权人获得专利权后，A 公司原一直委托专利权人制造涉案专利防伪标识，并提供防伪标识的信息网站电话查询服务，以提供给消费者进行查询。后 A 公司终止了委托，但专利权人却在市场上发现 A 公司继续使用涉案专利的结构纹理防伪方法，且其防伪标识及其防伪标识的信息网站电话查询服务均非由专利权人提供。

据此，专利权人向某市知识产权局请求处理 A 公司使用涉案专利的结构纹理防伪方法侵权。A 公司则辩称是由 B 公司制造涉案专利防伪标识，C 公司提供防伪标识的信息网站电话查询服务，以提供给消费者进行查询。A 公司使用 B 公司制造涉案专利防伪标识并由 C 公司实施了专利权利要求 1 中的步骤"将该防伪信息结合编码（1）一起存储到接入电话网或国际互联网的计算机识别系统数据库中，以供消费者调取该防伪信息来验证真伪"。B 公司提供防伪信息由 C 公司扫描防伪信息进行防伪查询，其余步骤由 C 公司完成。A 公司抗辩分别使用的方法不具备涉案专利权利要求的全部技术特征，按照"全面覆盖"原则，未落入涉案专利保护范围。

审理结果：因为 A 公司未能提供充分的证据证明其与 B 公司制造涉案专利防伪标识及与 C 公司提供防伪标识的信息网站电话查询服务的关系，而查询信息结果显示是属于 A 公司产品的信息，所以认定 A 公司实施了全部的专利方法，落入了专利保护范围，A 公司构成专利侵权。

然而在本案中，如果 B 公司和 C 公司并不是基于正常的商业合作接受委托实施专利步骤，且对专利侵权并不知情，A 公司未委托且确如其所称，A 公司使用涉案专利的结构纹理防伪方法是由 B 公司制造涉案专利防伪标识，C 公司提供防伪标识的信息网站电话查询服务，以提供给消费者进行查询的。则 B 公司和 C 公司是否构成侵权，即拆分式专利侵权的问题。

二、问题及分析

方法专利拆分式侵权行为，在适用专利侵权认定中基础的"全面覆盖"原则时，则发现没有一个单一主体完成了全部的方法专利步骤，无法认定某个单一主体构成专利直接侵权。而从共同侵权规则出发，如果方法专利拆分式侵权行为的参与主体没有共同侵权的意思联络，仅是各自参与的单一主体行为结合而实际上达到了侵权结果，所以无法认定参与主体为共同侵权。方法专利拆分式实施行为是否构成侵害专利权，完全取决于采用何种专利侵权认定规则。方法专利拆分式侵权行为认定规则的不明确，将导致潜在侵权者利用方法专利可拆分实施的特点规避侵权责任，专利权人受到的实际损害无法救济。

由于计算机网络技术、商业管理方法的发展，方法专利的申请量大增，方法专利拆分式侵权行为也将随之增长，这将对侵权认定规则的完善和适应提出了新的要求。在美国已经出现了较多方法专利拆分式侵权案件，案件审理过程中也体现了传统专利侵权认定规则的漏洞，这些漏洞也同样存在于我国专利侵权案件司法审判中。美国法院通过多个判例逐渐确立了适用于方法专利拆分式侵权的"指挥或控制"标准。

为了应对我国也将会逐渐增加的方法专利拆分式侵权案件，有必要探讨并明确侵权认定规则。根据我国国情，借鉴美国的司法实践，探讨出适合我国国情的方法专利拆分式侵权认定规则。

（一）方法专利

方法专利相应分为纯粹方法专利，如作业方法和使用方法；和涉及产品的方法专利，如制造加工方法。虽然方法专利也能导向最终取得的产品，但是相比于产品专利，方法专利具有一定的虚拟性、连续性和可分割性。

产品专利权利要求由产品的技术特征组成，通常是"静态结构"的技术特征，具有易描述、易组织、易实现的特点。而方法专利权利要求由一系列"动态步骤"组成，方法专利权利要求中重要步骤的连接和顺序、步骤的内在逻辑性是构成权利要求的最重要因素。

（二）方法专利侵权行为

根据《中华人民共和国专利法》第十一条第一款的规定，方法专利的侵权行为包括"使用其专利方法以及使用、许诺销售、销售、进口依照该专利方法直接获得的产品"。TRIPS 协议第 5 节第 28 条第（2）项也有同样的规定，直接从方法专利侵权行为的法条规定来看，方法专利侵权包括使用专利方法和对专利方法延及到产品两部分，但两种侵权行为全部是基于使用专利方法而产生的。对方法专利权而言，方法专利权人只能制止他人未经许可而进行的使用其方法的实施行为。❶ 根据专利侵权判定的"全面覆盖"原则，即要求侵权者按照方法专利的权利要求书，完成方法专利全部步骤或者方法，才构成方法专利侵权。

（三）拆分式侵权

方法专利存在拆分式侵权的侵权方式。拆分式侵权是指由不同的主体分别实施方法专利不同步骤的侵权方式。拆分式侵权行为的存在基于方法专利的特有的权利要求写法和特有分类，是可拆分实施的方法专利。

1. 拆分式侵权的权利基础

方法专利拆分式侵权行为的前提是存在可拆分实施的方法专利。

可以将构成方法专利的方法、步骤看作单独的、可分割的，而最后可以组合成一个完整的技术方案。在大部分方法专利的技术方案中，通常可以由一个主体完成专利全部的方法或者步骤，不存在分割的情况。但是随着科技进步发展，越来越多方法专利的技术方案中的方法或者步骤可能需要多个主体的参与和协作才能完成。可拆分实施的方法专利突破了一般方法专利中单

❶ 尹新天. 中国专利法详解［M］. 北京：知识产权出版社，2011：130.

一主体由始至终参与完成全部步骤的特点，使之表现为多主体参与、多步骤完成可拆分实施的方法专利。

2. 拆分式侵权产生的原因

方法专利拆分式侵权行为产生并不断增加的原因包括三方面：第一，权利数量增加。随着方法专利申请量增加，可拆分实施的方法专利申请量也随之增加。由于科技发展，特别是计算机技术、大数据技术、云计算技术的发展，完成一项技术方案需要更加多的主体加入，以提供更加专业的技术服务和支持，由此可拆分实施的方法专利申请量也随之增加。第二，侵权行为多样化。以往的专利侵权人大部分集中在仿造产品范围内，但随着社会需求的增加，对于方法专利的侵权行为也在增加。而由于部分方法专利具有可拆分性质，侵权者利用该特点将方法专利的方法、步骤由不同主体拆分实施，以达到规避直接侵权责任的目的，同时直接增加了侵权认定的难度。第三，过去十几年的执法实践，案件多集中在产品专利侵权案件，立法技术和保护制度随之提高和完善。而随着近几年方法专利侵权案件数量增加，矛盾集中凸显，也在执法实践中引起高度关注。

根据 2017 年 4 月 1 日起施行的《专利审查指南》，对商业方法专利做出了明确规定："涉及商业模式的权利要求，如果既包含商业规则和方法的内容，又包含技术特征，则不应当依据专利法第二十五条排除其获得专利权的可能性。"而修改前，涉及商业实施的智力活动规则和方法则不属于授予专利权客体。随着商业技术和互联网科技的发展，涉及商业方法的商业模式创新不断增加，尤其休现在互联网、金融、投融资等领域。这些商业模式创新已经体现在生活中的方方面面，提高了市场效率，因此给予商业方法恰当的保护已经是必然选择。

最受瞩目的商业方法专利主要集中在电子商务、商务金融（银行、保险、证券）、电子支付相关的领域。商业方法专利将涉及商业模式的创新者，借助对计算机、软件、数据库、网络等的使用，商事主体之间的权力行使的范围等重要因素。随着商业方法专利申请量大规模增加，方法专利拆分式侵权行为也将增加。

3. 拆分式侵权行为的特点

方法专利拆分式侵权行为包括以下几个特点。

（1）多主体参与。

在方法专利拆分式侵权行为中，侵权行为涉及至少两个以上主体，由多个主体参与完成全部的专利方法步骤，每个主体至少完成了专利方法中的一个步骤，每个主体实施的结果结合成为专利技术方案。由于形式上没有一个单一主体完成全部专利方法，对任何一个单一主体适用"全面覆盖"原则，则不构成专利侵权。

（2）多步骤实施。

方法专利具有多步骤的特点。"实施的时间、地点以及行为人都可能是分离或者分散的"。❶ 多步骤可以由多个主体在不同时间、地点完成，多个主体实施的不同步骤组合而成专利方法。例如，在电子支付的专利方法中，涉及手机用户、银行、网络服务提供方。

（3）行为可结合。

由于不同主体实施了不同的专利方法步骤，分散来看，每个单一主体都没有侵犯专利权。但是由于专利方法的步骤具有可结合性，多个主体实施的专利方法步骤相结合，则可形成专利方法完整的技术方案，达到了与专利方法相同的技术效果。因为这种结果具备了专利侵权的损害结果，实际损害了专利权人的权益，所以需要分析和追究行为主体的责任。

（4）侵权认定难。

对于方法专利拆分式侵权行为中的每个单一主体难以适用"全面覆盖"原则认定直接侵权。如果各主体之间无意思联络，则不能简单认定为共同侵权。如果不存在直接侵权，也无法认定有间接侵权责任。

4. 拆分式侵权行为的构成要件

民事侵权行为的构成要件一般包括违法行为、过错、损害事实和因果关系四要件。《中华人民共和国侵权责任法》规定了侵害民事权益依法承担的侵权责任，并未规定具体的侵权行为形态。《中华人民共和国专利法》具体

---

❶ Mark A. Lemley et al. Divided Infrigement Claims. AIPLA Quarterly Journal Summer, 2005: 255, 256.

规定了侵害专利权的行为形态。要认定专利侵权必须在客观上是《中华人民共和国专利法》第十一条规定的具体行为，否则不能被认定是专利侵权。根据专利法第十一条的规定，专利侵权行为具有如下构成要件：专利权有效；存在违法行为，实施了法律禁止的制造、使用、许诺销售、销售和进口行为；行为人具有主观过错；以生产经营为目的。

5. 拆分式侵权行为方式

方法专利拆分式侵权行为作为专利侵权行为中的一种特殊形式，具有其特殊性。存在可以拆分实施的专利方法，且可以由多主体多步骤进行拆分实施。

对于方法专利拆分式侵权行为，多主体完成了方法专利不同的步骤从而完成了方法专利的全部专利步骤，整体行为落入了专利权的保护范围，这种行为属于专利侵权中的使用行为。也就是《中华人民共和国专利法》第十一条中的"使用其专利方法"，方法专利拆分式侵权行为属于使用行为侵权。

这种使用侵权行为不是由一个主体完成的，而是由多个主体集合完成的，每个单一主体的行为是整体使用行为中的一部分，那么每个单一主体的行为是否为使用侵权行为，每个单一主体是否承担侵权责任是需探讨的范围。

6. 拆分式侵权的损害结果

实施了侵犯专利权的违法行为，即构成专利侵权，损害事实并不是专利侵权行为的必备要件。而在专利方法拆分式侵权行为中，每个单一主体实施的行为均未完成全部的专利方法，每个单一主体均未单独实施直接侵权的违法行为。

因此，在方法专利拆分式侵权行为认定中，对损害事实则需予以考量，如果每个单一主体实施了方法专利的某步骤，但是结合起来未覆盖全部步骤，未达到方法专利的效果，则不构成专利侵权。不同主体实施专利方法的全部行为结合起来覆盖了方法专利的全部步骤，也就是说不同主体实施的违法行为结合形成了损害事实，这对认定方法专利拆分式侵权行为至关重要。

7. 拆分式侵权行为与损害结果的因果关系

通常，专利权人遭受的损害必须是由侵权人的损害行为造成的，专利侵权行为与损害结果之间具有同一的因果关系，也就是一因一果的关系，因果关系决定了侵权人是否承担侵权责任。

拆分式专利侵权行为与损害结果间是否具有同一关系，是方法专利拆分式侵权认定的一个焦点。拆分式侵权行为的每个单一主体行为，并不单独指向唯一的专利侵权结果，但是由多个单一主体的行为可以共同指向一个侵权结果。每个单一主体行为与损害结果可能没有因果关系，但多个单一主体行为的结合与损害结果就可能有因果关系，是多因一果关系，从最后的损害结果不能反推回全部实施主体或者某一实施主体的行为，因此，不能简单根据因果关系来认定某一主体的侵权行为或者侵权责任，需要在确定了多个主体的行为总和与损害结果具有因果关系后，对多个主体的行为进行分析，来确定法律责任。

8. 拆分式侵权行为人的主观要件

根据《中华人民共和国侵权责任法》的一般规定，专利侵权一般适用过错原则，但是专利侵权人对于侵权行为是否具有过错并不是认定侵权的重要因素。

对于方法专利拆分式侵权，在通过侵权行为、损害结果和因果关系来认定侵权均有一定的难度时，通过行为人的主观过错来认定侵权具有一定意义。

9. 方法专利拆分式侵权的现有认定规则

由于方法专利拆分式侵权具有多主体、多步骤、分散实施等特点，产品专利侵权适用的直接侵权原则、间接侵权原则和共同侵权原则认定方法专利拆分式侵权中存在一些问题。

（1）关于单一主体原则问题。

单一主体原则是指单个主体实施了涉案专利的全部步骤，该主体构成专利直接侵权。❶ 专利法虽未对单一主体原则作出具体规定，但单一主体原则却是认定专利直接侵权的原则之一。在一般产品专利侵权案件适用单一主体原则并不存在问题，但方法专利拆分式侵权行为由于多主体参与，如果不考虑单一主体原则，可以直接认为直接侵权。如果适用单一主体原则，方法专

---

❶ Direct infringement requires a party to perform or use each and every step or element of a claimed method or product, BMC Resources, Inc., v Payment, L. P 498 F3d 1373, （Fed. Cir. 2007）.

利拆分式侵权如何认定及每个主体应承担的责任则出现问题。

美国联邦上诉法院判例中指出："专利持有人及其合法被许可人，在他们的专有权被他人侵权行为侵犯时，包括在行为人引诱他人侵犯专利权的情况下，都应该能够获得金钱损失赔偿。"

《中华人民共和国专利法》第十一条规定："任何单位或者个人未经专利权人许可，……"这里"任何单位或者个人"应当解释为专利可以被任何使用发明专利的单位或者个人（单一主体）直接侵权，也可以被使用发明专利的"任何单位或者个人"（多方主体）直接侵权。对于具有意思联络和分工协作的共同侵权也可以认为是"同一主体"或者"共同体主体"。

（2）关于直接侵权认定规则问题。

专利直接侵权是指未得到专利权人的许可，实施了法律规定的侵害专利权的行为。在我国任一主体实施了《中华人民共和国专利法》第十一条规定的行为，即构成专利直接侵权。

判断专利直接侵权的重要原则是全面覆盖原则，即全部技术特征覆盖原则或字面侵权原则。适用该原则，首先要确定专利的保护范围，再将被诉侵权产品与涉案专利的技术方案进行对比，被诉侵权产品技术方案与涉案专利独立权利要求中记载的全部必要技术特征相同或者等同，被诉侵权产品包含了专利权利要求中记载的全部必要技术特征，则落入涉案专利的保护范围。全面覆盖原则是判断侵权者是否实施或者使用了专利的前提，在先确认与专利是否相同或者等同后，再对涉嫌侵权人的行为性质作出进一步判断。

专利直接侵权隐含的条件是一个单一主体，完成了专利权利要求的全部步骤。由于方法专利拆分式侵权中有多个主体分别完成了不同专利方法步骤，结合起来完成了全部专利方法，落入了专利保护范围。如果多个主体间有意思联络、合作分工，那么可以认定为共同侵权。

但是在方法专利拆分侵权中，对于技术依赖性较低，对于步骤的连接性和时间性要求高，更多是没有意思联络且没有分工的，所以从表面看来，没有一个主体完成了全部的方法或者步骤，无法认定某个主体为直接侵权。

（3）关于共同侵权认定规则问题。

民法意义的共同侵权行为，是指数人基于共同过错而侵害他人的合法权益，依法应当承担连带赔偿责任的侵权行为。❶ 传统民法上的共同过错仅指行为人主观上须具有共同故意或者意思联络的情形。主观上的共同过错与客观上的行为结果是密不可分的。共同侵权行为的特点就在于数个侵权行为造成了同一的损害后果。❷

（4）关于间接侵权认定规则问题。

关于专利间接侵权，是指没有实施直接侵权，但故意引诱他人实施"直接侵权"，或明知或应知他人即将或正在实施"直接侵权"时为其提供实质性的帮助。❸

美国专利法第 271 条（b）款规定了引诱侵权（c）款规定了帮助侵权，日本专利法第 101 条、欧盟的《欧共体专利公约》也都有相应的规定。综合以上对专利间接侵权的理论学说和立法条文，对专利间接侵权应以主观过错为构成要件，以直接侵权的存在为前提，没有直接侵权无法认定间接侵权。间接侵权制度作为直接侵权的补充，弥补了直接侵权具有限制的缺陷，专利权人可以通过追究间接侵权人责任而维护权利。

间接侵权主要包括教唆、引诱、帮助侵权等行为，方法专利拆分式侵权适用间接侵权理论有一定障碍，不同主体完成了不同的方法专利步骤，每个主体的行为不构成侵权，但组合起来却使专利权人的权益受损，但没有主体进行了直接侵权，使间接侵权没有了基础，无法使用间接侵权原则。如果强行使用间接侵权认定规则处理，则绕开了直接侵权认定，通过扩大间接侵权的成立基础进行认定，扩大了专利权的保护范围。

四、方法专利拆分式侵权认定

（一）美国"指挥或者控制"规则

早期美国在认定方法专利拆分侵权时认为，共同侵权是直接侵权的一种，

---

❶　王利明. 共同侵权行为的概念和本质——兼评《最高人民法院关于审理人身损害赔偿案件适用法律若干问题的解释》第三条.

❷　张新宝. 中国侵权行为法［M］. 北京：中国社会科学出版社，1995：89.

❸　王迁，王凌红. 知识产权间接侵权研究［M］. 北京：中国人民大学出版社，2008.

对共同侵权的认定，不考虑行为的性质，需要证明各侵权人之间的关联关系。而间接侵权一般发生在直接侵权之前，利用诱导、教唆、帮助等行为促使他人进行直接侵权，对直接侵权起到推动和促进作用。要证明间接侵权，必须先证明直接侵权的成立。

后来，在实践中，美国法院通过多个案例提出了方法专利拆分侵权认定的"指挥或者控制"规则，并已经形成了基本的判断方法。

1. "指挥或者控制"规则的确立

2007 年 9 月，美国联邦巡回上诉法院判决在 BMC Resource, Inc. v. Paymentech, L. P. 案中，首先确定了方法专利拆分侵权的"指挥或者控制"规则。

在该案中，用户用手机进行账单支付，支付服务提供者提供交易过程，并将用户交易信息传入借记网络，金融机构下传交易信息并通过网络传给服务提供者。实施者包括商家、支付服务提供者（被告）、借记网络和金融机构四者。涉案专利属于可以拆分实施的方法专利，争议焦点为不同行为人实施了涉案方法专利的部分步骤时，被告是否侵权。

原告依据在先案例中的专利共同侵权标准"参与复合行为"的认定"当多个主体参与或者复合实施了专利，并产生了侵权结果，那么所有参与主体均是共同侵权人并承担侵权责任"❶，认为被告实施了专利部分步骤，因此构成侵权。地区法院认为，只有证据证明被告"指挥或者控制"实施了部分步骤的金融机构的行为时，才能认定其成立直接侵权。因为无法证明被告直接侵权，驳回了原告关于帮助侵权和引诱侵权的主张。

联邦巡回上诉法院维持了地区法院判决，并认为"多个主体实施某个专利构成共同侵权，要求存在直接侵权且某个主体实施了权利要求中的全部步骤，并未'指挥或者控制'专利实施的主体无需承担直接责任。共同侵权的认定标准应当更加严格，放松标准将颠覆间接侵权理论。需证明多个主体间存在'指挥或者控制'标准"❷。被告虽然向借记网络提供数据，同时也向手

---

❶ On Demand Machine Crop. V. Ingram Industries, Inc., 442 F. 3d 1331（Fed. Cir. 2006）.
❷ BMC Resource, Inc. v. Paymentech, L. P., 498F, 3d 1373, 1378-79（Fed. Cir. 2007）.

机用户提供了使用提示，但是并不足以证明被告与金融机构存在任何合同关系。巡回法院在未发现被告实施专利步骤中直接指挥或者控制其他方，因此认定被告不侵权。

本案中虽然确立了"指挥或者控制"是"一方指挥或者控制整个过程，所实施的每一步都是由控制方安排的，控制方完全指挥和操纵其他参与方"[1]，但并未对适用条件做出解释。

2008 年，美国法院在 Muniauction，Inc. v. Thomson Crop. 案中，对"指挥或者控制"做出了进一步的解释，即多个主体存在替代责任情况下也可构成共同侵权。法官在判决中进一步解释行为主体对其他主体所实施的专利步骤承担替代责任时，可以认为符合"指挥或者控制"。并认为"指挥或者控制"成立需满足一个行为人实施了足以承担替代责任的行为，才能承担共同侵权责任。[2] 因此方法专利拆分式侵权的认定标准应为专利权人证明一个主体对其指挥或者控制主体所实施的行为承担替代责任。

2. "指挥或者控制"规则适用

在 2008 年的 Global Patent Holdings，LLC v. Panthers BRHC LLC 案中，一项"远程查询通信系统"发明专利为可以由计算机用户和网站服务者分别实施专利步骤。原告认为计算机用户实施的专利步骤由于被告的指挥或者控制，计算机用户和被告构成对涉案专利的共同侵权。然而法院并不认为足以满足"指挥或者控制"。尽管被告向计算机用户提供了软件，但并未实施"指挥或者控制"行为，因此判定被告不构成共同侵权。而且，法院认为"用户实施的步骤实际是由被告通过对软件的持续控制来实施的"[3]，用户无法主动访问系统，用户使用该系统全部由网络服务商实施，属于单独侵犯专利权。

3. 小结

美国法院适用"指挥或者控制"规则对方法专利拆分式侵权行为纳入直接侵权理论中进行规制，未直接适用传统的共同侵权原则。如果被告对整个

---

[1] 李秀娟. 多方参与多步骤方法专利侵权判定——美国的判例与实践［J］. 科技与法律，2011（8）：15.

[2] Muniauction，Inc. v. Thomson Crop. 532 F. 3d 1318（Fed. Cir. 2008）.

[3] Am. Patent Dev. Corp.，LLC v. Movielink，LLC，637 F. Supp. 2d 224，227（D. Del. 2009）.

方法专利实施"指挥或者控制"，导致所有专利步骤的实施都归因于被告，则可以认为被告要为其所指挥或者控制的行为承担替代责任。❶

4. 适用"指挥或者控制"规则的变化

2014 年，美国联邦最高法院判决的 Akamai Technologies v. Limelight Networks Inc. 案涉及一项网络内容传输技术。涉案专利由技术服务商和计算机用户分别实施不同专利步骤。专利权人诉被告未经许可向计算机用户提供其专利技术。被告指导计算机用户实施专利方法中的一个步骤以获得被告提供的技术。被告仅实施了部分专利步骤，并未实施全部专利步骤。原告认为被告对计算机用户实施了"指挥或者控制"行为，同时构成专利直接侵权和间接侵权。

但地方法院认为消费者与被告不存在代理、替代等关系，被告没有对计算机用户实施"指挥或者控制"，不构成直接侵权。由于不存在直接侵权，因此也没有构成间接侵权。

巡回法院的判决推翻了地方法院的认定，认为被告构成引诱侵权的间接侵权。该判决认定是指导致直接侵权的必要行为。

但联邦最高法院撤销判决并发回重审。并认为间接侵权只能建立在直接侵权成立的基础上，只有方法专利的权利要求步骤被全部实施才构成直接侵权。如果构成间接侵权的无需全部步骤都被实施，将给地方法院的侵权认定带来难度和不确定性。在认定共同侵权时，当双方仅有代理关系，或者当一方受合同义务的约束实施专利步骤，才构成侵权。❷ 如果仅从提供的服务中受益，不能认定为共同侵权。

此案说明不同主体之间的正常交易或者合同关系不导致共同侵权。从不侵权—侵权—不侵权的认定过程体现了美国方法专利拆分式侵权"指挥或者控制"理论的变迁，也体现出对方法专利拆分式侵权认定的严格标准倾向和向传统回归的趋势。

5. "指挥或者控制"规则变化的分析

在方法专利拆分式侵权行为中，如果有一方指挥或者控制了整个过程，

---

❶ BMC Resource, Inc. v. Paymentech, L. P., 498F, 3d 1373, 1380（Fed. Cir. 2007）.

❷ Akamai Technologies v. Limelight Networks, Inc&Mckesson v. Epic（Fed. Cir 2012）.

指挥或者控制了其他参与方，其他方听从指挥方的指令行动，每一个步骤均可归因于控制方，控制方像操纵提线木偶一样指挥或者控制其他参与方。因此，指挥控制方构成直接侵权，承担直接侵权责任。❶ 如果任一方不存在指挥或者控制关系，将不会承担直接侵权责任。该标准不会与现有的专利侵权判定规定矛盾。

同时认为对一般用户的教导、提示不是"指挥或者控制"，满足"指挥或者控制"需要一个主体的行为为其他主体的行为承担替代责任，才能承担共同侵权责任。正常交易关系不导致共同侵权。"指挥或者控制"的条件包括被告与其他主体存在强制履行的合同关系或者代理关系，仅存在合同关系或者合作关系不足以满足"指挥或者控制"的条件。

在直接侵权中坚持"单一主体"原则，只有单一主体实施了方法专利全部步骤才构成直接侵权。在多个主体共同实施专利方法时，只有在某个主体"指挥或者控制"其他主体时，视为实施了全部专利步骤，构成直接侵权。认定间接侵权需要以直接侵权为基础，只有在存在直接侵权的情况下，才能认定间接侵权。

美国坚持"单一主体"和"全面覆盖"原则，对直接侵权认定标准严格，防止因为直接侵权认定标准的降低，引起间接侵权认定的扩张，以维护专利权人和社会公众利益的平衡。

6. "指挥或者控制"的法理依据

多个主体主观上并无共同意思联络，不构成共同侵权，不能适用共同侵权的法律责任。"指挥或者控制"是对侵权责任原则的运用。"指挥或者控制"源于侵权法学的替代责任理论，但却与传统理论有较大差别。侵权法学的替代责任是指发生侵权时，直接实施者不承担侵权责任，而由他人替代承担侵权责任。责任承担者与直接实施者之间存在的关系即可理解为指挥或者控制关系。在替代责任中，责任承担者"应当采取合理措施，管理、监督或者控制好与自己有特殊关系的第三人之行为，防止其实施侵权行为"❷ 之

---

❶　独立合作原则，即一项交易中的参与者都是独立主体，处于平等地位，这样的交易被称为独立合作原则，使用在合同法中，促进合同各方达成公平合理的合同。

❷　张民安. 侵权法上的替代责任［M］. 北京：北京大学出版社，2010：22.

义务。

可见传统替代责任理论认为替代责任是间接责任，须先有直接侵权责任才有替代责任，指挥或者控制人应当承担的是直接侵权责任。因此"指挥或者控制"不是对替代责任的直接应用，而是适用了替代原则中责任人为他人行为负责的法理。

7."指挥或者控制"规则的缺陷

美国一般不会对商事主体与计算机用户共同实施专利步骤而认定商事主体对计算机用户构成"指挥或者控制"行为，而构成直接侵权。专利权权利人如主张认定"间接侵权"，却无法证明直接侵权行为存在，即无法认定为间接侵权。因此权利人实际受到损失，却无法追究实施侵权的主体，给专利权保护带来困境。

依据谁主张谁举证的举证责任原则，"指挥或者控制"规则增加了权利人的举证责任，如果由权利人举证证明被告之间存在实施侵权的代理关系或者合同义务证明被告构成共同侵权，对权利人而言是非常困难的。

而且，多个主体可能故意通过正常商业交易方式来规避直接侵权认定，美国法院称为有预谋的方法专利拆分式侵权。❶ 此类情形更难以认定侵权人的"指挥或者控制"以追究责任。由于适用"指挥或者控制"条件严格，部分侵权人会故意选择由用户实施部分专利步骤来规避侵权。

（二）我国方法专利拆分式侵权认定

1. 认定共同侵权

方法专利拆分侵权涉及多个实施主体，对此类案件中我国一般简单适用共同侵权规则，认为只要多个侵权人实施了专利方法且落入专利保护范围，多个主体即构成共同侵权，而不考虑意思联络。

我国认定拆分专利侵权主要依据"全面覆盖"原则，法律依据为《中华人民共和国专利法》第五十九条第一款、《最高人民法院关于审理专利纠纷

---

❶ Long Truong, After BMC Resources, Inc. v. Paymentech, L. p.: conspiratorial Infringement as A Means of Holding Joint Infringers Liable, Northwestern University Law Review, Vol. 103, No. 4, P1918 (2009).

案件适用法律问题的若干规定》第十七条，北京市高级人民法院制定发布的《专利侵权判定若干问题的意见（试行）》第二十六条、第二十七条。明确专利权的保护范围应当以权利要求记载的必要技术特征所确定的范围为准。

而以全面覆盖原则来判断方法专利拆分式侵权则出现问题，例如，一个方法专利包含 A、B、C、D4 个步骤，则保护范围包括 4 个步骤，如果甲实施了 A、B 步骤，甲的供应商乙完成 C 步骤，甲的用户完成了 D 步骤，根据全面覆盖原则，构成专利侵权必须完成全部 4 个步骤，而甲只实施了两个步骤，未落入保护范围，则不构成专利侵权。

我国认定共同侵权的法律依据为《中华人民共和国侵权责任法》第八条至第十条，《最高人民法院关于审理侵犯专利权纠纷案件应用法律若干问题的解释》第十二条，《专利侵权判定若干问题的意见（试行）》第一百零五条至第一百零九条。其中《最高人民法院关于审理侵犯专利权纠纷案件应用法律若干问题的解释》第十二条第三款对共同侵权做出了规定。而且均规定了"分工合作"作为认定共同侵权的条件，但分工合作仅指行为上的分工合作，还是指具有分工合作上的意思联络呢？在不考虑意思联络，仅从行为上认定分工合作完成专利侵权行为，则必然出现部分主体不存在共同过错，仅是完成商业行为，却被认定为共同侵权承担连带责任，显然有失公正。

有人认为可适用《最高人民法院关于审理人身损害　赔偿案件适用法律若干问题的解释》第三条第一款、第二款规定中的无意思联络的共同侵权认定方法专利拆分式侵权。❶ 在方法专利拆分式侵权中没有行为人完成全部专利步骤，不存在直接侵权行为人，并未构成"同一损害后果"，因此不适用无意思联络的共同侵权原则。

对于可拆分实施的方法专利，不区分多个侵权者的主观过错程度，直接使用共同侵权承担连带责任，将会使完全不知情的参与者承担责任。共同过错是共同侵权中侵权者承担责任的基础，但是对基于正常商业合作并且已经尽到基本注意义务的行为人，判决其承担侵权责任将有失公平。

笔者办理的专利号为 ZL99801139.8，发明名称为"结构纹理防伪方法"

---

❶　何鹏. 方法专利拆分侵权认定规则的最新发展——美国法的实践及对我国的启示 [J]. 科技与法律，2013（3）：36.

案件也涉及同样应考虑的问题。

在本案中，如果事实确实如 A 公司所述是由 B 公司制造涉案专利防伪标识，C 公司提供防伪标识的信息网站电话查询服务，以提供给消费者进行查询。A 公司使用 B 公司制造涉案专利防伪标识并由 C 公司实施了专利权利要求 1 中的步骤"将该防伪信息结合编码（1）一起存储到接入电话网或国际互联网的计算机识别系统数据库中，以供消费者调取该防伪信息来验证真伪"。B 公司提供防伪信息由 C 公司扫描防伪信息进行防伪查询，其余步骤由 C 公司完成。

那么以行为上认定分工合作完成专利侵权行为，则可能出现 B 公司在不知情的情况下制造涉案专利防伪标识，C 公司在不知情的情况下提供防伪标识的信息网站电话查询服务，以提供给消费者进行查询，相互间不存在共同过错，仅是完成商业行为，却被认定为共同侵权承担连带责任，则可能有失公正。

而引入"指挥或者控制"原则，则 B 公司在不知情的情况下制造涉案专利防伪标识，C 公司在不知情的情况下提供防伪标识的信息网站电话查询服务，以提供给消费者进行查询，相互间不存在共同过错，仅是完成商业行为，均不构成侵权。甚至 A 公司还可以主张其所使用的是分别在市场上购买 B 公司的防伪标识和购买 C 公司提供防伪标识的信息网站电话查询服务，以提供给消费者进行查询服务而完成的商业行为，相互间不存在共同过错，不构成侵权。A 公司虽然未直接提出"指挥或者控制"原则，但其以多个主体通过正常商业交易方式来规避直接侵权认定，以此规避侵权责任的目的是明显的。

如果 A 公司的目的得以实现，则权利人实际受到损失，却无法追究实施侵权主体的责任。且权利人也难以举证证明 A 公司、B 公司和 C 公司之间存在实施侵权的代理关系或者合同义务，用以证明 A 公司、B 公司和 C 公司构成共同侵权，则对权利人而言也是不公平的。

然而，本案专利权人掌握的实际情况是：

A 公司是境内的跨国大企业，案发前一直通过招标购买产品和服务的商业模式惯例，通过签订规范格式合同委托专利权人制造涉案专利防伪标识，并提供防伪标识的信息网站电话查询服务，以提供给消费者进行查询。

B 公司是 C 公司长期委托印制防伪标识的较大规模的制造商，且 B 公司曾在另一涉及侵犯涉及本案专利的事件中经协商达成和解协议。

C 公司是涉案专利的分区域的专利权共有人，并以远低于本案专利权人的价格与 A 公司合作，提供防伪标识及其服务。

在案件审理中，A 公司还声称是 C 公司许可使用专利，并出具了 C 公司的证人证言（注：C 公司的《证明》），以此请求追加 C 公司为案件当事人，但 A 公司以涉及商业秘密为由拒绝提供有关双方代理关系或者合同义务的协议。

可见，A 公司、B 公司和 C 公司均清楚或者了解涉案专利权共有人分区域实施权的情况，并且有合意分工合作完成实施方法专利的步骤，存在共同过错或意思联络，属于有预谋的方法专利拆分式侵权行为。

但是，仍然要考虑的是如何解决在方法专利拆分侵权案件中，多数案件出现的过度适用共同侵权规则的问题，在多个实施主体不存在共同过错或意思联络的情况下，将可能是由某个主体指挥或者控制他人实施的专利侵权行为认定为所有参与主体的共同侵权，则违背了公平原则。

2. 认定为间接侵权

专利法对于专利间接侵权未作出规定，间接侵权更多是理论研究和案件总结的判断规则。如北京市高级人民法院制定发布的《专利侵权判定指南》第一百零六条至一百零九条规定了间接侵权行为，但在实践中并未被广泛采纳和适用。

2016 年 3 月 21 日公布的《最高人民法院关于审理侵犯专利权纠纷案件应用法律若干问题的解释（二）》第二十一条正式规定了专利间接侵权制度。间接侵权包括将专门用于实施专利的材料、设备、零部件、中间物等产品提供给他人实施了侵犯专利权的行为，属于帮助他人实施侵权行为；积极诱导他人实施了侵犯有关产品、方法专利权的行为，属于教唆他人实施侵权行为。

在实践中，间接侵权人与最终实施发明专利的侵权人之间不一定有意思联络，可能不构成共同过错。但鉴于间接侵权人主观恶意明显且其提供的零部件等是直接侵权行为的专用品，或者其积极诱导他人实施侵权行为，故纳入《中华人民共和国侵权责任法》第九条规制的范围。间接侵权应当以直接侵权为前提，但并不意味着，在提起间接侵权诉讼之前，必须存在认定直接侵权成立的裁判。关于是否将间接侵权人和直接侵权人作为共同被告的问题，考虑到可能存在直接侵权人已经被在先裁判认定的情况，人民法院可以根据具体案情依法决定是否作为共同被告。❶

方法专利拆分式侵权行为，由多个主体完成不同的方法专利步骤，单个主体不构成侵权，专利权人实际遭受损失，但是由于没有直接侵权行为的发生，无法适用间接侵权规则。

3. 认定方法专利拆分式侵权的存在问题

我国对方法专利拆分式侵权普遍适用共同侵权原则，但往往忽略了共同侵权中的主观要件，对多个主体之间的意思联络认定不清，注重从客观行为作出认定，多个主体实施专利方法且落入专利保护范围，即构成共同侵权。但对方法专利拆分式侵权认定过度适用共同侵权，在多个主体不存在共同侵权意思联络的情况下，将利用或者指使他人实施专利侵权的情形认定为共同侵权显得不合理。

(三) 我国方法专利拆分式侵权认定的解决措施

1. 引入"指挥或者控制"规则

方法专利拆分式侵权的分散性和无形性，以及适用规则的不明确导致侵权认定的困难。但是根据拆分实施专利步骤的结果认定构成侵权，反溯追究每个行为人的责任，将使得很多无辜的人被迫卷入诉讼，反而是不公平的。"指挥或者控制"规则是直接侵权认定，避免了专利权的扩大保护，平衡了专利权人与社会公众的利益。

但是，应当在借鉴这一规则的基础上，考虑适合国情实际的方法和步骤，注重对专利权人和社会公众利益的平衡，进一步优化"指挥或者控制"规则，设立方法专利拆分侵权认定规则。

2. 细化"指挥或控制"规则

综合方法专利拆分式侵权实际情况，"指挥或者控制"规则有以下几种情形细化：

---

❶ 最高人民法院民三庭负责人就《最高人民法院关于审理侵犯专利权纠纷案件应用法律若干问题的解释（二）》答记者问。

第一种，行为主体间存在代理关系。代理关系的基本属性是代理人以被代理人的名义实施代理行为，其法律结果由被代理人承担。在方法专利拆分式侵权行为中，被代理人向代理人发出指令，代理人按照被代理人的意图实施行为，代理人不存在共同侵权的意思联络，且代理人的行为结果由被代理人承担，被代理人满足"指挥或者控制"规则认定的直接侵权。

第二种，行为主体间存在替代责任关系。包括但不限于雇主替代责任，主要考虑行为人间的指挥或者控制程度。侵权行为从形式上是由行为人实施的，但实际结果由他人承担。如在委托加工、加工承揽中，实际实施侵权行为的受托人或者承揽人是由他人委托或者指派实施侵权行为，主观上无侵权故意，无法知道也不可能知道自己的行为涉及侵权，则应由委托人承担直接侵权责任。

第三种，行为主体间存在合同关系。行为主体间的合同关系符合"指挥或者控制"关系，但并非任何合同关系均可使主体间存在指挥或者控制关系，应根据合同条款考量是否存在控制或者指挥关系。如买卖合同、购销合同或合作合同中由一方直接控制另一方的行为，当一方通过合同条款控制另一方行为，达到侵权结果，即构成了"指挥或者控制"行为。

通过细化，使之达到实际适用。避免出现利用第三方行为规避侵权责任，损害专利权人利益。

3. "指挥或者控制"规则适用

"指挥或者控制"规则是为了解决方法专利拆分式侵权行为中直接侵权难以认定而引入的。但对于同时具有方法和产品权利要求的专利，应当区分行为人所侵犯的是方法权利要求还是产品权利要求，要限定"指挥或者控制"规则仅适用于方法专利拆分式侵权案件。

五、结语

对认定方法专利拆分式侵权提出借鉴"指挥或者控制"规则，以避免专利权保护范围的任意扩大，同时也防止侵权人恶意规避侵权责任。在认定方法专利拆分式侵权中引入"指挥或者控制"规则实际上是为了避免任意扩大专利权的保护范围，尊重并回归现有的侵权认定规则。这有利于我国正在迅速发展中的方法发明创造的专利保护，且避免保护了不应保护的尚不成熟的方法专利。

为更好地解决方法专利拆分侵权问题，除了对侵权认定规则的探讨研究，还需要与专利相关制度的进一步完善，指引提升专利申请文件撰写技巧，通过多方面努力以达到专利权人与社会公众利益的平衡。

作者简介

曾琦律师，广东祁增颢律师事务所主任、律师、专利代理人，自 1985 年成为第一批专利代理人始，从事知识产权业务三十多年，中华全国律师协会知识产权专业委员会委员、中华全国专利代理人协会理事、广东省知识产权研究会理事、广东省律师协会知识产权专业委员会委员、广州市律师协会专利法律业务专业委员会委员。华中科技大学经济法学研究生。曾任职广东省知识产权局法制处调研员，广东省政府公职律师。起草了多部广东省专利行政执法规范性文件，包括起草了 1996 年颁布并实施的全国第一部专利保护地方性法规《广东省专利保护条例》。

在知识产权领域具有丰富的实践经验，对中国知识产权体系和相关程序有着深入的了解。在专利法及行政诉讼法方面积累了丰富的经验。主要从事知识产权领域法律事务、相关问题的咨询建议、政策和战略的制定和执行、专利调查与分析，涉及机械、电子、化学、医药、日用产品等领域。

真假康宝 法辨原型

——广东康宝与江苏康宝商标之争始末

广东三环汇华律师事务所 董咏宜

【案件概评】

两家康宝，难辨真假，律师过招，法官明鉴，还原真相，一锤定音。本案荣获 2016 年广东律师十大知识产权审判典型案例、2016 年广州市律协业务成果奖，被 2017 年中华全国律师协会知识产权专业委员会年会评定为全国优秀案例。

【本文摘要】

本案第三人广东康宝电器股份有限公司是电器，特别是消毒柜行业内的知名企业。沈某明在知悉广东康宝公司的"康宝"消毒柜知名度非常高的情况下，在同为家电行业的电冰箱上申请注册"康宝"商标，于是产生本案纠纷。在本案中，争议商标的受让人江苏康宝电器有限公司的主要抗辩理由是其在冰箱持续使用"康宝 KANGBAO"标识长达 5 年，具有一定知名度，意图证明"康宝 KANGBAO"冰箱与"康宝"消毒柜可以共存并不会造成市场混淆，两者已形成各自稳定的市场格局。

在此背景下，本案的难点及典型意义在于：第一，《最高人民法院关于审理商标授权确权行政案件若干问题的意见》2010 年 4 月 20 日颁布后，诉争商标的权利人往往用"市场格局理论（即形成各自的市场格局）"来进行抗辩，但笔者认为只有在善意的情形下注册的诉争商标才有考虑"市场格局理论"的需要，对于一些存在明显搭便车、不正当利用他人市场声誉及具有攀附他人商誉的意图而申请注册、使用的商标缺乏法律保护的正当性基础，不应当适用"市场格局理论"；第二，企业在证明商品已具有一定知名度时一般都会提交该商品多年的审计报告用以说明其销售量大，如何对这部分的证据提出质证及相反证据也是本案的关键所在。

一、基本案情

争议商标申请人、一审第三人、二审上诉人、再审被申请人：广东康宝电器股份有限公司（以下简称"广东康宝公司"）

一审被告、二审上诉人、再审被申请人：国家工商行政管理总局商标评审委员会（以下简称"商标评审委员会"）

争议商标被申请人：沈某明❶

一审原告、二审被上诉人、再审申请人：江苏康宝电器有限公司（以下简称"江苏康宝公司"）

案由：商标争议行政纠纷案。

争议商标：第 3847860 号"康宝 KANGBAO"商标。

引证商标：第 864699 号"康寶 KANGBAO 及图"商标、第 1042677 号"康寶"商标、第 1042678 号"KANGBAO"商标、第 1626115 号"康宝"商标、第 1685957 号"KANGBAO"商标。

行政阶段审理机关：国家工商行政管理总局商标评审委员会。

一审法院：北京市第一中级人民法院❷。

二审法院：北京市高级人民法院❸。

再审审查：最高人民法院❹。

广东康宝公司申请注册第 864699 号"康寶 KANGBAO 及图"商标、第 1042677 号"康寶"商标、第 1042678 号"KANGBAO"商标、第 1626115 号"康宝"商标、第 1685957 号"KANGBAO"商标（分别称为引证商标一、二、三、四、五），核定使用在第 11 类"电子消毒柜、干燥消毒柜、消毒碗柜"等商品上，广东康宝公司最早在 1988 年开始使用引证商标，持续使用至今，在争议商标申请前已经具有非常高的知名度。

---

❶ 争议商标由沈某明申请注册，在商标争议阶段，沈某明将争议商标转让给江苏康宝电器有限公司，为此，案件到了诉讼程序，由江苏康宝电器有限公司为诉讼当事人。

❷ 案号：(2014) 一中知行初字第 4151 号。

❸ 案号：(2016) 京行终字第 2174 号。

❹ 案号：(2017) 最高法行申第 73 号。

沈某明于 2003 年 12 月 16 日申请注册有第 3847860 号"康宝 KANGBAO"商标（以下简称"争议商标"，后转让给江苏康宝公司），于 2005 年 9 月 14 日被核准注册，核定使用在第 11 类"冰箱、冰柜、冷却设备和装置"等商品上。

广东康宝公司于 2010 年 9 月 13 日对争议商标提出争议申请（2014 年 5 月 1 日新的《中华人民共和国商标法》修正案后改为无效宣告申请），认为在争议商标申请日前五引证商标已符合驰名商标的认定，争议商标的注册违反了《中华人民共和国商标法》第十三条第二款、第四十一条第一款以及《中华人民共和国民法通则》《中华人民共和国反不正当竞争法》的规定。

2014 年 1 月 7 日，商标评审委员会做出商评字（2013）第 149119 号《关于第 3847860 号"康宝 kangbao"商标争议裁定书》，认为在争议商标申请注册日之前，广东康宝公司指定使用在干燥消毒柜商品上的"康宝"商标具有较高知名度，可以认定为驰名商标。争议商标指定使用的冰箱、冰柜等商品与干燥消毒柜商品虽不属于类似商品，但具有特定的联系和较强的关联性，争议商标的主要认读部分"康宝"与引证商标"康宝"完全相同，易导致公众对商品来源产生误认，裁定争议商标予以撤销。

江苏康宝公司不服争议裁定向法院提起行政诉讼，从而引发了本案。

二、裁判理由与结果

商标评审委员会于 2014 年 1 月 7 日做出争议裁定。商标评审委员会认为，在争议商标申请注册日之前，申请人指定使用在干燥消毒柜商品上的"康宝"商标已持续在全国近 20 个省市广泛销售和宣传，取得了一定的荣誉，具有较高的知名度，可以认定申请人"康宝"商标是干燥消毒柜商品上的驰名商标。争议商标指定使用的冰箱、冰柜等商品与申请人"康宝"商标指定使用的干燥消毒柜商品虽不属于类似商品，但在销售渠道、消费对象等方面存在一定的共同性，具有特定的联系和较强的关联性。争议商标的主要认读部分"康宝"与申请人商标"康宝"完全相同，争议商标的注册使用，可能导致相关消费者将其误认为是申请人的系列品牌，易误导相关公众，致使申请人的利益可能受到损害，违反了商标法第十三条第二款的规定，依法应予以查询。商标评审委员会裁定：争议商标予以撤销。

江苏康宝公司不服该裁定向北京市第一中级人民法院提起行政诉讼，法院在 2015 年 2 月 2 日做出一审判决。法院认为，江苏康宝公司提供的证据可以证明其对争议商标已进行了长期、广泛的宣传使用，其电冰箱、冰柜产品作为全国家电下乡项目的中标产品已经销往国内众多省市，取得了较高的市场声誉和众多荣誉。江苏康宝公司和广东康宝公司通过各自较大规模的宣传使用，双方分别在消毒柜商品和冷柜商品上形成了各自的消费群体和市场认知，以及较为稳定的竞争秩序。争议商标的注册不会造成相关公众的混淆、误认，也不构成对引证商标的复制、摹仿。一审判决：撤销商标评审委员会做出的商评字（2013）第 149119 号关于第 3847860 号"康宝 kangbao"商标争议裁定；责令商标评审委员会针对第三人广东康宝电器股份有限公司就第 3847860 号"康宝 kangbao"商标所提争议申请重新做出裁定。

广东康宝公司及商标评审委员会均不服，向北京市高级人民法院提出上诉，法院在 2016 年 6 月 22 日做出二审判决。法院认为：根据广东康宝公司在商标评审阶段提交的证据，引证商标四在争议商标申请注册日之前，……获得较高的市场声誉，并为相关公众广为知晓。因此，商标评审委员会认定引证商标四在核定使用的干燥消毒柜商品上构成驰名商标并无不当。争议商标的中文"康宝"与引证商标四的文字相同，争议商标构成对引证商标四的复制、摹仿。争议商标核定使用的冰箱、冰柜等商品与引证商标四核定使用的干燥消毒柜商品具有较强的关联性。综合上述因素，争议商标的申请注册，可能导致相关公众误认为使用争议商标的商品和使用引证商标四的商品来源于同一主体或者提供主体之间有特定联系，从而可能导致广东康宝公司的利益受到损害。因此，争议商标的申请注册违反 2001 年《中华人民共和国商标法》第十三条第二款之规定。商标评审委员对此认定正确，原审法院对此认定有误，二审法院予以纠正。商标授权确权程序的总体原则仍是遏制搭便车的抢注，保护他人的在先商标，尽可能消除商标标志混淆的可能性。对于在先商标具有很高的知名度的情况下，同业竞争者应相应地具有更高的注意和避让义务。在本案中，引证商标四在争议商标申请日之时已经具有很高的知名度，江苏康宝公司与广东康宝公司同为家电生产企业，理应知晓广东康宝公司的"康宝"商标，并应当合理避让在具有较大关联性的商品上申请注册与引证商标四高度近似的争议商标。此外，即使结合江苏康宝公司的本案中提交的争议商标使用证据，亦不足以证明争议商标已经达到了与构成驰名商标的引证商标四相当的知名度，进而两商标已经形成了有效的市场区分和稳定的市场秩序。因此，原审法院对此认定有误，二审法院对此予以纠正。二审判决：撤销一审判决，驳回江苏康宝公司的诉讼请求。

江苏康宝公司不服，向最高人民法院申请再审，最高人民法院于 2017 年 3 月 27 日做出裁定。法院认为，争议商标的注册和使用，足以使相关公众认为争议商标与引证商标四之间具有相当程度的联系，从而导致广东康宝公司的利益可能受到损害。因此商标评审委员会和二审法院关于争议商标的申请注册违反商标法第十三条第二款之规定，应当予以撤销的认定是正确的。应当予以维持。此外，根据江苏康宝公司提交的证据，尚不足以证明争议商标经过长期使用已经与引证商标四及其他引证商标形成了有效的市场区分和稳定的市场秩序。最高人民法院裁定：驳回江苏康宝公司的再审申请。

三、争议焦点

（1）争议商标曾被提出异议申请，理由包括争议商标的申请注册违反了商标法第十三条第二款，异议不成立，现广东康宝公司再次用相同的理由提出争议申请，是否涉及一事不再理的问题。

（2）本案是否具有认定引证商标为驰名商标的必要性，以及引证商标是否构成驰名商标。

（3）"市场格局论（即形成各自的市场区分和稳定的市场秩序）"的适用条件。

（4）本案的证据能否证明争议商标经过长期使用已经与引证商标形成有效的市场区分和稳定的市场秩序，即江苏康宝公司用"市场格局论"来抗辩是否成立。

四、案件评析

本案争议的内容比较多，例如，是否涉及一事不再理；引证商标是否为广东康宝公司所独创，是否具有显著性；实际使用的商标与注册的商标是否要完全相同，不能作轻微的改变；认定驰名商标的基本条件；引证商标是否符合驰名商标的认定标准；"市场格局论"的适用条件；争议商标是否已经长期使用可与引证商标形成有效的市场区分和稳定的市场秩序等。本案从各方争议比较大的四点来展开论述。

（一）关于争议商标的一事不再理问题

争议商标曾被提出异议申请，理由包括争议商标的申请注册违反了商标法第十三条第二款，异议不成立，现广东康宝公司再次用相同的理由提出争议申请，是否涉及一事不再理的问题。

1. 一事不再理原则在法律中的界定

我国商标法从1982年开始实施，经过1993年、2001年、2013年的三次修订，其中前三次修订在一事不再理原则的规定上内容完全一致："对核准注册前已经提出异议并经裁定的商标，不得再以相同的事实和理由申请裁定。"但该条款没有列入2013年的《中华人民共和国商标法》中。

相对应的在行政法规中，1983年及1993年的《中华人民共和国商标法实施细则》并没有对一事不再理作进一步的补充，2002年的《中华人民共和国商标法实施条例》第三十五条增加了："申请人撤回商标评审申请的，不得以相同的事实和理由再次提出评审申请；商标评审委员会对商标评审申请已经作出裁定或者决定的，任何人不得以相同的事实和理由再次提出评审申请。"2014年的《中华人民共和国商标法实施条例》第六十二条作了进一步限定："申请人撤回商标评审申请的，不得以相同的事实和理由再次提出评审申请。商标评审委员会对商标评审申请已经作出裁定或者决定的，任何人不得以相同的事实和理由再次提出评审申请。但是，经不予注册复审程序予以核准注册后向商标评审委员会提起宣告注册商标无效的除外。"

从法律法规的修改来看，对于商标确权行政程序的一事不再理，分成几个阶段。

阶段一，1982—2002 年，该阶段对于提出过异议且异议已经做出裁定的，一事不再理。对于提出过商标评审审查又撤回，以及已经提出过商标评审申请且做出裁决的，能否再次提出评审申请，没有列入 1995 年《商标评审规则》关于当事人可重新提出评审申请的规定中。

阶段二，2002—2014 年，该阶段与阶段一相比，明确提出过商标评审审查又撤回，以及已经提出过商标评审申请且做出裁决的，一事不再理。

阶段三，2014 年至今，该阶段最明显的变化有两点：一是对于提出过异议且异议已经做出裁定的没有再规定属于一事不再理；二是对于不予注册复审程序予以核准注册后向商标评审委员会提起宣告注册商标无效不再属于一事不再理。也就是说，对于提出过异议且裁定的，无论是否有后续的异议复审程序，2014 年前均是不能再以相同的事实与理由申请评审的，但 2013 年商标法取消了异议复审制度，新增了不予注册复审制度，情况就产生了变化，2014 年 5 月 1 日后，提出过异议且裁定，无论是否有后续的复审程序，异议人均可以再次用相同的事宜与理由提出评审请求。这实际上是对原有一事不再理原则的规制范围有所限缩，只经过商标局的异议程序而未经商标评审委员会审理的争议商标，申请人再次提出评审申请的，并不违反一事不再理原则。

2. 一事不再理在实际司法实践中的不同理解

（1）一事不再理是否要求前一事与后一事的当事人相同？

对于这个问题，从理论上来说，应该需要是相同的当事人。对此，北京市高级人民法院审理的"王麻子"商标无效案❶，法院认定这里的申请人系指同一主体，具体为"从文义解释角度，前述规定的'申请人撤回'的情形系指同一主体撤回申请后不得再次提出评审申请，而不排除申请人撤回商标评审申请后他人以相同的事实和理由再次提出评审申请的情形。虽然栎昌王麻子公司义乌分公司与栎昌王麻子公司存在关联关系，但前者撤回无效宣告请求的原因系因其不属于适格主体，其所主张的实体问题未经商标评审委员

---

❶ 北京市高级人民法院（2017）京行终第 1835 号行政判决书。

会的审理，也不会对实体问题作出结论性的认定。在此情形下，栎昌王麻子公司作为适格的主体重新提起无效宣告请求申请，即使与栎昌王麻子公司义乌分公司的事实和理由相同，也并不违反'一事不再理'原则"。

不过，对于是否需要同一申请人，也有相反的观点，例如"中联"商标无效案❶，最高人民法院认为"商标法第二十八条的规定（一事不再理条款）与申请主体无关。商标法第十九条规定，对初步审定的商标，自公告之日起三个月内，任何人均可提出异议。这一异议程序是向所有单位和个人开放的，任何潜在的异议人的权利都得到了该条款的法律保护。因此，异议一经裁定，任何人，包括异议申请人及未提出异议的其他任何人，均不得以相同的事实和理由再次申请裁定，否则将造成行政、司法资源的无端浪费，并影响终局裁定的法律既判力"。

对于最高人民法院在中联案件中的裁判观点，笔者持保留意见，这等于剥夺了没有提出异议的其他人的权利，毕竟异议、无效所依据的法律条款是有限的，这完全有可能出现一种情况，即商标权人为了避免他人申请无效，找人使用所有条款提异议或者无效，理由写得不痛不痒，这样真正利益受损一方就无法提出评审申请了。为此，笔者认为，这里的当事人，还是限定在同一主体为宜。

（2）一事不再理是否要求前一事与后一事的理由，也就是法律依据完全相同？

对于这个，也有不少争议，有观点认为，前一事与后一事只要观点有不同，不管是不是核心观点，就属于一事不再理；也有观点认为，前一事与后一事的主要观点相同，也就是商标局或者商标评审委员会最终采纳的理由是相同的，为一事不再理。

对于第一种观点，支持的案例有"安奈儿 ANNAIER"商标无效案❷，北京知识产权法院认为商标异议阶段申请人使用的条款是2001年商标法第二十八条的规定，而申请人在评审阶段主张的是2013年商标法第十三条、第四十四条等，所以不属于应适用"一事不再理"的情形，商标评审委员会对安奈

---

❶ 最高人民法院（2015）知行字第198号行政裁定书。
❷ 北京知识产权法院（2015）京知行初字第6486号行政判决书。

儿公司的上述无效宣告申请应予受理，鉴于安奈儿公司在同一种或类似商品或服务上已有在先注册的引证商标一，商标评审委员会转而适用 2001 年第二十八条进行审理不属于对相同申请理由重复提出的无效宣告请求进行审理的情形，未违反"一事不再理"的原则和相关规定❶。即两次使用的核心条款均是 2001 年商标法第二十八条，但最终因为多了一些没有被采纳的条款，而认定不属于"一事不再理"。

对于第二种观点，支持的案例有"天顺德"商标无效案❷，北京知识产权法院认为异议申请与无效申请提出的理由均为争议商标与引证商标构成同一种或类似商品上的近似商标（商标局及商标评审委员会最终作出裁定的也是依据相同的条款），在本次无效申请中，青海互助公司所提理由虽包括其他条款（但这些条款最终没有被采纳），但同样亦包括该理由，最终认定属于一事不再理。❸

对此，笔者认为要分两个程序来看，在形式审查确定是否受理时，要看两者使用的理由是否完全相同，只要有不同，那可以进入实体审理，若实体审理后，认为新增的理由并不成立的，认定属于一事不再理，即要考虑后一事所新增的条款对最终是否起到影响结果的作用，若有影响则不属于一事不再理，若没有影响则属于，因为若允许后一事新增一些条款就能规避一事不再理原则，那一事不再理原则就很可能会沦为空设。另外，对于相同的理由，不能简单的理解为相同的条款，例如强生商标撤销行政纠纷案❹，该案强生公司曾经提出过三次争议申请，第一、第二次使用的理由均包括巴黎公约有关公众熟知的商标或驰名商标的规定，但没有被采纳，第三次使用了商标法第十三条，最终成功将争议商标撤销掉，而最高人民法院认为，强生公司援引 2001 年修改后的商标法，仍以商标驰名为主要理由，申请撤销争议商标的注册，商标评审委员会再行受理并做出撤销争议商标的裁定，违

❶　该案二审用其他理由改判了，对于新增的没有起到核心作用的条款是否属于相同的理由，没有评述。

❷　北京知识产权法院（2015）京知行初字第 1891 号行政判决。

❸　该案二审用其他理由改判了，对于核心作用的条款相同，但增加了其他理由是否属于相同的理由，没有评述。

❹　最高人民法院（2008）行提字第 2 号行政判决书。

反了一事不再理原则。

(3) 一事不再理原则中如何认定相同的事实？

有些案件严格按照新证据规定来认定是否相同的事实，若后一事提交的证据不是法定的新证据，则不能被采纳，如强生商标撤销行政纠纷案❶，最高人民法院认为："新的事实应该是以新证据证明的事实，而新证据应该是在裁定或者决定之后新发现的证据，或者确实是在原行政程序中因客观原因无法取得或在规定的期限内不能提供的证据。如果将本可以在以前的行政程序中提交的证据作为新证据接受，就会使法律对启动行政程序事由的限制形同虚设，不利于形成稳定的法律秩序。强生公司在本次评审申请中提交的证明争议商标申请日之前其引证商标驰名的证据，均不属于法律意义上的新证据。"

有些案件不严格要求新证据，但要考虑两次提交的证据数量是否差别较大，会否引起对案件定性的改变，若对案件认定事实产生重大影响的，还是会考虑。如拉菲商标商标争议行政再审案❷，最高人民法院认为："在异议阶段与商标评审阶段提交的证据数量差别较大，特别是其向商标评审委员会提交的用以证明引证商标显著性和知名度的宣传报道等证据并未在商标局审查阶段提交。本院认为，在商标法第二十八条的适用过程中，不仅涉及对商标相同、近似或商品相同、类似的判断，也需要对商标的显著性和知名度等因素予以考量。因此，一审、二审法院仅以引证商标相同，而未对尚杜公司向商标评审委员会提交的证据是否形成'新的事实'予以具体审查的情况下，即认为引证商标一不能作为本案引证商标使用的认定有所不当，本院予以纠正。"

笔者认为若后一事所提交的证据是在后发现的新证据或者原程序中客观原因无法收集的新证据，固然属于新的事实。但若后一事所提交的证据虽然不属于新证据，但跟前一事相比，证据数量差别较大并足以引起对原有认定事实的改变，也可以考虑视为不同的事实。

---

❶ 最高人民法院（2008）行提字第 2 号行政判决书。

❷ 最高人民法院（2014）知行字第 33 号行政裁定书。

3. 本案完全不符合一事不再理的成立要件

（1）广东康宝公司提出异议的理由是违反商标法第二十八条、第十三条，而提起争议的理由除了商标法第十三条，还包括违反商标法第四十一条、民法通则第四条、反不正当竞争法第二条，理由不相同。虽然笔者知道这样的理由未必成立，但毕竟不同的审查员不同的法官，对相同的理由有不同的理由，为此，还是作为理由之一提了出来。

（2）广东康宝公司提出，由于异议时，争议商标并未投入使用，沈某明抢注争议商标的恶意还未完全反映出来，是否会造成公众混淆还未体现，从广东康宝公司提供的大量后来才出现的新证据，如沈某明在深圳设立深圳华宝电冰箱有限公司，并授权其关联企业深圳市康宝电器有限公司生产"康宝"冰箱，同时对外宣称深圳康宝跟广东康宝公司是一家等证据，可见，沈某明注册争议商标就是为了搭广东康宝驰名商标的便车，是恶意抢注的，同时造成相关公众的混淆，现在事实与异议时已发生变化，不再相同。由于这是后来出现的新证据，又是能反映商标权人申请商标具有主观恶意的证据，容易被采纳。

（3）虽然广东康宝公司在异议及争议都有提出驰名商标的理由，但在争议阶段在原有基础上补充了大量的证据，包括异议裁定后才出现的2008年的驰名商标证明。

（4）提出商标异议程序不是商标评审程序，由于之前的程序没有申请异议复审，本次争议是该争议商标第一次进入商标评审程序，等于没有以相同的事实和理由提出两次评审申请，为此不违反一事不再理原则，若不允许提出争议申请，等于商标局一裁定终局。这个案件是在2014年1月做出裁定的，按照当时还在施行的2001年商标法，该理由是不成立的，但这个理由却符合2013年修改后的商标法。

（5）因为江苏康宝公司一直强调广东康宝公司没有提出异议复审，怠于行使自己的权利，是在放水养鱼，掠夺江苏康宝公司辛苦开拓的康宝冰箱市场。对此，广东康宝公司同时强调其一直在积极维权，没有怠于行使自己的权利。内容包括广东康宝公司没有及时提出异议复审是由于工作失误导致的，并不是想放水养鱼，也没有这个必要。江苏康宝公司提交的所谓其康宝冰箱具有一定知名度的证据，主要发生在 2010 年及以后，但事实上，2009 年底，广东康宝公司发现沈某明授权的康宝冰箱面市后马上取证，并于 2010 年向广州市中级人民法院提起侵权诉讼，广州中院于 2013 年做出一审判决，认定康宝电冰箱构成对广东康宝公司的商标侵权，用以证明广东康宝公司没有怠于行使自己的权利。虽然怠于行权不会影响对于一事不再理原则的认定，但多少会影响审判人员主观印象，为此，也有必要进行说明。

最终，该案件四个阶段均没有认定属于一事不再理。其中评审阶段商标评审委员会没有评述；一审阶段法院认为由于广东康宝公司补充了相关证据材料，使得商标评审委员会进行实体审理的事实基础发生了变化，为此不属于一事不再理。二审阶段由于江苏康宝不是上诉人，没有针对一事不再理事由上诉，为此二审法院没有审查该理由；再审阶段法院认为有新证据，不属于一事不再理。

（二）本案是否具有认定引证商标为驰名商标的必要性，以及引证商标是否构成驰名商标

（1）在本案中，对是否需要认定驰名商标，北京市高级人民法院的判决论证比较清楚，其从 2001 年商标法第十三条二款的条款内容出发，先确认了驰名商标需要遵循按需认定原则，若争议商标并没有构成对引证商标的复制、摹仿或者翻译，或者争议商标获准注册的结果并不会导致误导公众并可能损害引证商标权人理由的结果，则无需对引证商标是否构成驰名商标的问题做出审查和认定。

本案是适用 2001 年商标法第十三条第二款来认定是否构成驰名商标的，为此，也需要同时考虑，两商标所核准注册的商品是否类似，若属于类似，则本案也没有认定驰名商标的必要性，直接使用 2001 年商标法第二十八条来保护即可。在本案中，商标评审委员会及法院以商标分类表为依据，认定冰箱与干燥消毒柜不属于类似商品。当然，若两者商品相距甚远，争议商标的注册不会损害引证商标权人的利益，也无需认定，为此，商标评审委员会认定两者在销售渠道、消费对象等方面存有一定的共同性，具有特定的联系和

较强的关联性。❶

损害他人驰名商标利益，并不以恶意为前提，只要求构成复制（类似于相同）、摹仿（类似于近似）或者翻译，而本案两者商标均为中文"康宝"文字，为此属于相同，构成复制。

基于两者商标核定的商品不是类似商品，但具有较强的关联性，且争议商标属于对引证商标的复制，争议商标的注册使用可能导致相关消费者将两者误认为是系列产品，使得广东康宝公司的利益可能受到损害，为此，本案有认定驰名商标的必要性。

（2）在本案中，北京市第一中级人民法院是没有认定广东康宝公司的"康宝"商标是驰名商标的，其理由不是说康宝商标知名度不够，而是说本案没有这个必要性。而其认定没有必要不是从驰名商标条款本身去考虑，而从"市场格局论"出发，认为康宝冰箱与康宝消毒柜已经形成各自可区别开来的市场。对于这点，笔者在第（三）点予以论证及反驳。

（3）在确定本案具有认定驰名商标的必要性后，就要看本案广东康宝公司的康宝商标是否符合驰名商标的认定标准。

对此，商标评审委员会、北京市高级人民法院、最高人民法院均认定广东康宝公司的"康宝"商标构成驰名商标，虽然北京市第一中级人民法院以没有认定本案的商标是驰名商标的必要性为由，未评述康宝商标是否构成驰名商标，但其也确认现有证据可以证明引证商标在争议商标申请日之前在消毒柜等商品上具有较高的知名度。由于是否驰名商标更多是事实问题，而不是法律问题，在此不展开详细论述。

（三）"市场格局论（即形成各自的市场区分和稳定的市场秩序）"的适用条件

1. 市场格局论的法律法规及司法政策

在商标法及商标法实施条例当中，并没有市场格局论的法律规定。

---

❶　对于冰箱跟消毒柜是否类似商品，不同法院也有不同看法，例如广东省高级人民法院广东康宝公司诉沈某明商标侵权一案（2015）粤高法民三终字第 299 号，广东高级人民法院认为从一般消费者的认知角度，冰箱产品与消毒用、干燥或加热用装置在用途上均系厨房家电设备，销售渠道、销售场所、消费对象也都相同，相关公众从一般交易习惯出发，按照一般注意力，通常会认为两者存在特定联系，容易造成混淆，因为认定冰箱与消毒柜属于类似商品。

　　市场格局论最早见于 2009 年 4 月 21 日最高人民法院印发的《关于当前经济形势下知识产权审判服务大局若干问题的意见》当中："对于注册使用时间较长、已建立较高市场声誉和形成自身的相关公众群体的商标，不能轻率地予以撤销，在依法保护在先权利的同时，尊重相关公众已在客观上将相关商标区别开来的市场实际。要把握商标法有关保护在先权利与维护市场秩序相协调的立法精神，注重维护已经形成和稳定了的市场秩序，防止当事人假商标争议制度不正当地投机取巧和巧取豪夺，避免因轻率撤销已注册商标给企业正常经营造成重大困难。"

　　2010 年 4 月 20 日最高人民法院在《关于审理商标授权确权行政案件若干问题的意见》司法解释中予以强调："对于使用时间较长、已建立较高市场声誉和形成相关公众群体的诉争商标，应当准确把握商标法有关保护在先商业标识权益与维护市场秩序相协调的立法精神，充分尊重相关公众已在客观上将相关商业标识区别开来的市场实际，注重维护已经形成和稳定的市场秩序。"

　　2011 年 12 月 16 日最高人民法院在《关于充分发挥知识产权审判职能作用推动社会主义文化大发展大繁荣和促进经济自主协调发展若干问题的意见》中第三次重申了这种政策导向："要妥善处理最大限度划清商业标识之间的边界与特殊情况下允许构成要素近似商标之间适当共存的关系。相关商标均具有较高知名度，或者相关商标的共存是特殊条件下形成时，认定商标近似还应根据两者的实际使用状况、使用历史、相关公众的认知状态、使用者的主观状态等因素综合判定，注意尊重已经客观形成的市场格局，防止简单地把商标构成要素近似等同于商标近似，实现经营者之间的包容性发展。"

　　这两份司法文件一份司法解释以近似的措辞，强调人民法院在处理商标争议案件时，在依法保护在先权利的同时，要充分尊重"相关公众已在客观上区分相关商标的市场现实"，尊重"已经客观形成的市场格局"，从而"维护已经形成且稳定的市场秩序""实现经营者之间的包容性发展"。在实践中，这类文件对法院在审理商标行政确权和商标侵权案件的审判活动具有重要的影响力，即便法院在判决书中不加以引用，但审理具体案件时仍会参考或做出类似阐述。

　　当然，这些司法政策及司法解释不是无缘无故出现的，在最高人民法院出台相关司法政策文件之前，从"散列通"与"散利痛"案、"采樂"与"采乐"案、"红河"与"红河红"案、鳄鱼商标侵权案的判决等一系列判决中，已能看到"市场格局论"的端倪。❶ 这些案件有一个共同的特点，即市场格局论不仅强调对市场现状的保护，也考虑历史因素，市场经营者基于对注册商标的信赖，会对投资进行预估并进行长期投入，若做出撤销商标的决定，有可能破坏既有的市场格局，损害市场主体的投资预期，产生不确定的投资风险，有违商标法之目的。❷

2. "市场格局论"的适用条件

从上述两个司法政策及一个司法解释当中，可以将"市场格局论"的适用条件归纳如下：第一是注册使用时间较长；第二是已建立较高市场声誉；第三是形成自身的相关公众群体，即相关公众可以区别开来；第四要考虑两者的实际使用状况、使用历史，而实际上在相应的司法政策出台前所判决的市场格局论共存的案例多是基于历史的原因所产生的；第五要考虑使用者的主观状态，即不能是恶意注册的。

笔者认为只有在善意的情形下注册的诉争商标才有考虑"市场格局论"的需要，对于一些存在明显搭便车、不正当利用他人市场声誉及具有攀附他人商誉的意图而申请注册、使用的商标缺乏法律保护的正当性基础，不应当适用"市场格局论"。

对于本案，争议商标是恶意注册的，若维持该商标有效等于间接鼓励他人恶意抢注，只要抢注人经过在后的大量使用就可以"漂白"。本案并不是由于历史原因造成的两种产品在市面上的善意共存，争议商标的原商标权人沈某明的恶意抢注行为不符合商标法的"诚实信用"基本原则与立法精神。广东康宝公司是电器特别是消毒柜行业内的知名企业，沈某明是在知悉广东康宝公司的"康宝"消毒柜知名度非常高的情况下，在同为家电行业的电冰箱上申请注册"康宝"商标并自己及许可他人使用。

为此，北京市高级人民法院认为商标授权确权程序的总体原则仍是遏制

---

❶ 张韬略，张伟君. "市场格局论"之辨析（上，下）[J]. 电子知识产权，2017（1-2，3）.

❷ 参考陈明涛《"市场格局论"过时了吗?》，发表在 2017 年 11 月 13 日"兰台知识产权团队"微信公众号。

搭便车的抢注，保护他人的在先商标，尽可能消除商标标志混淆的可能性。对于在先商标具有很高的知名度，同业竞争者应相应地具有更高的注意和避让的义务。沈某明及江苏康宝公司没有合理避让的注册及使用商标的行为所造成的所谓损害后果，应由其自行承担，而不应适用"市场格局论"。对于北京市高级人民法院的该裁判观点，最高人民法院予以确认。

从北京市高级人民法院及最高人民法院的裁判考量可以看出，考察争议商标申请、使用的主观意图是否为善意应当是最高人民法院关于尊重已经形成的市场格局，实现包容性发展的司法政策使用前提之一。

（四）本案的证据能否证明争议商标经过长期使用已经与引证商标形成有效的市场区分和稳定的市场秩序，即江苏康宝公司用"市场格局论"来抗辩是否成立

除了从使用的主观意图是否为善意角度来破解江苏康宝公司的市场格局论以外，还需要从是否注册使用时间较长、已建立较高市场声誉及形成自身的相关公众群体来进行分析。

江苏康宝公司为证明争议商标的使用情况，一直宣称其使用争议商标达 10 年之久，具有较高的知名度及广泛的市场基础，并提供了其 2010—2012 年度审计报告，显示其 2010 年度的主营业务收入为 9700 多万元，2011 年度主营业务收入超过 1.08 亿元，2012 年度的主营业务收入超过 1.24 亿元，这也是一审法院予以认定江苏康宝公司在冰柜上形成了自己的消费群体的重要证据。

为了破解江苏康宝公司该论点，广东康宝公司在二审中及时提交了江苏康宝公司 2008—2012 年公司年检报告，江苏康宝公司成立及变更资料等，予以证明江苏康宝公司在 2009 年筹建，在 2010 年才开始零星销售康宝消毒柜，而广东康宝公司发现"康宝"冰箱出现在市场后，马上于 2010 年对沈某明提起了商标侵权诉讼及本次商标争议，而广州市中级人民法院也判决认定被控的"康宝"冰箱构成侵权。从年检报告看，江苏康宝公司 2009—2012 年度实际上一直处于亏损状态，且江苏康宝公司的主营业务除了冰箱、冷柜以外，还涉及洗衣机等。更重要的是年检报告上的经营数据与其在诉讼过程当中提交的使用证据相距甚远，江苏康宝公司对此没有合理的解释。

江苏康宝公司自己主张的主营业务收入与实际收入对比表

年度	相差倍数（倍）	主张主营业务收入（亿元）	实际主营业务收入（万元）	实际利润（万元）	实际负债（万元）
2008 年度			筹备	筹备	
2009 年度			0	59.83	439.55
2010 年度	872	0.97	11.12	-40.75	531.41
2011 年度	20	1.08	525.48	-101.39	1449.53
2012 年度	18	1.24	674.60	-119.95	1715.22

　　这一关键证据的提交使得法院对其使用情况存疑，结合江苏康宝公司恶意注册等证据，最后二审法院认为，即便结合江苏康宝公司的使用证据，也不足以证明争议商标已经达到了与构成驰名商标的引证商标相当的知名度，进而两商标已经形成了有效的市场区分和稳定的市场秩序。

五、结语

　　笔者认为，对于市场格局论一定要慎重适用，只有在善意的情形下在后注册、使用的诉争商标才有考虑"市场格局论"的需要，对于一些存在明显搭便车、不正当利用他人市场声誉及具有攀附他人商誉的意图而申请注册、使用的商标缺乏法律保护的正当性基础，不应当适用"市场格局论"。

　　同时，也要警惕另外一种"市场格局论"，就是在先注册商标虽然注册在先，但知名度不高，市场认知度较低，而在后的使用者受在先注册商标的阻碍导致无法成功注册商标，但又不想放弃对商标的使用，为此通过在后大规模的使用抢占市场，并企图通过舆论让消费者误以为在先注册商标权利人是山寨的、抢注的，以达到挤占在先商标注册人的商标资源的目的。这类型案件，前有新百伦案，现有 MK 商标案，它们都是国际知名品牌想进入中国，但发现其想使用的商标在国内早已经有人注册，但其并没有采取合理的避让措施，而是强行通过大量使用来抢占市场，制造出一种他才是真正权利人的错觉。这种行为实际是通过"市场格局论"来破坏我国的商标注册制度，达到谁大谁有理的目的，我们的司法行政机关在处理这类似案件时要慎重考量。

附图：

康宝
Kangbao

争议商标

引证商标一　　　　引证商标二

KANGBAO　　**康宝**　　**KANGBAO**

引证商标三　　　引证商标四　　　引证商标五

作者简介

董咏宜律师，广东三环汇华律师事务所合伙人，从业十六年来，专注于知识产权，特别是商标及不正当竞争领域，以2016年为例，其99%的业务来源于知识产权，其中又有81%属于商标及不正当竞争。所参与撰写的书籍，如《红罐之争——谁是凉茶领导者》《知识产权典型案例主办律师评述》《知识产权业务律师基础实务》《博物馆知识产权管理与保护实务》等也围绕知识产权展开。

专注才能专业，董律师从2006年开始几乎每年都有案件被评为当年全国或全省典型案例，例如，康宝公司商标争议行政案、荣华月饼商标侵权及不正当竞争案、诸葛酿酒不正当竞争案、蕉叶确认不侵犯商标专用权案、星群不正当竞争案、奥妮商标案、白云机场专利使用费案等。

坚持才能被认可，董律师曾任或现任全国、广东、广州律师协会知识产权专业委员会委员，广东省法学会"以法兴企"顾问，广州律师协会"暖企行动"专家律师，华南师范大学法学院本科生校外导师等。还被评为广东律师协会、广州律师协会专业委员会的优秀委员。

软件侵权　如何判定

——服务器软件侵权案件取证方法及侵权判定个案研究

北京市盈科（广州）律师事务所　牟晋军

【案件概评】

Serv-U 软件侵权系列案件因其涉及面广，取证方法特别，在全国产生了一定的影响，对于涉及计算机软件，特别是服务器软件侵权案件如何取证及如何进行侵权判定具有借鉴意义。

【本文摘要】

在实践当中，由于计算机软件侵权证据通常处于侵权人的直接、有效控制之下，且具有易修改、易删除等特点，权利人难以通过正常的途径接触，更难以把握合适的取证时机，导致权利人取证困难。而其中，涉及服务器软件侵权的案件尤其困难，因为服务器经常是远程存放，要找到其存放的位置都不容易，遑论对安装其上的软件进行取证了。

即便完成了取证，由于处理计算机软件侵权案件通常会涉及复杂的技术问题，而对于技术问题的理解直接影响到个案当中举证责任的分配及证明标准的确定，完成侵权判定同样面临着难题。

在办理 Serv-U 软件侵权系列案件的过程中，我们充分研究了该软件的运行环境、运行方式、运行结果等相关技术问题，在此基础上设计了一种独特的远程取证方式；同时，在关于举证责任分配、侵权构成的说理过程中也充分结合了对于技术问题的认识，收到了良好的效果。

一、基本案情

背景：软件侵权取证方式概览。

传统的计算机软件侵权案件所采用的取证方式通常有两种：一种是直接

对被控侵权软件实施公证购买，这种方式主要针对软件开发者侵权的情形，如北大方正公司、红楼研究所与高术天力公司、高术公司计算机软件著作权侵权纠纷案；另一种是在取得初步证据（如涉嫌侵权方招聘广告、宣传资料中的相关描述等）后，申请法院证据保全，由法院到涉嫌侵权方办公场所扣查取证，这种方式主要针对商业性使用者侵权的情形，如美国微软公司维权系列案、美国奥多比公司维权系列案所采用的取证方式主要就是这种。

对于商业性使用服务器软件侵权的情形，这两种取证方式均难以实施。这是因为，其一，这种情形下的侵权方式主要是侵权者自己使用，而非销售，无法通过公证购买的方式取得侵权证据；其二，服务器软件是安装于服务器端的，而由于技术上对于服务器的存放通常有特殊的要求，例如不间断通电、温度恒定、保持空气流动等，因此，服务器往往并不直接存放于所有者/管理者处，通常都是远程存放，甚至是跨市、跨省，甚至跨国存放；其三，在我国，服务器的存放地址无法通过公开途径进行查询，唯一能够查询服务器地址的途径是通过刑事立案由刑事侦查部门进行查询，这在一般民事侵权案中是不可能做到的。

那么，对于这类侵权案件，如何进行取证，如何解决由其独特的取证方式及其技术上的特点所带来的证据规则适用及侵权判定，就成为一个值得探讨的问题。2012 年至 2016 年，笔者的团队代理参与了磊若软件公司（Rhino Software, Inc.，以下简称"磊若公司"）多起 Serv-U 软件著作权侵权案件。在该批案件办理过程中，关于其取证方式及侵权判定的问题曾引发法律界的广泛讨论，这些讨论涵盖了该案的方方面面，支持者有之，质疑者亦有之，众说纷纭，思想交锋可谓激烈。目前，该批案件基本上已经尘埃落定，到了可以总结的时候了，现结合案件，就其主要问题梳理如下，希望能对今后承办计算机软件，特别是服务器软件侵权案件的同仁有所启发。

磊若公司是一家在美国威斯康辛州注册的软件企业。Serv-U 软件是磊若公司所开发的一款 FTP 服务器端软件，执行 FTP 协议。通过使用 Serv-U 软件，首先，用户可以将任何一台 PC（personal computer，即个人计算机）设置成一个 FTP 服务器；其次，用户或其他使用者能够使用 FTP 协议，通过连接在同一网络上的任何一台 PC 与该 FTP 服务器连接，进行文件或目录的复制、移动、创建及删除等，就如同直接在该服务器上操作。

磊若公司在中国大陆采用试用买卖的方式销售 Serv-U 软件，即首先免费将该软件分发给用户，允许用户有 30 天的试用期，试用期过后再决定是否购买。在 Serv-U 软件自带的《最终用户许可协议》中约定："在此许可您在非生产环境下免费评估使用本软件 30 天。评估期过后则需要 Serv-U 商业许可证来使用本软件。要将本软件用于生产也需要 Serv-U 商业许可证。"

Serv-U 软件由于其性能优越，操作方便，成为中国客户使用最为广泛的 FTP 服务器端软件之一。关于 Serv-U 软件的功能及使用方法的介绍被纳入多种高等学校计算机专业教材。

从 2012 年起，磊若公司陆续发现一些中国企业在未通过正当渠道向其购买的情况下，擅自使用了来自非正当渠道的 Serv-U 软件，即所谓"破解版""解密版"软件。该现象的蔓延，致使其正版软件的销量大受影响。在通过发函协商等方式难以奏效的情况下，为扭转这一局面，磊若公司遂决定通过诉讼的方式对其销售市场进行清理。

要对侵权者提起诉讼，首先面临的就是取证问题：侵权者均为侵权软件的使用者，而非销售者，不可能通过公证购买的方式取得证据；若申请法院证据保全，从现实情况来看，只有少数案件具有可行性，因为只有极个别侵权者会把服务器存放于自己公司，大部分都是托管于专门机构，依靠权利人现有的能力无法确定其具体位置。如何才能完成取证呢？在否定了此前计算机软件侵权案件常用的取证方法后，只能回归到软件本身去想办法。磊若公司在中国的代理商与代理律师在充分研究了该软件的功能及安装、使用方式等相关技术问题后，最终根据该软件的特性采用了一种以往软件侵权案件中未曾有人采用过的取证方式，具体为：使用公证处的电脑，在公证员的见证下，在电脑的运行栏中输入"telnet 被告网站网址（如 www.XXX.com）21（端口）"后回车，若本地电脑上返回"220 serv-U FTP server（版本）for winsock ready—"的代码，则初步判断被告使用了 Serv-U 软件。

磊若公司基于该种形式的证据在全国各地法院提起诉讼后，由于其取证方式的创新性，中间过程一波三折，从最终的判决结果来看，大多数的法院（或合议庭）都认可了该种取证方式，接受了磊若公司关于举证责任分配及侵权判定的理由，支持了磊若公司的诉讼请求，认定被告构成侵权，判令被告停止侵权并对磊若公司做出赔偿；也有少数法院（或合议庭）对该种取证方式不予认可，且认为在不进行源代码比对的情况下，磊若公司的证据不足以证明被告存在侵权行为，驳回了磊若公司的诉讼请求。

二、争议焦点解析

Serv-U 软件侵权系列案件引起了法官、律师、学者等相关社会群体的广泛关注，在整个案件办理过程中始终争议不断，许多人通过论坛发言、写文章等方式表达了自己的观点，这些观点之间针锋相对，碰撞非常激烈，在同一法院，甚至同一承办法官都出现了对同类案件前后做出截然相反的判决的情形。归纳起来，争议的焦点主要包括：（1）telnet 命令的反馈信息是否具有确定性？（2）凭 telnet 命令的反馈信息是否就能够证明被诉侵权人使用的是同款软件？是否需要与涉案软件进行源代码、目标代码的比对？（3）涉案软件存在 30 天的试用期及其他版本，被诉侵权人抗辩称其使用的是试用版或其他版本软件，是否需要承担举证责任？对于上述争议焦点，众说纷纭。现笔者在归纳主流观点的基础上解析如下。

（一）telnet 检测命令的反馈信息具有确定性

该案之所以复杂，其根源在于其中涉及了比较复杂的技术问题。因此，要讨论 telnet 检测命令的反馈信息是否具有确定性，首先需要搞清楚如下几个技术概念。

1. FTP 协议

在网络世界中，若无统一的语言标准，一个用户和另一个用户之间就会出现"鸡同鸭讲"的尴尬，无法有效进行通信，所以，各种情形下的语言标准，即网络协议的存在就成为必须。网络协议就是为计算机网络中进行数据交换而建立的规则、标准或约定的集合。根据网络协议，在进行网络通信的时候，每个终端都要将各自字符集中的字符先变换为标准字符集的字符后，才进入网络传送，到达目的终端之后，再遵循同样的规则变换为该终端字符集的字符，这样，不同终端之间才可以实现有效通信。

FTP 协议是网络协议的一种。FTP 是 File Transfer Protocol 的英文缩写，翻译成中文即"文件传输协议"。该协议适用于 Internet 上的控制文件的双向传输。基于不同的操作系统，有不同的遵循 FTP 协议的应用程序，Serv-U 软件即其中的一种。正因为 Serv-U 软件是一款遵循 FTP 协议的软件，要在网络环境下运行并发挥其在服务器和计算机终端之间进行文件传输的作用，使其具有了与单机版软件（或曰非网络版软件）不同的特点，即可以在网络世界中寻觅到它的踪影，而不必一定到其具体安装的 PC 上才能捕捉到它，使得在侵权诉讼中采用远程取证的方式在技术层面上成为可能。

2. telnet

由于服务器通常并非存放于使用者的处所，而是远程存放于特定的、适合服务器工作要求的场所，如果没有技术手段实现远程操作，使用者对服务器中任何目录、内容的增添、修改、删除等都必须亲自到服务器所在地，那会非常不方便，会大大影响网络搭建的效率。因此，解决对服务器远程登录的问题就变得非常必要，telnet 就是为解决这一问题而存在的。telnet 是 Internet 远程登录服务的标准协议和主要方式，它为用户提供了在本地计算机上完成远程主机工作的能力。在终端使用者的电脑上使用 telnet 连接到服务器后，终端使用者可以在 telnet 程序中输入命令，这些命令会在服务器上运行，其结果就如同直接在服务器控制台上输入命令一样。也就是说，正是 telnet 这类协议的存在，使得服务器与终端之间物理空间的分离成为可能。telnet 应用也遵循客户/服务器模型，目前通常的 Windows 操作系统都自带 telnet 命令，可以直接使用，无须在需要用的时候专门去安装客户端。

打个比方来说，telnet 程序的运行过程就如同打电话。在现实生活中，甲要给乙打电话，那么甲在自己的电话机上拨号，信号通过电话线传到乙的电话机上，乙拿起电话，此时甲乙间的电话接通，甲和乙就实现了通话。与此类比：计算机 A 要和计算机 B 进行信息沟通，可以利用 telnet 程序，其中 Internet 相当于电话线，telnet 程序相当于电话机，telnet 程序的窗口相当于电话机的按钮，要进行信息沟通，可以在计算机 A 的 telnet 程序的窗口里面输入希望沟通的计算机 B 的"电话号码"（IP 地址）。计算机 A 发出信息后，计算机 B 接到计算机 A 发来的信息后，会对此响应。此时计算机 A 和计算机 B

间的沟通被建立，双方就实现了信息沟通。

3. 服务器端口

互联网是全世界范围内的计算机连为一体而构成的通信网络，人们为了通信的方便，给每一台计算机都需要分配一个 IP 地址，就如同现实生活中每个人都需要有一个住所，有一个别人可以找到的门牌号码。如果把 IP 地址比作一个住所，或曰一间房子，那么端口就是进出这间房子的门。只不过，现实生活中真正的房子只有一个或有限的几个门，但是一个 IP 地址的端口可以有65 536个。端口号用整数表示。

端口的分类根据标准不同有不同的划分方法，如果从端口的性质来分，通常可以分为公认端口、注册端口和动态端口三类。其中公认端口（Well Known Ports）的存在是在归纳了计算机世界的一些常用服务的基础上，为了全世界的程序员在编程时提高效率而设计的，即程序员只需遵循这一规则，使用特定的端口，而无须在具体编程时再去个别定义端口。公认端口的端口号从 0 到 1023，它们紧密绑定于一些特定的服务，这些端口的通信明确表明了某种服务的协议，其作用对象不可再重新定义。例如：80 端口对应于 Http 通信服务，21 端口对应于 FTP 服务。这样，通过不同端口，计算机就可以与外界进行互不干扰的通信。

厘清了上述几个技术问题，对于案件所采用的取证方式也就容易理解了。由于 Serv-U 软件是一款 FTP 软件，执行 FTP 协议，要在网络环境下运行以实现其功能，使得通过网络远程取证成为可能。21 端口是对应于 FTP 服务的公认服务器端口，要想了解一台服务器上运行的 FTP 软件具体是哪一款，探测该端口即可获知。而 telnet 也是目前通常的 Windows 操作系统都会自带的一个通用程序，并非专门为取证而特意设计的，其公正性、权威性也是有保障的。

案件取证具体操作过程中，在客户端输入 "Telnet+主机名（或 IP 地址）+21（端口号）" 的命令，其含义为查看并连接该主机名所对应的远程目标服务器的 21 端口，如果目标服务器 21 端口有 FTP 软件在提供服务，服务器就会将 21 端口是哪款软件在提供服务反馈至客户端。此时，若反馈信息为 "220 serv-U FTP server（版本号）for winsock ready—" 的代码，从技术层面来看，即足以说明该服务器上所运行的 FTP 软件即为一款名字为 Serv-U 的软件。从这个意义上来讲，telnet 检测命令的反馈信息是具有确定性和客观性的，即该结果并非随机生成的，而是遵循既定规则所必然生成的。至于有被告辩称虽然软件名称相同，未必就能够说明一定是同一款软件，则是另外的，下一步的问题，需要结合证据规则进一步判断。

需要补充说明的是，使用 telnet 探视目标服务的相应端口，仅是使用 telnet 的探视功能对相应的端口进行探视，并非实际登录了该服务器，就如同只是在一个商店的外面看了一下橱窗里展示的商品，并未破门而入进入商店。因此，在案件审理过程中部分被告提出该取证方式是利用了"黑客"手段，非法侵入了被告的主机，纯属主观臆断，与技术事实不符。

（二）凭 telnet 检测命令的反馈信息就能够证明被诉侵权人使用的是同款软件，无需与涉案软件进行源代码、目标代码的比对

在案件代理的过程中，不断有被告，甚至承办法官提出，单凭 telnet 检测命令的反馈信息中所出现的软件名称，不足以证明被告服务器实际使用的 FTP 软件即为涉案软件的同款软件，理由包括：（1）服务器 21 端口的反馈信息可以被修改，即即便服务器实际上安装的并非 Serv-U 软件，可以隐藏其真实信息，将其针对 telnet 检测命令的反馈信息伪装成 Serv-U 软件的信息；（2）软件是指的计算机程序而非名称，单凭一个名称不能证明软件本身构成侵权。对此，笔者认为：

（1）对于第一个问题，可以通过证据规则的运用，特别是举证责任的分配来解决。

被控侵权软件所安装的服务器处于被告而非原告的控制之下，原告无法自由查看，更不可能对其信息进行修改，那么，其一，在被告不对反馈信息故意进行更改的情况下，如上所述，以 telnet 命令对 21 端口进行检测所得到反馈信息应当是与实际相符的，能够证明被告使用了涉案软件；其二，根据一般终端用户的习惯，通常在安装使用计算机软件时没有必要，也不会对软件的名称、署名进行修改；其三，涉案软件并非一款普通的、知名度不高的软件，而是一款知名度非常高、非常流行的 FTP 软件，有关该软件的介绍被众多计算机专业教科书收录，可以说几乎所有的计算机软件领域的从业人员

都知晓该软件，在这种情况下，开发出一款具备同样功能的软件，而又恰好取了同样的名字，连版本的编号规则都相同的可能性显然是极其微小的。基于上述理由，原告证明到这一步，已经完成了自己的举证义务，且所提供的 telnet 命令反馈信息证据已达到优势证据的标准。

被告如提出该反馈结果不正确，其实际安装使用的服务器 FTP 软件并非 Serv-U，属于被告的抗辩事由，根据"谁主张，谁举证"的证据规则，应当由被告对其所主张的事实进行举证，包括其服务器中 FTP 软件的安装记录、更新记录、修改记录等。在笔者团队所承办的案件中，虽有多个被告提出此种抗辩事由，但并无一个被告能够提供相应的证据对该抗辩事由进行举证。

（2）对于第二个问题，应区别对待软件开发者侵权和商业性使用软件的计算机终端用户侵权两种情形，不应不合理地加大维权及司法成本。

计算机软件侵权案件一般可以分为软件开发者侵权和商业性使用软件的计算机终端用户侵权，两种情形在实践中呈现出不同的特点。软件开发者侵权是指盗用原权利人软件中的表达并在此基础上开发自己的软件。商业性使用软件的计算机终端用户侵权，通常是在自己的个人电脑上直接复制、安装、使用权利人的软件，对于软件本身，以及名称、署名等均不进行修改。由此可见，对于软件开发者侵权，在侵权判定过程中需要对涉案软件和被控侵权软件进行比对，以确定是否构成相同或实质性相似；而对于商业性使用软件的计算机终端用户侵权，事实上只需要判断用还是没用，只是一个简单的有或无的问题，软件本身的比对并非必须。

Serv-U 软件侵权案所涉及的显然并非软件开发者侵权，而是典型的商业性使用软件的计算机终端用户侵权，对于此种侵权行为，在侵权判定过程中实际上只需要确定被告用还是没用就可以了，进行源代码比对并无必要，徒增原告的维权成本及法院的司法成本。在笔者所经历的案件中，有的法官在被告对安装使用了侵权软件的事实已经自认的情况下，仍坚持认为不进行源代码的比对无法确认被告实际使用的软件是否侵权，认为原告没有完成举证义务，实属过于教条。

（三）权利软件存在 30 天的试用期及其他版本，被告若抗辩称其使用的是试用版或其他版本软件，应当承担举证责任

（1）在原告已举证证明被告的服务器上存在侵权软件的情况下，被告若

主张其使用的为试用版，不构成侵权，则被告该主张属于其抗辩事由。根据《最高人民法院关于民事诉讼证据的若干规定》第二条的规定："当事人对自己提出的诉讼请求所依据的事实或者反驳对方诉讼请求所依据的事实有责任提供证据加以证明。没有证据或者证据不足以证明当事人的事实主张的，由负有举证责任的当事人承担不利后果。"根据该规定，若被诉侵权人提出了试用版本及其他版本的抗辩理由，依法应当对其抗辩事由承担相应的举证责任。

（2）从举证能力方面来看，服务器系由被告实际控制。被告掌握着服务器的后台登录程序（账户和密码），并控制着服务器的端口，其还可以采取措施封闭相应端口，进而阻止外界探访其服务器，从技术上来看，外界想探访其服务器更多信息是不可能的。软件的安装记录、更新记录、使用记录、卸载记录等证据事实上掌握在被告手中。根据《最高人民法院关于民事诉讼证据的若干规定》第七十五条的规定："有证据证明一方当事人持有证据无正当理由拒不提供，如果对方当事人主张该证据的内容不利于证据持有人，可以推定该主张成立。"根据该规定，在原告已举证证明被告的服务器上存在侵权软件的情况下，关于该软件是否为试用版本或其他版本的举证责任亦应由被告承担。

在诉讼过程中，多有被告提出试用期抗辩，但并无被告对此进行举证，而法院也大多简单地将此举证责任分配给了原告，致使原告不得不通过在间隔超过30天的两个时间点进行两次取证，加大了原告的举证负担及维权成本，这不能不说是本案的一个缺憾。

三、案件启示

Serv-U软件侵权系列案的办理过程颇多曲折，这些年来，学者、法官、律师对该批案件的探讨也已产生了很多文章，仁者见仁，智者见智，众说纷纭。不拘泥于个案，整体来看，该批案件对于处理计算机软件侵权案件无疑具有里程碑的意义，可以为国内今后办理该类案件提供一些有价值的启示。作为该批案件的亲历者，笔者的心得主要有如下两点。

1. 办理涉及技术问题，包括计算机软件的侵权案件要有技术意识

众所周知，法律是社会生活的规则，是从真实、具体的社会生活中抽象出来的，从逻辑角度来看，立法的过程是一个归纳的过程。而律师所做的工作就是运用这些抽象出来的规则去解决社会生活中产生的具体纠纷，是一个演绎的过程。从这个意义上来讲，要解决好具体的社会纠纷，首先必须了解与该纠纷相关的社会生活本身，了解纠纷产生的背景和全貌。

计算机软件侵权案件的特点是涉及相对复杂的技术问题，只有对相关的技术问题，如软件的运行环境、安装方式、运行方式、运行结果等有比较清晰的认识，才能看清案件的全貌。而只有认清了案件的全貌，才能在纷繁复杂的现象中辨明正确的解决之道，包括找到恰当的取证方式，以及为法律规则的适用厘清事实基础。例如在 Serv-U 案件中，正是包括笔者在内的代理团队对于 Serv-U 属于 FTP 软件、服务器 21 端口是 FTP 软件的公认端口、telnet 是通用、权威的可以用于检测服务器端口的检测程序等技术问题的认识，以及对 Serv-U 软件的安装、运行等过程的全面了解，才设计了这种独特的取证方式，也才能在应对检测结果确定性、软件同一性等问题时为法律层面说理找到坚实的事实基础。

经常有人问关于计算机软件侵权案件如何取证的问题，该问题事实上如果不结合具体事实，很难有针对性的回答。计算机软件数量巨大，类型庞杂，在运行环境、运行方式、功能等方面千差万别，很难就取证方式、争议焦点等进行类型化归纳。在处理涉及计算机软件的侵权案件中，甚至所有涉及技术问题的案件中，笔者认为，唯有充分认识法律的本质，遵循法律的适用过程，充分研究所涉及的技术问题，了解案件的全貌，才能在具体个案中拨开迷雾，设计出合适的取证方式，也才能为法律的适用及说理奠定坚实的事实基础。

2. 要充分重视证据规则的运用

我们经常讲，案件处理所依据的是法律事实，而非客观事实，而法律事实的固定就需要遵循程序，运用证据规则，特别是在真伪不明的情况下，非此难以为判决提供明确的事实依据。但根据笔者的观察，在实践中，无论是律师，还是法官，重实体、轻程序、轻证据规则的问题还存在一定的普遍性。

在知识产权案件中，证据规则的适用尤其重要，这是因为，在知识产权案件中，模糊地带比比皆是，包括经常涉及复杂的技术问题，致使案件中真伪不明的情况较为多见，因而，要确定案件判决所依据的法律事实，运用好证据规则，合理分配举证责任就显得非常重要。证据规则的适用无论在理论上还是在实践中，都是一个非常复杂的问题，根据办理该批案件的实践，笔者仅举两点：首先，应当区分何者为原告主张的事由、何者为被告反驳的事由、何者为被告抗辩的事由，特别是区分后两者，即反驳和抗辩，因主张和抗辩均需承当相应的举证责任，而反驳无须举证，实践当中常见的误区是将抗辩等同于反驳，放宽了对被告举证的要求，加重了原告的负担；其次，应当充分考虑双方的举证能力，包括在诉辩过程中针对具体事实双方举证能力的权衡，随着证明过程的深入，关于双方举证能力的问题也处在一个动态变化过程中。

在 Serv-U 系列案件当中，关于 telnet 检测结果所显示的软件与涉案案件是否为同款软件的问题，关于试用期的问题等，由于服务器本身的存放场所特点，不但原告没有能力取证，甚至法院也难以取证，只有充分运用证据规则，合理分配举证责任才能很好地解决。

四、结语

随着信息化、大数据、人工智能等的推进，计算机软件行业正在蓬勃发展。与此相伴的是，涉及计算机软件的侵权案件也处于增长之中，这其中，越来越多的案件因为涉及复杂的技术问题而取证难、证明难，对律师提出了更高的要求。对于办理这类案件的律师来讲，不但应当重视其中的法律问题，也应当充分重视相关的技术问题，唯有厘清相关的技术问题，才能拨开侵权者的面纱，找到解决纠纷的正确路径。

作者简介

牟晋军律师，广东海洋大学机械制造专业本科、北京大学法律专业硕士毕业，曾在高校工作9年，现任北京市盈科（广州）律师事务所主任、党总支副书记、业务指导委员会主任、知识产权部主任。兼任科技部"中国火炬创业导师"、广东省版权保护联合会副会长、广东知识产权保护协会理事及专家库专家、广州市律师协会商标法律专业委员会副主任、广东社会科学情报学会理事会副理事长、国家版权贸易基地（越秀）维权专家委员会副主任、中国广州仲裁委仲裁员、广东省制造业协会副会长、广州市食品商会副会长、广州动漫行业协会副会长、清华大学法律硕士联合导师、中山大学法学院校外研究生导师等。2017年被评为广州市高层次人才"百人计划"——创新创业服务领军人才。

牟晋军律师所带领的知识产权专业团队承办的各类知识产权案件逾千件，其中有多件入选最高人民法院年度"五十件典型知识产权案件"、上海知识产权研究所"十大最具研究价值案件"等，目前正在办理的有一定影响的案件包括金庸诉江南著作权侵权及不正当竞争案、广晟数码诉三星标准必要专利侵权案、广东宏远诉宏远时代商标侵权及不正当竞争案等。

名案评述 新百伦案

——新百伦商标系列案件相关法律问题探析

广东格林律师事务所 杨 河

【案件概评】

本案入选为 2015 年度中国十大最具研究价值知识产权裁判案例、2016 年度广东律师知识产权十大经典案例、2016 年度知识产权司法保护十大典型案例。

【本文摘要】

周某伦诉新百伦贸易（中国）有限公司（以下简称"新百伦公司"）、广州市盛世长运商贸连锁有限公司（以下简称"盛世公司"）侵害"新百伦"商标权纠纷一案，一、二审法院均认为新百伦公司未经许可擅自使用周某伦"新百伦"商标的行为构成侵权，应承担停止侵权、赔偿经济损失、消除影响等责任。一审法院判令新百伦公司赔偿 9800 万元，使得本案成为广州市中级人民法院有史以来侵权判赔额度最高的知识产权案件。二审被改判为 500 万元，合理性问题再次引发各种争议。截至 2017 年 11 月，该案双方均已申请再审，无论最高人民法院最终裁决结果如何，原被告双方律师对本案的努力及代理意见都是值得肯定的，充分发挥了律师的作用，使得本案成为一个很值得研究的经典案例。

该案有关"反向混淆"问题，法院虽未直接引用"反向混淆"定义，但对于这种混淆形式是予以认可的。判决中提到："相关公众对商品的来源产生误认和混淆的判断，不仅包括实际误认及混淆的可能性，也包括相关公众误认为在后商标使用人的产品来源于在先注册的商标专用权人及相关公众误认为在先注册的商标专用权人的产品来源于在后商标使用人。"法院还认为："新百伦公司的上述行为割裂了周某伦与其本案注册商标之间的联系，损害了周某伦依法享有的注册商标专用权，因此，新百伦公司上述在同种商品上使用了与周某伦'百伦''新百伦'注册商标相同或者近似的

'新百伦'标识的行为，足以引起相关公众的混淆，从而侵害了周某伦涉案注册商标专用权。"

该案引发的关联案件，最高人民法院作出的终审裁定：（2016）最高法民辖终 107 号裁定书，就知识产权纠纷和不正当竞争纠纷中网购收货地确定管辖的问题给出了指导性意见。最高人民法院认定知识产权纠纷和不正当竞争纠纷中网络购物收货地不宜作为侵权行为管辖法院的连接点。该案将使各地法院对于网购收货地管辖不同判定得到统一。

同时，该案还涉及"判赔标准""商标性使用""在先使用"等法学理论及司法实践问题，使得本案极具参考及研究价值。

关键词：新百伦 商标侵权 反向混淆 商标性使用 网购收货地

一、基本案情

原告：周某伦，男，汉族（一审原告，二审被上诉人、另案被告）。

代理人：杨河，广东格林律师事务所律师。

代理人：董宜东，广东太平洋联合律师事务所律师。

被告：新百伦贸易（中国）有限公司（一审被告，二审上诉人，另案原告）。

代理人：吴某，上海市方达（北京）律师事务所律师。

代理人：杨某，上海市方达律师事务所律师。

被告：广州市盛世长运商贸连锁有限公司（一审被告，二审原审被告）。

法定代表人：陈某钊。

委托代理人：欧某慧，该公司职员。

案由：侵犯商标权纠纷、不正当竞争纠纷

（1）侵犯商标权纠纷案件处理机关及相应法律文书：

广州市中级人民法院：（2013）穗中法知民初字第 574 号；

广东省高级人民法院：（2015）粤高法民三终字第 444 号；

（2）不正当竞争纠纷案件处理机关及相应法律文书：

江苏省高级人民法院：（2015）苏知民初字第 00001 号。

中华人民共和国最高人民法院：（2016）最高法民辖终 107 号。

1994 年 8 月 25 日，周某伦家族企业潮阳市工商经济发展总公司申请注册"百伦"商标，1996 年 8 月 21 日获得注册。1998 年 3 月 28 日该商标转至胞弟周某衡名下，2004 年 4 月 21 日转周某伦所有。自 1999 年起，周某伦先后注册了"仟伦""万伦""亿伦""百伦王""新百伦""百伦 2"等联合商标。其中"新百伦"商标由周某伦于 2004 年 6 月 4 日提出申请，2007 年 10 月 7 日获得初步审定公告，并经新百伦公司异议失败后，于 2011 年 7 月核准注册，注册有效期限自 2008 年 1 月 7 日起至 2018 年 1 月 6 日止。

周某伦注册"百伦"商标后，将该商标分别授权给广州百伦鞋业有限公司、广州市星珈服饰有限公司（简称"星珈公司"）使用。上述公司在全国多家大城市的高档百货商城均开设了"百伦"品牌专柜，亦在"天猫"网站开设了"百伦旗舰店"，销售该品牌鞋类商品。后在申请"新百伦"商标注册过程中，周某伦将"新百伦"商标授权给星珈公司使用，上述公司对两商标进行了多年的经营使用和广泛宣传，已使其成为相关消费者所熟知的、具有较高知名度的商标。

2012 年 3 月，周某伦发现新百伦公司在实体专卖店、网上专卖店、官方网站、新浪微博、宣传手册及视频广告等多处对"新百伦"标识进行商标性使用。使相关公众误以为该"新百伦"标识就是新百伦公司的注册商标，致使周某伦在其制造、销售的鞋类产品上使用其"百伦""新百伦"注册商标时，被认为是假冒新百伦公司的注册商标商品。且周某伦在天猫网站以"Bolune 百伦"商标申请开设网店时，被天猫平台以该商标近似于"new balance/新百伦"为由拒绝。

2013 年 7 月 15 日，周某伦以盛世公司、新百伦公司侵犯其"百伦""新百伦"注册商标专用权为由，向广州市中级人民法院提起诉讼，请求法院判令：（1）盛世公司、新百伦公司立即停止侵犯周某伦第 865609 号"百伦"和第 4100879 号"新百伦"注册商标专用权的行为；（2）新百伦公司消除因侵权给周某伦造成的影响，即在全国性报纸上发布致歉声明，持续时间不少于一周，内容由法院审定；（3）盛世公司赔偿周某伦经济损失人民币 30 万元，新百伦公司赔偿周某伦经济损失人民币 9800 万元；（4）盛世公司、新百伦公司连带赔偿周某伦为制止侵权所支付的合理开支 670 990 元（包括公证费 65 460 元，调查取证费 5530 元，律师费 60 万元）；（5）由盛世公司、新百伦公司共同承担本案诉讼费用。

二、案情分析及结论

双方代理人意见：

原告代理人起诉称：（1）周某伦是第 865609 号"百伦"、第 4100879 号"新百伦"注册商标的所有人，其权利应受到保护；（2）新百伦公司未经许可，长期使用"新百伦"标识销售鞋等商品，侵犯周某伦的"百伦""新百伦"注册商标专用权；（3）新百伦公司的侵权行为严重损害了周某伦的商标权益，造成了恶劣的影响，且新百伦公司侵权具有明显的故意和恶意；（4）新百伦公司应承担停止侵权、赔偿损失、消除影响的法律责任；（5）新百伦公司侵权获利近 2 亿元，要求按侵权获利计算赔偿数额。

被告代理人主要答辩理由：（1）新百伦公司使用"新百伦"基于善意，并非仿冒"百伦"商标。（2）新百伦公司使用"新百伦"作为知名产品的名称，没有侵害周某伦的"百伦"商标。新百伦公司使用企业字号"新百伦"，没有侵害周某伦的"百伦"商标。（3）新百伦公司的关联公司拥有第 35 类广告和销售项目等别的"新百伦"注册商标。（4）早在周某伦"新百伦"商标注册和申请之前，"新百伦"就已经是知名商品"NEW BALANCE"运动产品的特有名称。新百伦公司使用在先的知名商品特有名称不侵犯周某伦的商标权。（5）新平衡公司对"新百伦"标识具有在先使用权。（6）周某伦的"新百伦"商标是抢注取得，对在先使用人进行起诉索赔的行为不应得到法院的支持。（7）周某伦没有损失，新百伦公司既未侵权也无非法获利，不应承担赔偿责任。周某伦通过诉讼获得高额利益的意图不应获得支持。

一审法院经审理认为本案的争议焦点为：

（1）周某伦享有"百伦""新百伦"商标权的合法性；

（2）新百伦公司使用"新百伦"字样的行为是否属于商标性使用行为；

（3）新百伦公司使用"新百伦"字样的行为是否侵犯周某伦"百伦""新百伦"注册商标权；

（4）新百伦公司使用"新百伦"字样行为的法律责任问题；

（5）盛世公司的行为是否侵犯周某伦涉案注册商标权及相应的法律责任问题。

一审法院认为：

第一，周某伦享有"百伦""新百伦"商标权的合法性。

现有证据证实，"百伦""新百伦"注册商标至今合法有效，周某伦依法享有两商标的专用权，应受到法律保护。从权利人、注册时间和核准使用类别等因素来看，周某伦申请"新百伦"注册商标具有合理性和正当性。在周某伦"新百伦"商标的初审公告时，新百伦公司的关联公司新平衡公司曾提出异议，后该异议被国家商标局驳回，故新百伦公司主张周某伦注册"新百伦"商标属恶意抢注的意见缺乏事实依据。

第二，新百伦公司使用"新百伦"的行为是否属于商标性使用行为。

《中华人民共和国商标法实施条例》（2002年9月15日施行）第三条规定，商标法和本条例所称商标的使用，包括将商标用于商品、商品包装或者容器以及商品交易文书上，或者将商标用于广告宣传、展览以及其他商业活动中。

（1）新百伦公司在其"天猫"旗舰店及"京东商城"旗舰店上销售商品时在商品图片下方的文字介绍中使用"新百伦"字样属于商标性使用；

（2）新百伦公司的分公司销售鞋类产品时，在销售小票中使用"新百伦"字样属于商标性使用；

（3）新百伦公司在其官方网站、新浪微博、宣传手册及视频广告中宣传商品时使用了"新百伦"字样属于商标性使用。

至于新百伦公司称其在官方网站及微博中使用"新百伦"均属于对企业名称的正常使用而不属于商标使用的意见，因其在官方网站及微博中对"新百伦"的上述使用方式，均非规范地使用其企业名称，而是迳行使用"新百伦"三字，故其关于上述行为属于对企业名称正常使用的抗辩意见不能成立，原审法院对此不予采纳。

综上所述，应认定新百伦公司存在通过将"新百伦"用于标识和介绍其在网络销售的涉案产品、将"新百伦"用于其专卖店的售货票据及将"新百伦"用于其产品宣传等商标性使用的事实。

第三，新百伦公司是否侵犯周某伦"百伦"及"新百伦"商标权。

依据《中华人民共和国商标法》（2001 年修订）第五十二条规定，"有下列行为之一的，均属侵犯注册商标专用权：（一）未经商标注册人的许可，在同一种商品或类似商品上使用与其注册商标相同或者近似的商标的；……"。综合分析本案证据，应认定新百伦公司侵犯周某伦"百伦"及"新百伦"注册商标权。

具体分析如下：（1）新百伦公司将"新百伦"用于标识和介绍其在网络销售的涉案产品、将"新百伦"用于其专卖店的售货票据及将"新百伦"用于其产品宣传等行为，均属商标性使用。（2）双方产品相似。第 865609 号"百伦"注册商标及第 4100879 号"新百伦"商标的核准使用范围包括"鞋（脚上的穿着物）"，且周某伦的注册商标亦已被使用在鞋类产品上，而新百伦公司也将"新百伦"用于其运动鞋产品，两者属于类似产品。（3）周某伦"百伦"及"新百伦"商标在文字上均无通用含义，属臆造性词组，新百伦公司使用的"新百伦"标识与周某伦的"百伦"注册商标相似，更与周某伦的"新百伦"注册商标相同。（4）新百伦公司的使用行为导致混淆。相关公众对商品的来源产生误认和混淆的判断，不仅包括实际误认及混淆的可能性，也包括相关公众误认为在后商标使用人的产品来源于在先注册的商标专用权人及相关公众误认为在先注册的商标专用权人的产品来源于在后商标使用人。（5）"新百伦"并非"NEW BALANCE"的音译或意译。"NEW BALANCE"意译应为中文"新平衡"，新百伦公司亦在本案中称其关联公司"New Balance Athletic Shoe, Inc."为"新平衡运动鞋公司"，其也称产品之前名称为"纽巴伦"，故"新百伦"也非"NEW BALANCE"的唯一音译。因此，应认定新百伦公司使用"新百伦"标识的行为存在主观恶意。综上，新百伦公司未经注册商标权人周某伦的同意使用"新百伦"标识的行为构成对周某伦"百伦""新百伦"注册商标的侵权。

第四，新百伦公司的法律责任。

鉴于新百伦公司未经涉案"百伦""新百伦"注册商标权人周某伦的许可，在销售过程中使用"新百伦"来标识、介绍和宣传其产品的行为，已构成对周某伦享有注册商标专用权的"百伦"及"新百伦"注册商标的侵犯，其应对此承担相应的法律责任，周某伦要求新百伦公司停止侵犯其"百伦"及"新百伦"注册商标专用权的行为及向其赔偿损失的主张合理，原审法院对此予以支持。

至于赔偿数额的问题。依据《中华人民共和国商标法》（2001年修订）第五十六条规定，侵犯商标专用权的赔偿数额，为侵权人在侵权期间因侵权所获得的利益，或者被侵权人在被侵权期间因被侵权所受到的损失，包括被侵权人为制止侵权行为所支付的合理开支。本案中，周某伦明确以新百伦公司的获利来确定赔偿数额，根据原审法院保全的证据材料中记载新百伦公司财务数据及利润数据的情况来看，新百伦公司在周某伦所主张的侵权期间的获利共约1.958亿元，综合考虑本案中新百伦公司所销售的产品本身没有使用"新百伦"标识，其仅在销售过程中使用"新百伦"来介绍和宣传其产品，故新百伦公司属于销售行为侵权，原审法院酌情确定新百伦公司向周某伦赔偿的数额应占其获利总额的二分之一，即9800万元（含合理支出），超出部分不予支持。

具体考虑因素分析如下：（1）新百伦公司作为一家近三年年均营业额均达数亿元的大型企业，对其在经营中所使用的商标标识负有审慎使用的义务，其应善意地主动避免使用与他人的注册商标相同或相近似的标识，以避免相关公众的混淆、误认或致使市场无序，但其在"百伦"商标已于1996年获准注册的情况下，仍选择使用与"百伦"商标这一臆造词相似度极高的"新百伦"来标识及宣传其产品，其应对此承担相应的责任。（2）新百伦公司在其关联公司新平衡公司对"新百伦"商标提出的异议被国家商标局裁定不成立的情况下，应知周某伦对"新百伦"商标享有权利，但其仍在标识及宣传其产品时持续使用"新百伦"字样而非规范地使用其企业名称，从而导致相关公众混淆的可能性，故应认定新百伦公司对"新百伦"字样的使用行为有悖于诚信，且不利于经济市场健康有序地发展。（3）现有证据不足以认定新百伦公司使用"新百伦"而非仅用其已获得授权使用的"NEW BALANCE"商标来标识和宣传其产品这一行为的善意和必然性，"新百伦"既非"NEW BALANCE"的中文意译"新平衡"，也非"NEW BALANCE"的中文音译，

209

新百伦公司也称产品曾被称为"纽巴伦"。（4）新百伦公司使用"新百伦"标识与周某伦的"百伦"注册商标相似度高，更与周某伦的"新百伦"注册商标的三个中文字完全相同，两者被同时使用，极易导致相关公众的混淆。（5）新百伦公司标识、介绍及宣传其产品时，对商标标识的使用方式通常为将"新百伦"和"NEW BALANCE"并列使用或直接使用"新百伦"字样。可见，新百伦公司在其产品上使用的是"NEW BALANCE"等英文标识，但中文"新百伦"对其产品进入大陆普通消费者市场发挥了重要的作用，故其赔偿责任应与此相当。（6）新百伦公司的销售渠道多、销售范围广。从双方当事人的举证来看，新百伦公司的销售渠道包括：①专卖店，（2013）粤广广州第161233号公证书上记载的新百伦公司的多家实体专卖店，新百伦公司已确认其有800多家专卖店；②网店，包括"New Balance 新百伦旗舰店—京东商城""天猫商城"开设的"新百伦官方旗舰店""newbalance 童鞋旗舰店"在内的网络专卖店；③销售专柜，包括新百伦公司、盛世公司之间签订的《专柜协议书》模式进行经营的销售专柜。可见，新百伦公司的销售渠道较多、销售范围广。（7）新百伦公司产品的广告宣传模式多样、影响大。如前所述，新百伦公司通过其官方网站、新浪微博、视频广告及宣传手册等各种媒介方式来对其产品进行广告，宣传模式多样。（8）新百伦公司的侵权获利明显超出商标法规定赔偿额度。从新百伦公司2011年度审计报告、2012年度审计报告及其出具的利润表可知，新百伦公司自2011—2013年11月期间的净利润达约1.958亿元。（9）关于周某伦的涉案维权合理支出数额较大，包括逾5万元的公证费用、已付律师费达8万元及购买公证物品的费用等。

关于周某伦所主张消除影响的问题，如前所述，新百伦公司使用"新百伦"标识给周某伦"百伦"商标造成的不良影响是显而易见的，也是难以估量的，故周某伦诉请新百伦公司消除影响，具有必要性和合理性，原审法院予以支持。至于消除影响的方式，考虑到本案所涉商标侵权侵害的是财产权益，而赔礼道歉属于人身利益或商誉受损的救济方式，周某伦未能在本案中举证证实其因涉案商标侵权纠纷而遭受人身利益或商誉的损失，故周某伦要求新百伦公司以赔礼道歉的方式承担消除影响的侵权责任缺乏依据，原审法院对此不予支持。综合考虑新百伦公司的侵权方式和情节，原审法院确定新百伦公司承担消除影响责任的方式为在其开设的"新百伦（中国）官方网站"首页及其在"天猫商城"开设的"New Balance 旗舰店""newbalance 童鞋旗舰店"的首页刊登声明，刊登的字体不得小于网页首页正文字体，内容须经原审法院审定。

第五，盛世公司的被诉行为是否侵犯周某伦对"百伦"及"新百伦"注册商标专用权及其法律责任。

盛世公司将"新百伦"字样用于标识其所销售的"NEW BALANCE"运动鞋，属于将"新百伦"字样用于商标性使用的行为，构成对周某伦"百伦""新百伦"注册商标的侵权，其应承担相应的法律责任，但依据《中华人民共和国商标法》（2001 年修订）第五十六条第三款的规定，销售不知道是侵犯注册商标专用权的商品，能证明该商品是自己合法取得的并说明提供者的，不承担赔偿责任。盛世公司以合法取得为由主张其不需承担赔偿责任的意见，于法有据，法院予以采纳，但其仍应承担停止侵权的法律责任。综合考虑周某伦已实际支出购买涉案产品的费用、公证费用及周某伦已实际委托律师到庭参与诉讼等因素，确定盛世公司应向周某伦支付合理支出费用 5000 元。

一审法院判决如下："一、新百伦公司于判决发生法律效力之日起立即停止将'新百伦'用于标识及宣传其商品的侵害周某伦第 865609 号'百伦'、第 4100879 号'新百伦'注册商标权的行为；二、新百伦公司于判决发生法律效力之日起十日内赔偿周某伦人民币 9800 万元（含合理支出）；三、新百伦公司于判决发生法律效力之日起三十日内在其开设的'新百伦（中国）官方网站'首页及其在'天猫商城'开设的'New Balance 旗舰店''newbalance 童鞋旗舰店'的首页刊登声明消除影响（内容须经原审法院审定，刊登的字体不得小于网页首页正文字体）；四、盛世公司于判决发生法律效力之日起立即停止侵害周某伦第 865609 号'百伦'、第 4100879 号'新百伦'注册商标权的销售行为；五、盛世公司于判决发生法律效力之日起十日内支付周某伦合理支出人民币 5000 元；驳回周某伦的其他诉讼请求。"

新百伦公司对一审判决不服上诉至广东省高级人民法院。

二审法院经审理认为：新百伦公司成立时间晚于周某伦涉案注册商标的申请日。现有证据无法证明新百伦公司对"新百伦"标识享有在先的企业名称字号权、未注册商标先用权和在先使用的知名商品特有名称权。新百伦公司侵害了周某伦注册商标专用权。

广东高院认为：消费者购买新百伦公司商品更多地考虑"N""NB""NEW BALANCE"商标较高的声誉及其所蕴含的良好的商品质量，新百伦公司的经营获利并非全部来源于侵害周某伦"百伦""新百伦"的商标，因此周某伦无权对新百伦公司因其自身商标商誉或者其商品固有的价值而获取的利润进行索赔，周某伦主张以新百伦公司被诉侵权期间的全部产品利润作为计算损害赔偿数额的依据，理由不成立。

二审结果：判决维持广东省广州市中级人民法院（2013）穗中法知民初字第574号民事判决第一、三、四、五项，将赔偿额及为制止侵权行为所支付的合理开支改判为人民币500万元。

双方对二审判决仍然不服，均已经向最高人民法院申请再审，至截稿之日尚未作出最终裁决。

关联案件

此外，在二审审理期间，新百伦公司以周某伦抢注"新百伦"商标构成不正当竞争为由起诉周某伦、广东马内尔服饰有限公司（以下简称"马内尔公司"），要求巨额赔偿，试图拖延"新百伦"商标侵权案件的诉讼进程并意图影响"新百伦"商标案二审结果。该案中新百伦公司通过网络购物形式指定南京为收货地，希望以网络购物地作为连接点达到任意设立管辖的目的。周某伦、马内尔公司对此提起管辖权异议申请。江苏省高院作出的（2015）苏知民初字第00001号民事裁定书驳回了异议申请。周某伦、马内尔公司不服，上诉至最高人民法院。最高人民法院认为：侵犯知识产权和不正当竞争案件不能以网购收货地确定管辖，遂作出（2016）最高法民辖终107号民事裁定书，裁定撤销江苏省高级人民法院（2015）苏知民初字第00001号民事裁定，重新确定管辖。

笔者定稿之日，刚好收到江苏省高级人民法院于2017年11月27日作出的民事裁定书，新百伦公司撤回了不正当竞争纠纷案件的起诉，江苏省高级人民法院裁定准予撤诉。

三、办案总结

本案历时长，判赔金额高，一审近亿，二审改判，并涉及"反向混淆""判赔标准""商标性使用""企业字号权""网购收货地确定管辖"等诸多法学理论及司法实践问题，使得本案极具参考及研究价值。下面笔者就从以下几个问题探讨商标案件经常涉及的问题。

（一）企业名称字号权

商标权与企业名称权之间的冲突一直是知识产权保护的热点问题。在商标侵权案件中，当事人也经常会选择以涉案商标为企业名称、字号为由抗辩。但企业名称、字号要想达到对抗商标权的效果，是需要满足一定条件的。比如用于抗辩的企业名称、字号登记时间要早于商标注册的时间。其次，在先的企业名称及字号要有一定的市场知名度，为公众所知悉。

本案中，被告新百伦公司以在先企业名称字号权、未注册商标先用权、知名商品特有名称权进行抗辩。认为其仅仅是将"新百伦"作为产品中文名称或企业字号使用。且早在周某伦"新百伦"商标注册和申请之前，"新百伦"就已经是知名商品"NEW BALANCE"运动产品的特有名称。新百伦公司使用在先的知名商品特有名称不侵犯周某伦的商标权。

广东省高院认为：（1）企业名称或者企业名称中的字号要受到我国法律的保护，必须具备以下条件：国内的企业名称必须是经企业名称登记主管部门核准注册的名称，企业名称中的字号则要"具有一定的市场知名度、为公众所知悉"，国外的企业名称必须已在中国境内进行商业使用；不得与他人在先的合法权利相冲突。新百伦公司直到 2006 年 12 月 27 日才注册登记成立，其最早使用"新百伦"字号的行为只能是 2006 年 12 月 27 日之后，显然晚于周某伦涉案"百伦""新百伦"注册商标的申请日。因此，新百伦公司以其本身企业名称中"新百伦"的字号权来对抗周某伦在先注册商标权，缺乏法律依据，不能成立。（2）新百伦公司认为其对"新百伦"字号享有在先的企业名称权，主要依据之一是世跑运动用品（深圳）有限公司于 2003 年

11月17日经工商部门核准变更企业名称为新百伦运动用品（深圳）有限公司，早于周某伦申请注册"新百伦"商标的时间。但是，本案证据证明，新百伦运动用品（深圳）有限公司的企业类型为外商独资企业，股东为"世跑（英属维京群岛）公司"，而新百伦公司于2006年12月27日成立，企业类型为有限责任公司（台港澳法人独资），其股东为 NEW BALANCE INTERNATIONAL LIMITED，显然现有证据不能证明新百伦公司与新百伦运动用品（深圳）有限公司的股东是相同的或者是关联公司，新百伦公司也没有提供证据证明其是由新百伦运动用品（深圳）有限公司变更名称而来或者由新百伦运动用品（深圳）有限公司授权其使用"新百伦"字号。而且新百伦公司没有提供证据证明新百伦运动用品（深圳）有限公司与新平衡公司系关联公司，也没有证据证明新百伦运动用品（深圳）有限公司董事长"罗珮平"与新百伦公司所声称"新百伦 New Balance 中国区总经理罗珮萍"系同一人。因此，新百伦运动用品（深圳）有限公司使用"新百伦"作为企业名称中的字号，不等于新平衡公司也使用了"新百伦"字号。（3）新百伦公司虽然提供了"新百伦 New Balance 公司"于2003年11月正式登陆中国市场的报道，但只是少量的新闻媒体的报道，不足以证明在周某伦申请注册"新百伦"商标之前其关联公司对"新百伦"字号的使用已经"具有一定的市场知名度、为公众所知悉"，即现有证据不足以证明新平衡公司对"新百伦"标识享有在先的企业名称字号权，新平衡公司授权新百伦公司使用"新百伦"字号缺乏权利基础。综上，新百伦公司认为其对"新百伦"享有在先的企业名称字号权，理由不成立，本院不予支持。

企业名称是区别不同市场主体的标志，由行政区划、字号、行业或者经营特点、组织形式构成，是商品生产者或者经营者在商事交易中使用的专有名称。其功能是证明商品的制造者或者服务提供者的特定身份，其中字号又是区别不同企业的主要标志，是企业名称的核心和精髓部分，通常在商品或者服务及包装、装潢、广告、招牌上突出使用，是区别不同企业的主要标志。商标是区别不同商品或者服务来源的标志，由文字、图形或者其组合构成，是商品生产者或者经营者在生产、加工、销售的商品或者提供的服务上所作的一种特殊标记。

正是由于商号与文字商标在构成要素上有相同之处，为了引导消费者的选择，扩大自己的市场优势，于是有人为规避法律，在其登记注册的企业名称中将他人的文字商标作为自己的商号使用，借此合法窃取他人的商标信誉，从而引起商号权与商标权的冲突。本案新百伦公司在官方网站及微博中对"新百伦"的使用，均非规范地使用其企业名称，而是迳行使用"新百伦"三字。如若这样的抗辩得到支持，那么商标与商号的界限将不复存在。

（二）商标性使用是否是构成混淆的前提

商标性使用问题在实践中也是经常被讨论的话题，《中华人民共和国商标法》（2013年修正）（以下简称《商标法》）第四十八条规定："本法所称商标的使用，是指将商标用于商品、商品包装或者容器以及商品交易文书上，或者将商标用于广告宣传、展览以及其他商业活动中，用于识别商品来源的行为。"

判断侵权是否需要先考虑商标性使用的问题，理论界对此还争论不止，主要的争论点是商标性使用是否应成为商标侵权的前置要件。有学者指出限定商标性使用为商标侵权认定的构成要件，缩小了注册商标专用权的保护范围，不利于保护商标权人的利益，应将商标侵权中的使用理解为商业性使用。

司法实践对这一问题已形成基本一致的意见，司法实践依据法律规定，基于不同的案件实际，对商标性使用与商标侵权的关系的认识有一个逐步深化的过程。总体来看，将商标性使用作为商标侵权认定的前提条件，是司法审判实务中的主流观点。

就如本案，一、二审法院均在讨论是否构成混淆前，对商标性使用进行了确定，认为：新百伦公司在其"天猫"专卖店及"京东商城"专卖店上销售商品时，商品图片下方的文字介绍中使用"新百伦"字样；在专卖店销售鞋类产品时，在销售小票中均使用"新百伦"字样；在官方网站、新浪微博、宣传手册及视频广告中宣传商品时使用了"新百伦"字样均属于商标性使用。

（三）反向混淆

所谓"反向混淆"，与"正向混淆"相对的概念，即商标在后使用人对商标的使用使得消费者误以为在先商标权人的商品源自商标在后使用人。在我国，如果发生反向混淆，权利人一般以侵害商标专用权起诉，法院依据《商标法》第五十七条进行审判，反向混淆同样属于商标法意义上的混淆。

正如一审法院在判决书里的表述："相关公众对商品的来源产生误认和混淆的判断，不仅包括实际误认及混淆的可能性，也包括相关公众误认为在后商标使用人的产品来源于在先注册的商标专用权人及相关公众误认为在先注册的商标专用权人的产品来源于在后商标使用人。"

反向混淆得以发生，常常在于商标在先注册人的经营规模和知名度远远小于在后商标使用者，因此才会使得多数消费者反而认为在先商标注册者的商标是来自于在后商标使用者。按理说，在先的商标权利人借助在后商标使用者的名气，自身得到较大发展，那为什么还会出现对簿公堂的情况呢？

美国各级法院对"反向混淆"理论纠结不已，但是最终他们仍然确立了禁止反向混淆的判例，原因在于：

（1）保护在先商标权人的商誉。本案中，新百伦公司在实体专卖店、网上专卖店、官方网站、新浪微博、宣传手册及视频广告等多处商标性使用"新百伦"标识，且新百伦公司组合使用"New Balance/新百伦""NB/新百伦"或"New Balance 新百伦及 NB 图形"等标识，即将"新百伦"标识与"New Balance""NB"等标识组合使用，进行广泛地、持续地、大量地销售和广告宣传，使相关公众误以为该"新百伦"标识就是新百伦公司的注册商标，致使周某伦在其制造、销售的鞋类产品上使用其"百伦""新百伦"注册商标时，被认为是假冒新百伦公司的注册商标，是傍名牌的行为，这也是新百伦公司商业运作的目的。新百伦公司的行为给周某伦造成的不良影响无疑是显而易见的，也是难以估量的，如不加以禁止将严重损害了周某伦及其授权公司的商誉。

（2）保护在先商标权人的市场地位和正常竞争环境。周某伦在天猫网站申请开设网店时，得到的回复是其提交的"Bolune 百伦"品牌与"New Balance 新百伦"品牌相似，为避免造成消费者混淆，"Bolune 百伦"品牌不在天猫选择合作范围内。这种直接商业机会的丧失，或其他间接的商业利益受损，对在先商标权人都是极其不公平的，因此所受的经济损失也是无法计算的。由此可见反向混淆破坏力之大，如不对此进行规范，在先商标权人的利益如何保障？

（四）赔偿额的计算方式

知识产权案件判赔金额低一直被公众所诟病。相比美国动辄上亿、几十亿的判赔，中国在判决赔偿数额方面悬殊较大。在中国侵权成本低，维权成本高，多数权利起诉打官司更多的是出于让对方停止侵权的目的。虽说近年来国家加大了知识产权的保护力度，赔偿额出现增长趋势，自2016年开始，连续出现多起千万级别的赔偿案件。但总体来看，知识产权赔偿数额并无实质性增长。

在本案一审法院采用二分之一的判赔方式，判令新百伦公司赔偿9800万元，具体考虑因素分析如前所述。

而二审法院虽认同一审法院判定事实，但对于赔偿金额予以改判，以新百伦公司自认的"新百伦"商标对利润贡献率为145万元为依据，并考虑新百伦公司故意侵权的情节等有关事实，最终确定赔偿金额为500万元，和一审判决赔偿金额相差悬殊。二审的改判理由即新百伦公司的经营获利并非全部来源于侵害周某伦"百伦""新百伦"的商标，该理由和《商标法》的规定"侵犯商标专用权的赔偿数额，为侵权人在侵权期间因侵权所获得的利益"是否存在冲突在实务界引起很大争议，在商标侵权案件中，是否应当计算商标对利润的贡献率以及如何计算贡献率目前仍是尚未解决的疑难问题。

（五）网购收货地是否为侵权行为地

近几年来在知识产权侵权诉讼中，部分当事人为了便于诉讼或更有利于己方的种种原因，会选择网络购物方式公证购买涉嫌侵权的产品，让卖家将货物发送到某指定地点，并以该收货地作为侵权中的侵权行为地来确定案件的管辖法院。然而这种通过网络交易购买货物的收货地是否属于知识产权案件侵权行为地，在司法实践中已是非常突出的问题。各地法院对这一问题未形成统一的认识，导致各地法院对待相同或相似的问题给出不同的裁判。

针对网络购物收货地是否可以作为确定侵犯商标权或专利权案件管辖法院的连接点，各地法院有不同观点。下面，笔者将选取部分法院的裁定文书说明各法院对这一问题的看法。

北京知识产权法院在（2015）京知民立初字第2454号裁定中认为，根据《民事诉讼法》第二十八条、《最高人民法院关于适用〈民事诉讼法〉的解释》第二十四条的规定，因侵权行为提起的诉讼，由侵权行为地或者被告住所地人民法院管辖。侵权行为地包括侵权行为实施地、侵权结果发生地。对于侵权结果发生地，通常应理解为侵权行为直接产生的结果发生地。

首先，关于《最高人民法院关于适用〈民事诉讼法〉的解释》第二十五条，北京知识产权法院认为，该条所称信息网络侵权行为，是指侵权人利用互联网发布直接侵害他人合法权益的信息的行为，比如侵权人在互联网上发布的信息直接侵害权利人对作品享有的信息网络传播权等。可见，信息网络侵权行为具有特定含义和范围，而非凡是案件事实与网络有关的侵权行为均属于信息网络侵权行为。本案系专利侵权纠纷，是以被控侵权产品是否落入专利权的保护范围为判定基础，并不涉及网络上的信息本身与专利权项进行比对的问题。故被诉侵权行为并非信息网络侵权行为，本案不属于《最高人民法院关于适用〈民事诉讼法〉的解释》第二十五条规制的范畴。

其次，管辖权的确定对当事人而言至少应当具有确定性和可预期性。确定管辖权，主要依据"两便原则"以及为防止原告滥用诉权而规定的"原告就被告"原则。对专利侵权纠纷而言，无论是由生产地、实际销售地还是被告住所地确定管辖，都相较于起诉人住所地更有利于法院对侵权事实进行查明、对被控侵权产品进行比对以及相应判决的执行。倘若商家将其产品置于电商平台进行销售，就意味着其可能面临到全国各地法院应诉的局面，这显然不符合管辖权确定的基本原则，也可能使以"被告住所地"确定管辖的制度设计落空。

再看广州知识产权法院的观点：

在（2015）粤知法立民初字第8、9、10号系列案件中，广州知识产权法院认为，"原告委托他人通过网购邮寄方式向被起诉人购买了被诉侵权产品，收货地址为广东省广州市萝岗公证处，但该地址并非侵权行为的实施地。而且在知识产权侵权纠纷案件中，侵权结果发生地应当理解为侵权行为直接产生的结果发生地，而不能以起诉人指定的产品收取地作为侵权结果发生地，若非如此，起诉人将能以中国大陆内任一具有专利管辖权的法院作为诉讼法院，致使管辖制度形同虚设，失去其应有之意。"

从上述两例中可以看到，北京、广州知识产权法院对于网购收货地作为侵权行为地确定管辖的观点是持否定态度的。上述两院认为，应遵循"原告就被告"基本管辖原则，以及民诉法司法解释起草的原义，不得让管辖制度被随意创设，任意设定管辖权，使得管辖制度名存实亡。

江苏省高级人民法院、上海知识产权法院、上海市高级人民法院、广东省高级人民法院、浙江省高级人民法院观点与北京、广州知产法院的观点正好相反，认为：网络购物收货地作为销售侵权商品这一侵权行为的结果发生地亦应属于侵权行为地，进而可以作为确定管辖法院的连接点。

新百伦公司在一审败诉后，为扭转颓势，想通过在其他地区起诉形成有效判决，从而影响本案的二审。为此，新百伦公司通过网购方式向马内尔公司公证购买涉嫌侵权的产品，指定南京作为收货地。于 2015 年 7 月 9 日以不正当竞争为由向江苏省高级人民法院起诉周某伦、广东马内尔公司，要求两被告停止侵权赔偿损失。周某伦在答辩期内提出管辖权异议申请，认为："南京虽然是网络交易收货地，但不宜认定是侵权结果发生地。"对此，江苏省高级人民法院做出的（2015）苏知民初字第 00001 号民事裁定书驳回了周某伦的异议申请。周某伦不服该裁定，向最高人民法院提起上诉。

最高人民法院观点：

（2016）最高法民辖终 107 号民事裁定书

最高人民法院审理后认为：本案的争议焦点为：（1）在侵犯知识产权和不正当竞争案件中，原告通过网络购物取得被诉侵权产品，能否以网络购物收货地作为侵权行为地确定管辖；（2）本案应当如何确定管辖法院。

笔者在此重点讨论第一个问题。

最高人民法院认为："民事诉讼法司法解释第二十条的规定是对民事诉讼法第二十三条、第三十四条关于合同履行地的补充规定。对于以信息网络方式订立的买卖合同，确定被告住所地或者合同履行地存在一定的困难，故司法解释该条进行了明确。由于合同案件与侵犯知识产权及不正当竞争案件存在较大的不同，合同案件一般发生在合同当事人之间，且其影响基本仅限于特定的行为和特定的当事人，而在侵犯知识产权和不正当竞争案件中，当事人通过网络购物方式取得被诉侵权产品，虽然形式上与'以信息网络方式订立买卖合同'并无区别，但其所提出的侵权主张并非仅针对这一特定的产品，而是包含了特定权利的所有产品；其主张也并非仅针对合同的另一方主体，而可能是与此产品相关的、根据法律规定可能构成侵权的其他各方主体。考虑到上述区别，并考虑到侵犯知识产权案件和不正当竞争案件中对侵权行为地的确定有专门的规定，在此类案件中，如果原告通过网络购物方式购买被诉侵权产品，不宜适用民事诉讼法司法解释第二十条的规定来确定案件的地域管辖。一审法院援引民事诉讼法司法解释第二十条的规定，认定南京市既是马内尔公司的侵权行为实施地，也是侵权结果发生地，适用法律不当，本院予以纠正。"

显然，最高人民法院认为合同纠纷主体一般为相对方，而知识产权及不正当竞争纠纷主体往往是权利人与侵权方。并且，合同纠纷仅仅针对合同约定的事项，而知识产权与不正当竞争纠纷针对的却是附着合同标的物上的商标、专利。基于上述区别，不应将民诉法解释第二十条作扩大解释，硬生生地将网购收货地作为侵权行为地来确定管辖。

最高人民法院最终裁定：侵犯知识产权案件中，由于附着了商标或者其他权利的商品具有大范围的可流通性，如何确定侵权行为地有不同于一般民事纠纷案件的特殊性。《关于审理商标民事纠纷案件适用法律若干问题的解释》[法释（2002）32号]第六条规定，因侵犯注册商标专用权行为提起的民事诉讼，由商标法（指2001年修正的商标法）第十三条、第五十二条所规定侵权行为的实施地、侵权商品的储藏地或者查封扣押地、被告住所地人民法院管辖。根据该条规定，在侵犯商标权案件中，除了大量侵权商品的储藏地以及海关、工商等行政机关依法查封、扣押侵权商品的所在地外，仅侵权行为的实施地或者被告住所地可以作为管辖依据，而不再依据侵权结果发生地确定管辖。本案中，新百伦公司认为马内尔公司的侵权行为是基于周某伦的授权，通过"百伦BOLUNE"微信公众账号销售被诉侵权产品，参照前述司法解释规定，新百伦公司可以在马内尔公司被诉侵权行为的实施地以及该公司住所地的人民法院提起诉讼。马内尔公司住所地位于广东省广州市天河区，新百伦公司亦无其他证据证明其在公司住所地之外的其他地区实施了侵权行为，故应以该住所地作为对马内尔公司相应行为确定管辖的依据。

此次最高人民法院的裁定，对民事诉讼法司法解释第二十条、第二十五条对涉及信息网络的相关管辖问题的理解及适用进行了解释和纠正。该案确定了网络购物收货地不宜作为知识产权纠纷案件和不正当竞争案件管辖法院的连接点。并且，最高人民法院认为知识产权案件和不正当竞争案件中对侵权行为地的确定有专门的规定，因此，此类案件原告住所地亦不得作为侵权行为地确定管辖。该案将使今后相同或相似情况的案件在不同法院得到迥异判决的情况有所遏制，在一定程度上使得当事人选择法院管辖有了统一的标准，具有重大现实意义。

✒ 作者简介

杨河律师，广东格林律师事务所合伙人，知识产权部主任，毕业于中山大学，曾在广东省科学院从事科研工作，兴趣使然，毅然改行做一名律师。入行之初就选择知识产权方向，代理过的知识产权案件超过千件，其中较知名案件如"五羊石像"著作权案、华谊公司《功夫之王》等影视作品著作权案，"双鱼"商标案，"贡茶"商标、著作权及不正当竞争案，"新百伦"商标及不正当竞争案等。

其中，"新百伦"商标侵权案一审获赔9800万元，创造广州中院知识产权案件判决赔偿金额的历史记录；二审虽改判为500万元，但案件的影响力和媒体对该案的报道，已成为最好的知识产权普法案例，该案因在"反向混淆""在先权利冲突""赔偿数额认定"等问题上具有极高研究价值而被评选为"2015年度中国十大最具研究价值知识产权裁判案例""2016年度知识产权司法保护十大典型案例"及"2016年度广东律师知识产权十大经典案例"。

在杨河律师处理的新百伦公司另案起诉我方当事人周某伦并索赔1亿元的不正当竞争纠纷管辖异议上诉案件中，最高人民法院支持了代理人杨河律师和董宜东律师的观点，裁定"在知识产权案件和不正当竞争案件中，网络购物收货地不作为案件管辖地"，该裁定终结了各地法院的不同做法，解决了"网络购物收货地能否作为管辖地"

的争议，成为最高人民法院的指导案例。

杨河律师代理的"贡茶"商标、版权、不正当竞争系列案，获得全面胜诉，成功地将"贡茶"标识辩成"商品通用名称"，让当事人的 1500 多家"御可贡茶"加盟店可以放心使用"贡茶"标识，为当事人避免了上千万元的损失，该案因巨大的影响而获得 2018 年度广州市律师协会评选的业务成果奖。

除成功代理多起知名要案外，杨河律师还入选了广东省知识产权维权援助专家库成员、广东省专利侵权判定专家库成员、广东知识产权事务律师专家库首批成员、广州知识产权法院律师调解员，并获首届"广州知识产权大律师提名奖"。

在先使用　如何抗辩

——从"强力定眩胶囊"专利侵权案看 在先使用抗辩的认定原则与标准

广东胜伦律师事务所　**戴锦良**

【案件概评】

　　本案被收录于《最高人民法院知识产权审判案例指导》（第四辑）和《最高人民法院司法观点集成》（第二版），并被评选为 2014 年度广东律师十大知识产权典型案例。

【本文摘要】

　　本案系侵犯（药品）发明专利权纠纷。原告（专利权人）拥有一项药品发明专利，共有 25 项权利要求，原告选定其中的 3 项权利要求作为主张被告侵权的权利基础。被告确认其被控侵权产品落入原告发明专利权利要求，但提出先用权抗辩，并在该案再审审理期间，向国家知识产权局专利复审委员会申请宣告涉案专利无效。该案历经西安中院、陕西高级人民法院和最高人民法院三级法院审理，最终判决（改判）驳回原告全部诉讼请求。

　　本案涉及的专利侵权诉讼中原告如何科学、合理地选定主张被告侵权的权利基础，被告在侵权诉讼期间（一审答辩期满后）是否应当启动涉案专利无效宣告程序及审理法院可否据此中止审理，以及被控侵权产品是否已经取得生产批准文件及其对先用权抗辩的影响，还有先用权抗辩中关于技术来源合法性的举证责任等一系列问题，均具有典型的指导意义和借鉴作用。

一、基本案情

　　第 ZL200510106283.9 号发明专利是原告陕西汉王公司（以下简称"汉

王公司") 于 2005 年 9 月 27 日申请并于 2007 年 3 月 14 日获授权公告的一
项药品发明专利。其名称为："一种具有降压、降脂、定眩、定风作用的中
药组合物及其制备方法和用途"。该发明专利共有 25 项权利要求。

2009 年 12 月 9 日原告汉王公司向被告西安保赛公司（以下简称"保赛
公司"）购买了由被告江西银涛公司（以下简称"银涛公司"）生产的
"强力定眩胶囊"药品。

2009 年 12 月 18 日，汉王公司向西安市中级人民法院提起诉讼称："强
力定眩片"系其公司享有的全国独家品种，该品种同时系专利药品，专利号
为 ZL200510106283.9（即涉案发明专利）。其公司发现被告保赛公司销售的
由被告银涛公司生产的"强力定眩胶囊"药品，从处方、工艺、剂型以及主
治功能等与其公司的涉案发明专利相同；两被告生产销售涉案药品未获得其
公司（即专利权人）的许可。此外，根据《药品注册管理办法》规定，被告
银涛公司在就其"强力定眩胶囊"药品申报注册生产批件时，应当提交不侵
犯专利权的书面文件，但被告银涛公司并未按照此项规定执行，而是通过隐
瞒事实真相等手段骗取了涉案药品的生产许可行政批件。现由于被告大量生
产销售并宣传其侵权药品，给其公司造成重大损失，遂提起诉讼并请求人民
法院：（1）判令第一被告保赛公司停止销售原告专利产品；（2）判令第二被
告银涛公司停止生产制造、销售原告专利产品、停止使用原告的专利方法以
及销售依照该专利方法获得的产品，并赔偿原告 635.2 万元；（3）由二被告
承担因调查、制止侵权行为而支付的差旅费和律师代理费 6 万元；（4）由二
被告承担本案的诉讼费用。

在一审诉讼过程中，原告汉王公司确定选择其涉案发明专利权利要求第
1、6、23 项（依次涉及产品发明的"组分和配比""制法"和"用途"）作
为其主张被告侵权的权利依据。

二、争议焦点

本案被告西安保赛公司从始至终未实际参加本案诉讼。

被告银涛公司亦明确确认其生产的涉案药品落入了原告所主张的涉案发

明专利的权利保护范围，但同时提出"先用权"抗辩。此外，被告银涛公司还对涉案发明专利的法律效力提出质疑（并在再审阶段由其诉讼代理人针对涉案发明专利启动无效宣告程序）。

故，本案的争议焦点在于：

（1）被告银涛公司的"先用权"抗辩成否成立。

具体而言，因原告提出以下主张：

①药品系特殊产品，依法必须经行政主管部门审批并获得行政许可（生产批件）后方可生产，因被告银涛公司在涉案专利申请日之前生产涉案药品时尚未取得行政许可，系违法生产，故银涛公司先用权抗辩不成立。

②涉案药品系中药复方制剂，其组分配比系国家保密信息，被告银涛公司涉案药品的生产技术来源不合法，故其先用权抗辩不成立。

故，本案直接的争议焦点在于：在尚未获得行政主管部门生产行政许可的情况下，被控侵权人使用与专利技术相同的技术方案实际制造相应产品的行为，可否主张先用权抗辩？以及，先用权抗辩中，"技术来源合法性"这一问题的举证责任究竟由谁承担？

（2）原告所选定并据以支持其侵权指控的三项权利要求的法律效力如何确定及其对本案的影响。

具体而言，这个争议焦点可以分解为：侵犯专利权诉讼中，如何处理侵权诉讼与涉案专利无效宣告程序及其决定之间的关系？以及，侵犯专利权诉讼中，专利权人（原告）一经选定支持其侵权指控的权利要求项之后，是否可以再次进行变更？

三、双方意见

原告认为，涉案（被控侵权）药品系一种中药复方制剂，共有 5 种组分。涉案药品实物及其行政审批文件（药品注册批件、药品说明书等）足以证实：涉案药品的组分及其配比（"产品"）、生产工艺（"制法"）、功能主治（"用途"）等与涉案发明专利权利要求 1、6、23 完全相同，亦即，涉案药品的技术方案已经落入涉案发明专利的前述权利保护范围。由于被告生产销售涉案药品并未获得专利权人的许可，故，被告侵权成立，须依法承担侵权法律责任。

同时，原告指出，因为被告银涛公司在涉案专利申请日之前试制涉案药品（样品）的行为未获得药监部门的审批同意，尚未取得涉案药品的生产批准文件，且被告银涛公司所使用的生产技术来源不合法，故其主张的先用权抗辩依法不成立。

被告认为，首先确认涉案药品落入了专利权人主张的权利要求范围；同时，被告银涛公司系依法设立并有效存续的制药企业，在涉案发明专利申请日之前即具有与涉案药品相适应的《药品生产许可证》和《药品GMP证书》，在此基础上，被告在涉案专利申请日（2005年9月27日）之前，即2005年6月16日便已经完成涉案药品的研究和样品试制工作，做好了制造涉案药品的必要准备，并且现仅在原有范围内继续生产。故，被告依法享有先用权，不构成侵权。

同时，被告指出，先用权抗辩与被控侵权人制造（试制）相应产品（样品）是否已经获得行政许可或批准之间并无关联。因为行政许可主要涉及的是行政相对人是否具备生产某种产品的资格，而先用权涉及的是被控侵权人是否已经具备某种产品（专利保护产品）的条件和能力。此外，专利权人如果根据"技术来源不合法"这一消极的、否定性的事实据以否定或限制被控侵权人的先用权抗辩，则必须由主张方即专利权人进行举证。

四、裁判要旨

最高人民法院审查认为：根据《最高人民法院关于审理侵犯专利权纠纷案件应用法律若干问题的解释》第十五条第二款的规定，先用权是否成立，关键在于被诉侵权人在专利申请日前是否已经实施专利或者为实施专利作好了技术或者物质上的必要准备。从银涛公司提交的主张先用权抗辩的证据来看，在本案专利的申请日前，银涛公司已经完成了生产被诉侵权产品的工艺文件，具备了相应的生产设备，应当认定银涛公司在本案专利申请日前为实施本案专利作好了制造、使用的必要准备。至于银涛公司何时取得"强力定眩胶囊"药品生产批件，是药品监管的行政审批事项，不能以是否取得药品生产批件来判断其是否作好了制造、使用的必要准备。

五、裁判结果

一审法院西安中院认为：

原告主张以其专利权利要求1、6、23作为权利基础指控被告侵权。

经比对，被控侵权产品"强力定眩胶囊"的"制法"和"功能主治"分别落入涉案专利权利要求6、23中。故，保赛公司销售的，由银涛公司生产的涉案"强力定眩胶囊"与汉王公司涉案专利权利要求1、6、23的技术特征相同。

此外，对于被告银涛公司主张的先用权抗辩，一审法院认为：

虽然被告银涛公司提交了其申报注册生产涉案产品的技术资料并获得药监部门受理（2005年6月16日向银涛公司颁发《药品注册申请受理通知书》），以证明其在专利申请日之前已经采用与涉案专利相同的技术方案试制出经检验合格的涉案药品（样品），但由于该通知书中明确注明"本件不得作为其他证明使用"，故银涛公司据此文件作为其享有先用权抗辩的依据不能成立；同时，银涛公司认为其已购买实施发明创造所必需的主要设备，因其提供的合同等均无原件，汉王公司也不予认可，其公司也不能证明该等设备系为涉案被控侵权产品所购买。故，银涛公司此项抗辩也不能成立。

综上，一审法院判决，被告侵权成立，须停止侵权并赔偿损失。

被告银涛公司不服上述一审判决，依法提起上诉。

二审法院陕西高级人民法院认为：

原一审查明的事实属实，应予确认；同时查明，汉王公司的"强力定眩片"获"中药品种保护证书"，被列为国家二级中药保护品种，保护期至2013年5月11日止。另双方均确认汉王公司的"强力定眩片"的五味组分名称已公开，第一味药（即天麻）的含量也已公开，但其余四味药的含量未公开。

二审法院同时认为，药监部门2005年6月16日向银涛公司颁发的《药品注册申请受理通知书》能够证明江西省药监部门已经受理该药品注册申请，是否能够得到批准有待审查。加之银涛公司 2009 年 3 月 13 日才取得涉案药品注册批件，国家药监局才批准生产本品，发放药品批准文号，在 2009 年 3 月 13 日之前还不允许生产本品。此外，由于银涛公司没有相关证据原件证明其已购买实施发明创造所必需的主要设备，且汉王公司也不予认可。故银涛公司上诉理由不成立。据此，二审法院于 2011 年 9 月 15 日作出判决如下：

驳回上诉，维持原判。

上诉人不服二审判决，依法向最高人民法院申请再审。

最高人民法院经（庭询）审查后认为：

先用权是否成立关键在于被诉侵权人在专利申请日前是否已经实施专利或者为实施专利作好了技术或者物质上的必要准备。银涛公司主张先用权的证据之一是 2005 年 6 月 16 日（专利申请日之前）江西省食品和药品监督管理局向其出具的"强力定眩胶囊"药品注册申请受理通知书以及银涛公司申请药品注册时所报送的《"强力定眩胶囊"申报资料项目》资料，该资料的药学研究资料部分记载了"强力定眩胶囊"的处方、制备方法、用途；证据之二是江西省药检所出具的《药品注册检验报告表》及附件，该报告表及附件显示银涛公司于 2005 年 3 月 13 日、15 日、17 日分别生产了三批"强力定眩胶囊"样品供申请注册检验使用；证据之三是《药品生产许可证》和《药品 GMP 证书》，表明其在申请"强力定眩胶囊"样品时即具有"胶囊剂"生产线。由此可见，在涉案专利的申请日 2006 年 9 月 27 日前，银涛公司已经完成了生产"强力定眩胶囊"的工艺文件和设备，符合上述司法解释规定的"已经作好制造、使用的必要准备"的条件，应当予以认定。至于银涛公司何时获得"强力定眩胶囊"药品生产批件，是药品监管的行政审批事项，不能以是否获得药品生产批件来判断其是否做好制造、使用的必要准备；同时认为原审判决认定事实有误，应当予以纠正，且原审存在漏审事项（"技术来源合法性"问题），遂于 2011 年 12 月 13 日裁定：

（1）指令陕西省高级人民法院再审；

（2）再审期间中止原判决的执行。

根据最高人民法院裁定，陕西省高级人民法院依法重新组成合议庭，对本案进行再审。此后，银涛公司（诉讼代理人）于 2012 年 6 月 17 日启动对涉案专利的无效宣告程序，并据此申请陕西高级人民法院中止本案审理。陕西高级人民法院于 2012 年 8 月 17 日裁定本案中止审理。

2013 年 6 月 13 日国家知识产权局专利复审委员会作出无效审查决定：宣告 200510106283.9 号发明 2012 年 11 月 30 日提交的权利要求书权利要求 1 和 2 以及权利要求 4~23 中引用权利要求 1 和 2 的技术方案无效，在权利要求 3 以及权利要求 4~23 引用权利要求 3 的技术方案的基础上继续维持该专利有效。

鉴于专利复审委员会已经就涉案专利作出无效宣告决定，陕西高级人民法院随即恢复本案审理。

陕西高级人民法院经再审审理，认为本案的争议焦点为：（1）银涛公司主张的先用权抗辩能否成立；（2）专利复审委员会决定认定涉案专利部分无效对本案的影响。

针对第一个争议焦点，再审法院作出与最高人民法院相同的认定结论。同时认为，汉王公司主张银涛公司生产的"强力定眩胶囊"的处方来源不合法，根据民事诉讼"谁主张、谁举证"的原则，汉王公司应当承担举证责任，证明银涛公司的技术来源系抄袭、盗取或者以其他不正当手段获取。对此，汉王公司不能提供证据证明其主张，应当承担举证不能的法律后果；此外，再审法院还认定汉王公司不能提供证据证明银涛公司超出原有范围扩大生产规模。据此，认定银涛公司主张的先用权抗辩成立。

针对第二个争议焦点，再审法院认为汉王公司在本案一审中已经明确了其提出侵权指控所依据的权利基础为涉案专利权利要求 1、6、23，现由于国家知识产权局专利复审委员会已经做出复审决定，宣告涉案专利权利要求书权利要求 1 和 2 以及权利要求 4~23 中引用权利要求 1 和 2 的技术方案无效，故汉王公司请求依据权利要求 1 作为基础的保护其专利权的请求，应予驳回。

综上所述，再审法院于 2013 年 12 月 18 日做出再审判决：

（1）撤销本院（2011）陕民三终字第 00021 号民事判决和西安市中级人民法院（2010）西民四初字第 043 号民事判决。

（2）驳回陕西汉王药业有限公司的诉讼请求。

（3）一二审案件受理费由陕西汉王药业有限公司负担。

六、案件解析

本案从起诉至结案长达四年，涉及西安市中级人民法院、陕西省高级人民法院、最高人民法院和北京市第一中级人民法院以及国家知识产权局专利复审委员会两个系统、四家法院；原审和再审审判决结果也完全相反。究其原因，笔者认为主要涉及侵犯专利权诉讼中的以下几个难点问题。

难点一：先用权抗辩的构成要件？

有观点认为，先用权抗辩只须具备三项条件，即"三要件说"。具体为：

（1）专利与产品条件：被控侵权行为发生期间，涉案专利权合法、有效，且被控侵权产品已经落入了涉案专利的相应权利保护范围；

（2）实施行为及其时间条件：被控侵权人在专利申请日前已经制造相同产品、使用相同方法或者已经作好制造、使用的必要准备；

（3）实施范围条件：在原有范围内继续制造、使用。

也有观点认为，先用权抗辩必须具备四项条件，即"四要件说"。亦即，除了上述三项条件之外，还必须具备技术来源合法性条件，即：在先制造产品或使用的方法，应是先用权人自研完成或以合法手段取得，而不是在专利申请日前以抄袭、窃取或其他不成当手段从专利权人处获得。

上述观点之争不仅存在于学术界，同时在司法实践中也普遍存在。争议的焦点和实质在于应当如何界定和处理《中华人民共和国专利法》（以下简称《专利法》）第六十九条第二项与最高人民法院《关于审理侵犯专利权纠纷案件应用法律若干问题的解释》［法释（2009）21号］第十五条第一款之间的关系。

笔者同意"三要件说"。理由如下。

首先，需要强调的是，我国的知识产权立法和最高人民法院的相关司法解释均一贯遵循"利益平衡原则"。该原则的运用从两个层面进行，就是既要依法保护在先权利，还要兼顾在后利益；既要保护知识产权权利人的智力成果以保护创新促进社会进步，同时又要兼顾不特定的其他人的合法权益。可以说，"利益平衡原则"是贯穿包括我国专利法在内的知识产权立法和司法实践的全过程，是知识产权立法和司法的重要出发点和落脚点，同时也是司法实践中解决相关冲突所应遵循的一种重要指导原则。了解这一点对于厘清和解决上述观点之争具有重要意义。

其次，先用权抗辩是我国专利法从法律的高度对专利权人利益的再限制、再平衡；"三要件说"与《专利法》第六十九条第二项具有对应性。

《专利法》第六十九条第二项规定："在专利申请日前已经制造相同产品、使用相同方法或者已经作好制造、使用的必要准备，并且仅在原有范围内继续制造、使用的"，不视为侵犯专利权。

显而易见，该项法律规定将符合相关要件的"先用行为"不视为侵权；且该"相关要件"中并不涉及被控侵权技术来源合法性的问题。此项法律规定的立法原意和目的是保护被控侵权人的正当利益，故而对专利权人的权利和利益依法进行相应限制。

再次，"被控侵权技术来源合法性"是最高人民法院结合我国实际情况并从司法解释的层面对"先用权抗辩"的再限制和对被控侵权人利益的再调整。

最高人民法院《关于审理侵犯专利权纠纷案件应用法律若干问题的解释》[法释（2009）21号]第十五条第一款规定："被诉侵权人以非法获得的技术或者设计主张先用权抗辩的，人民法院不予支持。"

可见，上述司法解释的实质就是在尊重和遵守《专利法》第六十九条第二项关于"先用权抗辩"法定要求的基础上，进一步规定了"例外化"的情形。其实质是通过对"先用权抗辩"进行相应限制，对被控侵权人的相关利益进行限定，进而保护专利权人的正当利益。

综上，从"利益平衡原则"、立法原意和法律位阶等层面看，"技术来源合法性"问题并非是对"先用权抗辩"的支持和肯定，而恰恰是限制和否定。

值得注意的是，虽然目前尚未有立法或司法解释层面的统一标准对上述不同观点作出权威解答，但最高人民法院将本案收载入《最高人民法院知识产权审判案例指导》，同时在其针对本案的裁定书中明确指出："先用权是否成立关键在于被诉侵权人在专利申请日前是否已经实施专利或者为实施专利作好了技术或者物质上的必要准备……由此可见，在涉案专利的申请日 2006 年 9 月 27 日前，银涛公司已经完成了生产'强力定眩胶囊'的工艺文件和设备，符合上述司法解释规定的'已经作好制造、使用的必要准备'的条件，应当予以认定。"故，最高人民法院的上述意见对解决上述观点之争以及司法实践中处理类似问题具有重要的参考价值和指导意义。

难点二："技术来源合法性问题"的举证责任由谁承担？

这里的"技术"具体是指被控侵权人所使用的"技术和设计"。

最高人民法院司法解释规定："被诉侵权人以非法获得的技术或者设计主张先用权抗辩的，人民法院不予支持"。

对此，有观点认为，既然先用权抗辩的主体（主张者）是被控侵权人，则其有义务举证证明自己的在先使用行为所使用的技术来源合法，否则就是举证不能，其相应的先用权抗辩也不成立。赞成上述"四要件说"的人大多持此意见。

也有观点认为，"非法获得的技术或者设计"是专利权人对被控侵权人所使用的技术方案的定性和指控，目的是为了推翻被控侵权人的先用权抗辩，当然必须由专利权人进行举证。

笔者同意后一种观点。具体理由如下。

首先，需要强调的是，除非出现法定的特殊情形，否则，民事诉讼举证规则仍必须遵循"谁主张、谁举证"这一基本要求。

其次，本案中关于技术来源合法性的问题不属于适用举证倒置的法定情形，故应按照"谁主张、谁举证"的一般举证规则进行。

再次，专利法关于先用权抗辩所依据的事实均为积极的、肯定性事实，被控侵权人利用该等事实是为了维护自身利益而依法进行反驳，故其对此负有举证责任。同时，"非法获得的技术或者设计"是一种消极的、否定性的事实，是为了限制先用权抗辩和限定被控侵权人利益并由专利权人提出的具体主张，故应当由主张方即专利权人进行举证。

本案再审法院即持此意见。

此外，应当指出的是，该等举证义务虽然应当由专利权人承担，但并不影响被控侵权人完全有权主动举证证明其使用的技术系合法获得以自证清白。

难点三：药品等特殊产品是否取得行政许可准予生产是否影响先用权抗辩的成立？

这里的"药品等特殊产品"是指：根据法律规定，生产者必须取得行政许可后方可进行生产的产品。

有观点认为，在药品生产等特殊行业中，在未获得行政机关生产许可的情况下，生产者依法不得生产相应产品，否则其生产行为即构成违法，而违法行为当然不被法律所认可和保护。所以，在药品生产等特殊行业中，获得相关行政机关的行政审批和许可是生产者进行合法生产的前提和必要条件。据此可知，依法必须获得行政许可方可生产的产品，在尚未获得行政许可的情况下，生产相应产品的行为属于违法行为，当然不能据此并依据专利法的规定享有合法的先用权。

也有观点认为，先用权是否成立关键在于被控侵权人在专利申请日前是否已经实施专利或者为实施专利作好了技术或者物质上的必要准备，至于被控侵权人是否以及何时获准生产，是相关行政机关的审批事项。故，不能以是否在专利申请日前获准生产来判断其是否作好了制造、使用的必要的准备，进而据此评判先用权抗辩可否成立。

笔者认为：

首先，相关行政机关对生产者申报生产药品等特殊产品的申请进行审批的对象、范围及其内容与专利技术方案之间并无逻辑上的因果关系或其他直接关联，两者不可混同。以药品为例，药监部门对申报生产药品申请的审批标准和原则为"安全、有效，质量可控"，至于该药品是否为专利药品，或其生产工艺采用的是否为专利技术方案，则不在药监部门审查范围之列。

其次，生产"药品等特殊产品"依法确需在事先经过行政审批并获得生产许可，这一点毋庸置疑。但是，必须指出的是，并非是所有未经行政许可即生产相应产品的行为都构成违法。这种观点是片面的、机械的，因为，生产者为进行行政审批并获得生产许可，其必须先行生产（准确地说应当叫做"试制"）出相应的产品（样品），以供行政机关进行审评和审批。这种基于申报注册目的的试制样品的行为不同于一般意义上的"生产经营行为"，并且该行为本身就是为了符合法律和行政机关关于申报生产此类产品的既定要求，不但不违法，反而就是为了合乎法律规定。

再次，先用权的核心在于被控侵权人在专利申请日前是否已经制造相同产品、使用相同方法或者已经做好制造、使用的必要准备，这里并不涉及行政许可和合法性的问题（先用权抗辩中的"合法性"是指"技术来源的合法性"而并非指"生产行为的合法性"），主要考量的是生产者在特定时期的"生产条件和能力"；同时，药品等特殊产品能否以及何时获准生产属相关行政机关的行政审批事项，主要考量的是有关行政机关对生产者正式生产产品的申请"同不同意"。两者具有本质不同。

综上，将是否获得行政许可作为评判先用权抗辩是否成立的条件之一，乃是对专利法关于先用权抗辩相关规定的曲解，是在法律规定之外，为被控侵权人主张的先用权抗辩设定了新的条件和举证义务。从某种特定意义上讲，被控侵权人申报药品生产批文的受理日，是可以在一定程度上证明其具有在先使用权的，但应结合具体的试制证据，因为申报药品生产批文及获得受理的行为本身，往往反过来说明申报生产者已经具备相应的生产条件和能力，一旦获批即可生产。

正是如此，最高人民法院通过本案明确指出，药品等特殊产品是否依法取得行政许可获准生产与先用权抗辩并无直接关联。

难点四：在侵犯专利权诉讼中，专利权人应当如何依法合理选择其指控侵权的权利要求范围？

本案中，原告选定了涉案发明权利要求1（"产品"）、6（"制法"）、23（"用途"）作为其主张的权利基础并据此指控被告构成侵权。其中，权利要求1为："一种具有降脂、降压、定眩、定风作用的中药组合物，其特征在于制备该组合所用药效成分的原材料组成按重量份为：天麻 1365~4095 份、杜仲 1365~4095 份、野菊 3350~10050 份、杜仲叶 4195~12585 份和川芎 1675 份~5025 份。"

同时，涉案发明的权利要求2为：

"根据权利要求1所述的中药组合物，其特征在于制备该组合所用药效成分的原材料组成按重量份为：天麻 2048~3412 份、杜仲 2048~3412 份、野菊

5025~8385 份、杜仲叶 6293~10487 份和川芎 2513 份~4187 份"。

权利要求 3 为：

"根据权利要求 2 所述的中药组合物，其特征在于制备该组合所用药效成分的原材料组成按重量份为：天麻 2730 份、杜仲 2730 份、野菊 6700 份、杜仲叶 8390 份和川芎 3350 份。"

此外，涉案被控侵权药品的组分比为："天麻 2730 份、杜仲 2730 份、野菊 6700 份、杜仲叶 8390 份和川芎 3350 份"，即落入了权利要求 1 和 2 中，并与权利要求 3 完全相同。

本案中，原告之所以选定权利要求"1+6+23"这一组合，而并未选择"3+6+23"，原因可能在于其认为权利要求 1 的范围远远大于权利要求 3，故被控侵权产品的技术方案更容易落入选定权利要求"1+6+23"这一组合。

本案原告的这一选择似乎是合理合法甚至是万无一失的最佳选择，但实则不然。本案最终判决结果表明，如果原告当初选择的是权利要求"3+6+23"这一组合而不是"1+6+23"，则将会给被告的抗辩增加非常大的难度，且将直接导致被告关于"驳回原告起诉"的抗辩被直接驳回。其中缘由在于作为原告的专利权人在侵权诉讼中并未合理地选择相应的权利要求作为指控被告侵权的权利基础。

侵犯专利权诉讼中，专利权人如何选定相应的权利要求作为指控被告侵权的权利基础非常重要，这主要涉及两个问题：专利权人主张的权利要求前后一致性以及权利要求的稳定性。

关于"专利权人主张的权利要求前后一致性"，最高人民法院《关于审理侵犯专利权纠纷案件应用法律若干问题的解释》第一条规定："人民法院应当根据权利人主张的权利要求，依据专利法第五十九条第一款的规定确定专利权的保护范围。权利人在一审法庭辩论终结前变更其主张的权利要求的，人民法院应当准许。"根据该规定，在具体案件中，专利权人必须在一审法庭辩论前确定其主张的权利要求，且一经确定即不可更改（此主要是参照在民事诉讼中必须在一审法庭辩论终结前固定诉讼请求的规定）。所以，基于此项规定限制，专利权人必须慎重选择其主张的权利要求。

关于"权利要求的稳定性"，在侵犯专利权诉讼中，被控侵权人通常会针对涉案发明专利启动无效宣告程序。而无效宣告程序的结果可能是宣告专利部分无效，在此情况下，如果被宣告无效的权利要求包括专利权人当初主张的权利要求，则将会给专利权人造成很大被动，人民法院完全可能据此驳回原告起诉或诉讼请求。尤其是，在目前的司法实践中，已经逐渐形成一种司法共识：只要专利复审委员会作出专利无效宣告审查决定，则人民法院将直接结合该决定（恢复审理）作出裁判，而不再考虑涉案发明专利无效宣告后的后续司法审查结果。

本案中，专利权人起诉的侵犯专利权诉讼过程中，涉案发明专利亦进入无效宣告程序，且涉案发明专利被专利复审委员会宣告部分无效，特别是被宣告无效的权利要求中包括权利要求1（但权利要求3被维持有效）。专利复审委员会在作出无效宣告审查决定后，人民法院即恢复案件审理（此时，针对涉案发明专利无效宣告审查决定的司法审查程序已经启动），并在最终判决中判定："因汉王公司请求保护的权利要求1已经被国家知识产权局专利复审委员会宣告无效，故其请求依据权利要求1作为基础的保护其专利权的请求，应予驳回。"

据此可见，（在不考虑本案被告主张的先用权抗辩的情况下）本案原告究竟是选择权利要求"1+6+23"这一组合还是"3+6+23"，将导致本案的处理结果截然相反。这同时也提醒我们，保护范围最大的（独立）权利要求未必就是主张侵权的最佳权利要求，在侵犯专利权诉讼中，专利权人如何依法、科学选择其指控侵权的权利要求范围非常重要。

难点五：在侵犯专利权诉讼中，被告在答辩期满后是否没有必要再考虑针对涉案发明专利启动无效宣告程序？

《专利法》第四十五条规定："专利权被授予后，任何人认为该项授权不符合专利法有关规定的，均可向专利复审委员会申请宣告其无效。"鉴于此，在司法实践中，专利权人一旦向法院起诉他人侵犯其专利权，则被控侵权人通常会考虑依照上述规定向专利复审委员会提出针对涉案专利的无效宣告请求，这种做法业已成为被控侵权人应对专利侵权诉讼的常规手段之一。通常来说，被控侵权人启动涉案专利无效程序，不仅可能使涉案专利被宣告无效从而摆脱侵权指控的威胁，还能为诉讼准备争取到更多的时间；且能为法院在侵权诉讼的审理中应用"禁止反悔"原则找到抗辩的机会，或者迫使专利人缩小专利权的保护范围，从而为跳出专利权的保护范围、摆脱专利权侵权指控创造有利条件。

同时，最高人民法院《关于审理专利纠纷案件适用法律问题的若干规定》第十一条规定："人民法院受理的侵犯发明专利权纠纷案件或者经专利复审委员会审查维持专利权的侵犯实用新型、外观设计专利权纠纷案件，被告在答辩期间内请求宣告该项专利权无效的，人民法院可以不中止诉讼。"

根据上述规定，在侵犯专利权诉讼中，被告针对涉案专利提出无效宣告请求的时间应当在答辩期内，逾期提出的，人民法院原则上不予考虑是否中止审理。

那么，在侵犯专利权诉讼中，被告在答辩期满后是否就完全没有必要再考虑针对涉案发明专利启动无效宣告程序呢？

本案中，被告并未在答辩期内针对涉案专利启动无效宣告程序，而是在最高人民法院指令本案原二审法院进行再审阶段，由案外人（被告代理人）提出无效宣告，被告依据该等事实申请再审法院中止本案再审，再审法院遂裁定中止审理。

该案例表明，在侵犯专利权诉讼中，被告基于中止诉讼的直接目的而启动无效宣告程序虽然具有明确的时间性要求（答辩期内），但在具体个案中，即使在答辩期满后针对涉案专利启动无效宣告程序，（只要涉案专利的稳定性确实存在问题）则人民法院仍具有裁定中止诉讼的可能性。

此外，在侵犯专利权诉讼的答辩期满后，被告即使明知人民法院不会同意中止诉讼，则此时仍应考虑针对涉案专利提出无效宣告请求的必要性。因为，如果涉案专利的稳定性确实存在问题，则专利复审委员会即完全有可能作出涉案专利全部无效或部分无效的审查决定，在此情况下，被告可以将该审查决定作为新证据提交给人民法院。鉴于人民法院目前对专利复审委员会的专利无效宣告审查决定具有"拿来即用"的普遍趋势，故此举具有重要意义。

综上，在侵犯专利权诉讼中，被告在答辩期满后仍有必要考虑针对涉案发明专利启动无效宣告程序。

七、结语

本案虽属个案，但其中所涉及的诸多问题具有代表性和普遍性，且其中的部分问题缺乏明确的法律适用依据，或者是在法律理解和适用上存在重大疑义和不确定性。对此，需要承办律师精准把握立法原意，并在此基础上结合具体案情和证据，创造性地开展工作。

✒ 作者简介

戴锦良律师，现为广东胜伦律师事务所高级合伙人，并任广州仲裁委员会仲裁员、广东省律师协会知识产权法律专业委员会副主任委员，系广东（首批）律师专家库专家律师（知识产权类）。

戴锦良律师 2000 年开始执业，自 2003 年以来专注于知识产权法律事务和公司法律事务，尤其擅长处理医药行业的知识产权法律事务。执业期间，曾主办过一系列重大或典型的医药行业的知识产权案件，例如：美国某制药公司与中国某制药集团"伟哥"文字、立体商标系列纠纷案，"国内最大的药品专利纠纷案"——抗 β 内酰胺酶抗菌素复合物专利系列纠纷案，"强力定眩胶囊"药品专利侵权及无效宣告纠纷案（以上案件均被最高人民法院评为典型案例并收载于《最高人民法院知识产权审判案例指导》）；国家知识产权专利局专利复审委员会"2017 年度专利复审无效十大案件"之一："含有缬沙坦和 NEP 抑制剂的药物组合物"发明专利权无效宣告请求案；曾代理过（或作为诉讼对象）的医药企业包括美国辉瑞公司（Pfizer）、美国百时美施贵宝公司（BMS）、日本株式会社池田模范堂（IKE-DAMOHANDO）、瑞士诺华公司（NYSE：NVS）、东泰制药、天津同仁堂、威尔曼制药、奇力制药、尔康制药股份、中润药业、银涛药业、哈药总厂、北京双鹤药业等国内外知名医药企业；同时，曾就广东瑞昇药业、广州三菱制药、湘北威尔曼、江苏威凯尔、南京方生和医药科技等医药生产、销售和研发企业的股权投资项目以及医药行业众多具体产品的投资、转让以及合作提供专项法律服务，具有丰富的专业知识和执业经验。

商品类别　据实认定

——林某某诉钜强公司侵害注册商标专用权案评析

北京市隆安（广州）律师事务所　**任　琳**

【案件概评】

林某某诉钜强（广州）机械有限公司侵害注册商标专用权纠纷一案被评选为"2015 年广东律师十大知识产权诉讼典型案例""2015 年中国十大最具研究价值知识产权裁判案例"候选案例。

【本文摘要】

台湾钜钢机械股份有限公司将自己的中英文公司字号"钜钢"和"KingSteel"分别注册为商标并许可给大陆的子公司钜强公司在制鞋机械上使用。林某某随后在注塑机等商品上注册了"钜钢 Steelking""钜钢""Steelking"等商标，以钜强（广州）机械有限公司在鞋用注塑机上使用"钜钢"和"KingSteel"为由主张商标侵权。原一、二审法院均认为鞋用注塑机属于注塑机而认定侵权成立。钜强公司申请再审，最高人民法院裁定再审并提审本案，最终认定不构成侵权。

当《商标注册用商品和服务国际分类》及《类似商品和服务区分表》相关商品及服务分类的划分标准与客观不断变化、日新发展的市场标准不相符时，是应该严格遵循《商标注册用商品和服务国际分类》及《类似商品和服务区分表》去判断商品或者服务类别，机械地将其作为判案的依据，还是应当根据社会经济发展的实际情况，从市场的角度以市场的标准对商品的功能、用途、生产部门、销售渠道、消费对象进行比较，从而作出商品是否构成类似的认定呢？本案的判决给出了回答，对相关案例具有一定的指导意义。

一、基本案情

案件名称：林某某诉钜强（广州）机械有限公司侵害注册商标专用权纠

纷案。

原告：林某某（反诉被告、二审上诉人、再审被申请人）。

代理人：陈某某，福建某律师事务所律师。

被告：钜强（广州）机械有限公司（反诉原告，二审上诉人、再审申请人）。

一、二审代理人：郑某某、张某某，厦门市某商标事务所有限公司员工。

再审代理人：任琳、杨文峰，北京市隆安（广州）律师事务所律师。

案由：侵害注册商标专用权纠纷。

案件审理法院及法律文书：

一审：福建省福州市中级人民法院；2012 年 12 月 19 日，（2012）榕民初字第 632 号民事判决书。

二审：福建省高级人民法院；2013 年 6 月 24 日，（2013）闽民终字第 548 号民事判决书。

再审：最高人民法院；2015 年 1 月 12 日，（2014）民申字第 1709 号民事裁定书；2015 年 9 月 30 日，（2015）民提字第 49 号民事判决书

钜钢机械股份有限公司（以下简称"钜钢公司"）是一家成立于 1978 年的台湾企业，三十多年来一直专注于生产和销售专业的自动化专业制鞋机械，产品包括各种 EVA、TR/PVC 及橡胶鞋类和鞋底、鞋帮射出成型机。钜钢公司的制鞋机行销全世界，在业界具有一定的知名度，钜钢公司在中国广州、东莞、汕头、泉州、成都及印度尼西亚、墨西哥、巴西等地均设有子公司或者办事处，提供 EVA、TR/PVC 及橡胶鞋类和鞋底、鞋帮射出成型机生产及销售服务。钜钢公司于 1993 年就在福建省晋江市设立了业务及售后服务联络点，从 1999 年起就在《泉州鞋讯》《北京皮革》等制鞋业及制鞋机械业的知名刊物上刊登广告，并且在中国大陆多地参加了鞋业、鞋机展览会，2000 年参加了在福建省晋江市举办的第二届晋江国际鞋业博览会。

钜强（广州）机械有限公司（以下简称"钜强公司"）是钜钢公司在中国大陆设立的子公司，主要经营生产、加工塑橡胶机械、制鞋机械、模具及其零配件，销售本企业产品。

第 583755 号"钜钢（繁体）"商标、第 583756 号"图及 KingSteel"商

标由钜钢公司于 1992 年 2 月在中国大陆申请并获准注册，核定使用的商品均为《类似商品和服务区分表》第七类项下第 0713 类的制鞋机械。钜钢公司于 2003 年、2012 年与钜强公司两次签订《商标使用许可合同》，将上述两商标许可钜强公司使用，被起诉时仍在许可使用期内。

林某某，福建晋江人，是"晋江市梅岭林某某商标策划工作室""晋江市陈埭钜钢机械经营部"等数家个体工商户的业主，名下有近 200 个注册商标，注册商标所涉及的商品项目五花八门，几乎囊括所有的商品和服务项，而且许多商标都曾被他人提出过异议或者撤销申请（如果把已经被异议掉或被撤销掉的商标计算在内，应该超过 200 个）。

2002 年 5 月 28 日，第 1752465 号"钜钢 STEELKING"商标被注册公告，注册申请人为晋江市通兴汽车部件制造有限公司，核定使用商品为《类似商品和服务区分表》第七类项下第 0726 类：马达和引擎起动器，阀（机器零件），发动机活塞，注油器（机器部件），机器传动装置、注塑机、轮胎成型机、粘胶剂，加工塑料用模具、过热机。2002 年 7 月 10 日，林某某申请受让该注册商标。2011 年 4 月、9 月林某某再获得第 8173544 号"钜钢"、第 8173498 号"STEELKING"商标的注册，核定使用商品均为第七类项下第 0726 类商品：造纸机、硫化器、注塑机、塑料注射成型机、加工塑料用模具、切胶机、起重机、机器传动装置等，上述三个注册商标在有效期限内。

2012 年 9 月，林某某向福州市中级人民法院起诉，称钜强公司未经许可在与其注册商标相同的商品上擅自使用相同或近似商标的行为，严重侵害了其注册商标专用权。请求判令钜强公司：（1）立即停止商标侵权行为，销毁侵权产品、宣传册并删除 www. kingsteel. com 网站上的侵权内容；（2）赔偿经济损失（包括为制止侵权行为支付的合理费用）49 万元；（3）在全国范围内发行的报刊上登报消除影响；（4）负担本案诉讼费。钜强公司提出反诉，称林某某案涉商标核定使用的商品不包含"鞋底注塑机"，其宣传销售"钜钢 STEELKING"牌鞋底注塑机侵害了钜钢公司的第 583755 号"钜钢（繁体）"、第 583756 号"图及 KingSteel"注册商标专用权；钜钢公司的第 583755 号"钜钢（繁体）"、第 583756 号"图及 KingSteel"注册商标在"钜钢 STEELKING"商标申请日之前已经驰名，林某某是模仿、复制钜钢公司的驰名商标，请求认定第 583755 号"钜钢（繁体）"、第 583756 号"图及 KingSteel"为驰名商标，并判令林某某：（1）立即停止商标侵权行为，销毁侵权商品；（2）赔偿钜强公司经济损失及制止侵权支付的合理费用 10 万元；（3）在全国范围内发行的报刊上登报消除影响；（4）负担本案诉讼费。

一审查明事实：林某某的第 1752465 号"钜钢 STEELKING"、8173544 号"钜钢"、第 8173498 号"STEELKING"商标均在有效期限内。2004 年、2007 年林某某与晋江市优必胜橡塑制品有限公司（以下简称"优必胜公司"）签订两份《商标使用许可合同》，将第 1752465 号"钜钢 STEELKING"商标许可给优必胜公司使用，许可费分别为 2 万元、10 万元。2011 年，林某某与泉州登高进出口贸易有限公司（以下简称"登高公司"）签订《商标使用许可合同》，将 1752465 号"钜钢 STEELKING"、8173544 号"钜钢"、第 8173498 号"STEELKING"商标许可给登高公司使用，许可使用费每年 30 万元。

钜钢公司、钜强公司在晋江市梅岭新天地 B03 的店铺设立联络处，店铺职员的名片上均有"图及 KingSteel"标识和钜钢公司、钜强公司，以及两公司英文名称、联系方式等信息，店铺职员所派发的"产品总览"封面有手写字"罗淑兰 nancyzzi@ kingsteel"字样，封底标注钜钢公司及其地址、联系方式；产品介绍含有包括"KS908GH 全自动无浇道式 EVA 发泡成型机"等多种型号机器及其相关产品的图片。罗淑兰发出的 3 封电子邮件内容提到罗曾报价给林某某，其中包括不同型号的 EVA 发泡成型机、PVC 射出成型机的价格；在大陆生产的产品的吊牌是中文"钜强（广州）机械"，英文"KING-STEEL"。邮件内容还有：达成在大陆的销售协议，大陆生产的用钜强公司签订合同，台湾生产的用钜钢公司签订合同；机台可以生产轮胎、鞋底、潜水服的浮标、婴儿车内坐、按摩浴缸的配件、篮子、按摩棒、玩具等产品，只要产品尺寸不超过模具极限尺寸，模具能开为主；机台没有配件模具等内容。2012 年 10 月 18 日，钜强公司从蛇口海关出口一台鞋底射出成型机（加工塑胶鞋用/鞋底成型 KINGSTEEL 牌型号 KSC904UYC2），最终目的国是印度尼西亚，总价87 827美元。

钜钢公司于 1978 年成立，住所地位于台湾，钜强公司是钜钢公司的子公司。第 583755 号"钜钢（繁体）"、第 583756 号"图及 KingSteel"商标由钜钢公司于 1992 年 2 月 20 日申请获准注册，核定使用商品均为《类似商品（和服务）区分表》第七类项下第 0713 类的制鞋机械。两注册商标现仍在有效期内。2003 年、2012 年钜钢公司与钜强公司两次签订《商标使用许可合同》，钜钢公司将"钜钢（繁体）""图及 KingSteel"注册商标许可钜强公司在大陆使用，现仍在许可使用期内。

1988—2010 年期间，钜钢公司在中国台北、德国、意大利、俄罗斯以及中国大陆的晋江、广州地区参加展会，钜强公司提供的照片中显示钜钢公司在展会中使用了"图及 KingSteel"商标。

二审补充查明事实：钜强公司在反诉中提交的其与钜钢公司共同印发的 2004 年企业宣传册、产品宣传单显示，其生产的产品包括各种型号的 EVA 射出发泡成型机、橡胶热压成型机、运动鞋类射出结帮机、塑胶鞋吹气射出成型机、塑胶鞋类射出成型机、塑胶鞋底射出成型机等被诉侵权产品。被诉侵权产品均贴有"图及 KingSteel"标识。

二、原审判决结果

对于本诉部分，一审法院认为：钜强公司在对外宣传广告、生产、销售和许诺销售鞋用射出成型机时使用了"图及 KingSteel"商标，该商标与林某某的"钜钢 STEELKING""STEELKING"商标构成近似商标。钜强公司的被诉侵权产品虽然主要在制鞋行业使用，但可以通过更换模具，达到生产不同塑料制品的效果，其与林某某两个注册商标所核定使用的注塑机、塑料注射成型机在功能、用途、生产部门、销售渠道、消费对象等方面基本相同，可以认定是相同的商品。判决：（1）钜强公司立即停止侵害林某某"钜钢 STEELKING""STEELKING"注册商标专用权的行为，并销毁侵权产品和宣传册；（2）钜强公司赔偿林某某经济损失包括合理费用 31 万元；（3）驳回林某某的其他诉讼请求。

对于反诉部分，一审法院认为：钜强公司提供的钜钢公司商标的使用、宣传、知名度等相关证据不足，无法证明构成驰名的事实。钜强公司主张林某某使用"钜钢""钜钢 STEELKING""STEELKING"三个商标对其构成侵权，没有事实和法律依据，不予支持。判决：驳回钜强公司的反诉请求。

林某某与钜强公司均不服一审判决，分别提起上诉，二审法院认为：《商标注册用商品和服务国际分类》（2007 版）中记载的缝纫、制鞋工业用机械（0713 类似群组）包括的商品都是将鞋的各个部件通过"缝合、烫压、卷边、锁扣、压切、黏贴"等物理工艺及流程组合成成品鞋的机械。而本案讼争的涉嫌侵权的各种型号的注塑机，是将热塑性塑料或热固性料利用塑料成型模具制成各种形状的塑料制品的主要成型设备。注塑机、塑料注射成型机均能加热塑料，对熔融塑料施加高压，使其射出而充满模具型腔。这种机械与钜钢公司申请注册的 0713 类中的制鞋机械的突出区别点在于它系使用模具、将熔融的塑料通过高压注射成型产生，制鞋机械明显不应包括注塑机、塑料注射成型机等商品。讼争的各种型号的塑胶射出成型机、注塑机应属于 0726 类似群中的商品。一审法院认定钜强公司在塑料注射成型机及注塑机上使用的"图及 KingSteel""KINGSTEEL"标识与林某某的两个注册商标构成近似商标，符合法律规定，钜强公司对此也未表异议。因此，钜强公司构成对林某某的"钜钢 STEELKING""STEELKING"注册商标的侵害。判决：驳回双方当事人的上诉、维持原判。

三、申请再审

钜强公司不服二审判决，委托北京市隆安（广州）律师事务所任琳律师向最高人民法院申请再审。请求：（1）撤销福建省高级人民法院（2013）闽民终字第 548 号民事判决；（2）改判驳回林某某关于停止商标侵权行为、销毁侵权产品和宣传册、赔偿经济损失的诉讼请求。主要理由是：（1）鞋用注射成型机、发泡成型机等被诉侵权产品属于制鞋机械，钜强公司在被诉侵权产品上使用"图及 KingSteel"注册商标是正当使用；（2）一审、二审判决适用法律错误。保护在先权利原则和诚实信用原则是解决知识产权权利冲突最基本的原则。本案中，钜钢公司的"图及 KingSteel"注册商标核定使用的商品是制鞋机械，林某某的"钜钢 STEELKING""STEELKING"注册商标分别晚于钜钢公司"图及 KingSteel"注册商标 10 年、20 年，其核定使用的商品包括注塑机、塑料注射成型机等商品。鞋用注射成型机、发泡成型机等既属于制鞋机械，又属于注塑机、塑料注射成型机。钜钢公司早在林某某的注册商标申请之前就在被诉侵权产品上使用自己的注册商标。因此，一审、二审判决认定钜强公司侵害林某某的商标权，违背了保护在先权利和诚实信用原则；（3）林某某是职业商标抢注人，注册涉案商标后并未实际使用，其主观具有明显恶意。

最高人民法院经开庭听证之后，作出由最高人民法院提审的裁定。

四、再审审查的争议焦点及诉辩各方意见

（一）被诉侵权产品是否属于制鞋机械

对于被诉侵权产品是否属于制鞋机械的问题，钜强公司代理人在原审证据的基础上，补充提交了大量证明被诉侵权产品属于制鞋机械的证据。包括：（1）原轻工部颁发的《制鞋机器设备及仪器术语 QB/T1522—1992》《制鞋机械产品型号编制方法 QB1525—1992》《制鞋机械自动圆盘式塑胶鞋底注射成型机 QB/T2865—2007》等制鞋机械行业标准；（2）中国（晋江）国际鞋业博览会组委会及东莞、温州等地鞋机商会出具的"说明"；（3）温州志光制鞋机械有限公司、满誉（福建）制鞋机械有限公司、温州市瓯江液压机械有限公司的网站内容；（4）第十届中国（晋江）国际鞋业博览会会刊——鞋机设备参展企业名录；（5）中国鞋业互联网、环球鞋网、中国鞋网等网站的内容；（6）《鞋厂机器设备选型定型及使用指南》。

钜强公司代理人主张：注塑机与制鞋机械因分类标准的不同而存在交叉重叠，被诉侵权产品既属于注塑机，也是制鞋机械之一种。

（1）行业标准认定被诉侵权产品是制鞋机械；

（2）制鞋机械行业协会认定该等机器是制鞋机械；

（3）在实践中，各类鞋用（包括鞋底）注塑机在功能、用途、生产部门、销售渠道、消费对象等方面均与制鞋机械相同。

在功能上，鞋用（包括鞋底）注塑机可以将橡塑胶材料通过注射或浇注的方式进入鞋的各种模具中直接成型为鞋底、鞋类配件，甚至成鞋，显然，

鞋用（包括鞋底）注塑机具有制鞋机械的功能。

在用途上，鞋用（包括鞋底）注塑机既可用于将热塑性材料直接注射或浇注到鞋底模具中并与鞋帮结合的传统鞋类产品（如皮面或布面的旅游鞋、运动鞋等）、以橡塑材料或聚氨酯材料制成的全塑料鞋类产品（如全塑材料的胶鞋、凉鞋、拖鞋、滑冰鞋等），也可用于生产包括各种鞋的鞋底、鞋跟等在内的橡塑材料鞋类配件。由此可见，鞋用（包括鞋底）注塑机可用于不同鞋类产品的生产，与制鞋机械的用途相同。

在生产部门上，包括钜钢公司、钜强公司在内的许多制鞋机械制造企业都生产鞋用（包括鞋底）注塑机，换句话来说，鞋用（包括鞋底）注塑机与制鞋机械的生产部门是相同的。

鞋用（包括鞋底）注塑机与其他的制鞋机械的销售渠道相同，二者共用产品的宣传推广渠道和销售终端渠道。在由中国轻工业联合会和福建省人民政府主办的每年一届的中国（晋江）国际鞋业博览会上，可以见到大量的注塑机与其他的制鞋机械一起在会场展览销售。在制鞋业界颇负盛名的《北京皮革》杂志上，也常常可见注塑机的产品广告与成型机、压底机等其他制鞋机械的产品广告并列其上共同推广销售。销售终端方面，网络无疑是当今最具人气的销售终端，在据称是中国制鞋行业成立最早的鞋业网站——中国鞋业互联网(http//www.chinashoes.com)上，各种注塑机与其他的制鞋机械同列于一个销售平台上销售，其他鞋业相关网络销售终端上，也可见该等机器设备与其他制鞋机械一起被销售。传统销售终端方面，各种鞋用（包括鞋底）注塑机均由制鞋机械、设备的经销商代理销售，在制鞋机械设备的专业市场与其他的制鞋机械一起销售。

鞋厂无疑是鞋用（包括鞋底）注塑机的主要用户，该等机器设备是生产旅游鞋、运动鞋、胶鞋、凉鞋、拖鞋、滑冰鞋以及塑料和橡胶鞋底等产品的鞋厂不可或缺的生产设备。林某某所主张的被控侵权产品的销售对象，晋江市的和诚、凤竹、361鞋塑、泰亚、新协志均是鞋类产品生产企业。

（4）"制鞋机械"并非专业术语，而只是对在制鞋过程中使用的机器设备的统称，无论是专业人士还是一般公众对之的理解都是如此，而且也只可能如此，不存在也不会存在歧义。

综上，各类鞋用（包括鞋底）注塑机是制鞋机械的一类是鞋业界的一致认知，无论是官方还是民间，不管从字面解读还是在实践中使用，并且已经在行业内形成规则（行业标准）。

林某某主张：被诉侵权产品不属于制鞋机械，属于注塑机。理由是：

（1）0713的制鞋机械是把鞋子各个不同部分缝合、烫压、卷边等流程使用的机械，不包括注塑机。

（2）被诉侵权产品可以用来生产鞋子，也可以生产其他塑料、橡胶制品，属于通用机械，不属于制鞋机械，落入了林某某注册商标核定使用的商品范围。制作鞋子的机械有很多种，既包括了0713的制鞋机械，也包括0726的注塑机。

（3）《类似商品（和服务）区分表》是依据商品功能、用途、原料、生产部门、消费对象等制定的，是判定类似商品或服务的主要依据。依据上述分类，注塑机等与制鞋机械不属于类似商品，不存在重合。

（二）钜强公司是否侵害林某某注册商标专用权

钜强公司代理人主张：钜强公司将第583756号"kingsteel及图"注册商标使用在被控侵权产品上是对自己注册商标的合理使用，不构成对林某某注册商标的侵权。

（1）钜强公司被许可使用的第583756号"kingsteel及图"注册商标相较于林某某的注册商标是在先权利，在双方权利出现冲突时，应当遵循保护在先权利原则。

（2）本案中的所有被控侵权产品都是鞋用（包括鞋底）注塑机，钜强公司在使用第583756号"kingsteel及图"注册商标时，没有超出该注册商标核准使用的商品范围。

（3）林某某以经营商标为职业，恶意注册案涉商标并恶意提起本案诉讼，其目的是获取不当利益，不应当对这种违反诚实信用原则的行为给予任何方式的认同和支持。

（4）即便钜强公司在使用自己的注册商标时不够谨慎，偶有超出"制鞋机械"的范围将商标使用在非鞋专用注塑机上，也不应当认定钜强公司的行为构成侵权。

林某某主张：钜强公司将与其注册商标相近似的商标使用在与其注册商标所核准使用的商品相同的商品上，构成对其注册商标专用权的侵害。

五、再审判决结果及理由

（一）关于被诉侵权产品是否属于制鞋机械的问题

《商标注册用商品和服务国际分类》及《类似商品和服务区分表》对于判断相关商品或服务类别具有重要的指引作用，但由于其对相关商品或服务类别的划分属上位概念，故其对列举的商品或服务不可能穷尽相关类别项下的所有产品或服务，它需要根据社会经济发展的实际情况适时进行更改或补充，不应机械地将其作为判案的主要依据。目前，各类鞋用射出发泡成型机、射出成型机等已成为诸多制鞋企业必备的机械设备，以及在国内外各种制鞋机械博览会上出现的不同厂家不同型号的鞋用射出发泡成型机、射出成型机，可以将橡塑胶材料通过注射或浇注的方式注入鞋的各种模具中直接成型为鞋底、鞋类配件和鞋，因而将该类机械设备归入制鞋机械符合客观实际。根据相关部门发布的一系列行业标准，各类鞋用射出发泡成型机、射出成型机等亦被归为制鞋机械。据此，钜强公司生产销售的鞋用射出发泡成型机、射出成型机等被诉侵权产品，属于制鞋机械。

（二）关于钜强公司是否侵害林某某注册商标专用权的问题

（1）注塑机与鞋用注塑机应属于种属关系，即注塑机包含了鞋用注塑机。林某某以鞋用注塑机为注塑机，既可以用来制鞋，也可以用来生产其他塑料、橡胶制品，属于通用机械为由，否认鞋用注塑机属于制鞋机械，缺乏依据。在已认定鞋用注塑机属于制鞋机械的情况下，因钜强公司被许可使用的"图及 KingSteel"注册商标核定使用的商品亦为制鞋机械，所以，钜强公司在鞋用注塑机等被诉侵权产品上使用"图及 KingSteel"注册商标，是对该商标的正当使用。

（2）钜强公司的关联企业钜钢公司自 20 世纪 70 年代起独创并使用"图及 KingSteel"标识，该标识属于臆造图形和词汇的组合，体现了企业字号与产品相关联的独特寓意和较强的显著性，故钜钢公司对"KingSteel"享有合法的在先权利。同时钜强公司的母公司钜钢国际公司的英文名称为"KING-STEEL INTERNATIONAL CO. LTD",即"KINGSTEEL"亦是该公司的字号,该英文字号与中文"钜钢"具有相互指代作用。

(3)钜强公司被许可使用的"图及 KingSteel"注册商标具有较强显著性,远早于林某某"钜钢 STEELKING""STEELKING"注册商标10年以上。林某某及其经营部与钜钢公司设定的其中一家服务机构同处福建省晋江市,所销售的产品与钜强公司及钜钢公司生产销售的鞋用注塑机属于相同或类似商品,且据钜强公司提交的证明其与关联公司的生产规模及鞋用注塑机具有一定知名度的证据,林某某完全不了解"图及 KingSteel"注册商标及"KINGSTEEL"字号的可能性较低。最后,林某某受让"钜钢 STEELKING"及申请获得"STEELKING"注册商标后,对上述注册商标的使用主要仅限于与他人签订许可使用合同或买卖合同的方式,未提交使用其注册商标生产产品的证据。钜强公司不具有攀附林某某注册商标的主观意图,亦不会使相关公众对产品的来源产生混淆和误认。

再审法院判决:撤销一审、二审判决,驳回林某某的全部诉讼请求,并判令林某某负担一审、二审案件受理费。

六、办案总结

钜强公司在一、二审均败诉的情况下,由笔者代理向最高人民法院提出了再审申请,被最高人民法院裁定提审,并最终获得彻底改判。总结起来,本案之所以最后获得不构成侵权的判决关键在于笔者提出了本案的核心问题——鞋用注塑机是不是制鞋机械,并针对该核心问题准备了相关证据,从产品标准、行业协会、鞋用注塑机的生产商、销售渠道、用户性质等各方面进行了充分的举证。主张当《类似商品和服务区分表》对商品及服务分类的划分标准与客观实际不符时,不应当机械地适用《类似商品和服务区分表》,而是应当根据市场的实际情况对商品或服务进行归类。同时,在商标侵权纠纷案件中对商品或服务进行归类时,还应当遵循保护在先权利原则和诚实信用原则,并考虑案涉商标注册、使用及行使权利的正当性。

　　首先，在商标侵权纠纷案件中，不应当机械地适用《类似商品和服务区分表》对商品或者服务进行归类。《商标注册用商品和服务国际分类》及《类似商品和服务区分表》是在商标申请注册时用以归类商品或服务的重要依据。但是，由于局限于编制人员的知识面、工作量和内容更新速度等因素，《类似商品和服务区分表》对商品及服务的划分标准不能也不可能与现实中的技术更新和产品创新同步，同时，出于对连续性和稳定性的考量，《类似商品和服务区分表》也不可能对商品和服务的分类进行大的调整。但是，商标的使用必须是市场化的使用，其只有使用于现实市场环境中才能体现商标的功能并实现商标的价值，显然，《类似商品和服务区分表》对商品及服务的划分标准的相对稳定与现实市场的不断创新和变化是相矛盾的，矛盾要如何调解？当然是应当尊重市场，尊重一般公众的认知，毕竟，商标的功能和目的都在于市场。本案中，虽然《类似商品和服务区分表》将注塑机和制鞋机械分列于第 7 类商品的 0726 和 0713 小类，但不能以此就认定各类鞋（鞋底）用注塑成型机不是制鞋机械。

　　《最高人民法院关于审理商标民事纠纷案件适用法律若干问题的解释》第十一条明确规定，《商标法》第五十二条第（一）项规定的类似商品，是指在功能、用途、生产部门、销售渠道、消费对象等方面相同，或者相关公众一般认为其存在特定联系、容易造成混淆的商品。言下之意，当《类似商品和服务区分表》对商品或服务的分类与客观实际发生冲突的时候，《类似商品和服务区分表》仅可以作为参考，而不能机械地将其作为判案的依据。在本案中，"制鞋机械"是制鞋过程中所使用的机器设备的统称，并没有任何人或者任何机构组织对"制鞋机械"进行过限定外延的定义，将"制鞋机械"仅仅限定于某一类或者某几类制鞋过程中所使用的机器设备，并将制鞋过程中所使用的其他机器设备排除在外。随着制鞋工业技术的不断发展，用于制鞋过程的机器设备势必不断推陈出新，而不可能固守于传统手工制鞋所使用的机器设备，各类鞋（鞋底）用注塑机正是因应机械化规模化制鞋工业需求所研发的机器设备。随着电子技术和智能技术的不断发展，可以毫无悬念地预见，一定会出现各种各样更富技术含量的用于制鞋工业的机器设备，这些机器设备都将不断扩展"制鞋机械"的外延，丰富"制鞋机械"的种

类。因此，林某某关于制鞋机械只应当包括《类似商品和服务区分表》0713
小类中所述及的传统制鞋机械的主张是没有道理的。

其次，在商标侵权纠纷案件中对商品或服务进行归类时，还应当遵循保
护在先权利原则和诚实信用原则。注塑机、塑料注塑成型机和制鞋机械在商
品分类上构成重叠，鞋用注塑机和鞋用塑料注塑成型机既是注塑机、塑料注
塑成型机也是制鞋机械，除鞋用注塑机和鞋用塑料注塑成型机之外，其他的
注塑机和塑料注塑成型机也与制鞋机械构成类似商品。本案中，林某某将与
钜钢公司在先注册的第 583756 号 "King Steel 及图" 商标相近似的 "STEEL-
KING" 和 "钜钢 STEEL KING" 注册在与前者被核准使用的商品相同和相类
似的商品上，造成了双方商标权出现权利冲突。

保护在先权利原则是解决知识产权权利冲突最基本的原则，对在先商标
权的核定使用商品范围进行认定时也应当秉持该原则，当在先商标权核定的
商品范围与存有权利冲突的在后商标权核定的商品范围确实存在重叠的时候，
应当认定在先商标权核定的商品范围包括了在后商标权核定的商品。具体到
本案，钜钢公司的第 583756 号商标权是在先权利，其核定使用的商品是制鞋
机械，林某某的 1752465 号和第 8173498 号商标权是在后权利，其核定使用
的商品包括注塑机、塑料注射成型机等商品，由于鞋用注塑机、鞋用塑料注
射成型机既属于制鞋机械，又属于注塑机、塑料注射成型机（如第一段内容
所述），那么，按照保护在先权利原则，应当认定鞋用注塑机、鞋用塑料注
射成型机是制鞋机械，在钜钢公司的第 583756 号注册商标核准使用的商品范
围内。

诚实信用原则是解决知识产权权利冲突的另一重要原则，本案中，钜钢
公司早在林某某的案涉商标申请注册之前就将其在先的注册商标使用于全自
动 EVA 射出发泡成型机、单色 PVC 射出成型机和鞋底射出成型机等产品上，
通过不断的宣传推广，该商标已经在业界具有相当的知名度。由于钜钢公司
与申请人之间的关联关系，申请人经许可得到商标使用权后，和钜钢公司一
起继续使用、宣传、推广该商标。在长达 20 年的过程中，钜钢公司和申请人
一直本着诚实信用的原则按照申请注册的商标图样在自己生产的各类鞋用注
塑机和鞋用注射成型机上使用该在先注册商标，也仅局限在制鞋业界宣传、

推广、销售该等产品。因此，应当本着诚实信用原则，对于制鞋机械行业内惯常产品分类给予足够的认可。

最后，在商标侵权纠纷案件中对商品或服务进行归类时，应当考虑案涉商标注册、使用及行使权利的正当性。本案中，第583755号"钜钢"商标及第583756号"King Steel 及图"是钜钢公司早在1992年就获准注册在第7类商品"制鞋机械"上的在先注册商标，同时，"钜钢"是钜钢公司公司名称中的字号，"King Steel"是"钜钢"的英文翻译，是钜钢公司英文公司名称的字号，两商标都具有极强的显著性。林某某将与两在先注册的商标高度近似的"钜钢STEELKING""STEELKING"申请注册在同为第7类商品的注塑机等商品项上，且不能给出合理的理由，林某某的注册行为难谓正当。另外，林某某也不能提交其注册商标用于生产产品的证据，且有证据证实林某某以"经营"商标为业，林某某申请注册商标以及提起本案诉讼的目的也难谓正当。

本案入选了"2015年中国十大最具研究价值知识产权裁判案例"候选案例以及"2015年广东律师十大知识产权诉讼典型案例"，得到行业内的广泛关注，并由"知产宝"收纳入典型案例库。该案的判决，让我们在面对《类似商品和服务区分表》相关商品及服务分类的划分标准与客观不断变化、日新发展的市场标准不相符时应如何认定得到一定的启示，并对相关案例具有一定的指导意义。同时，本案的意义还在于明确了商标的主要价值在于投入市场使用，凡是不以实际使用为目的，或者无正当理由未实际使用的商标均不应当受到商标法的过多保护。❶

---

❶ 广州知识产权法院郑志柱庭长对本案的点评：（1）商品分类与技术进步。正如最高人民法院所认定的，《商标注册用商品和服务国际分类》和《类似商品（和服务）区分表》对于判断相关商品或者服务类别具有重要的指引作用，但在具体案件中需要根据社会经济发展的实际情况适时进行更改或补充。随着材料革命和技术进步，在纠纷发生之时，制鞋机械与塑料注射成型机这两个上位概念在其下位概念已出现了技术交叉和融通，机械地将分类表作为判案的主要依据，显然不合时宜。（2）商标授权确权与商标侵权。注册商标是否属恶意抢注而得，法院在侵权民事纠纷中不作评判。但是，不意味着侵权诉讼中无所作为，被诉者是否在先使用、正当使用，以及指控者是否实际使用等问题，均影响着案件诉讼的走向。

作者简介

任琳律师，北京市隆安律师事务所高级合伙人，法学和理学双硕士学位、律师和专利代理人双证，是一名资深的知识产权律师。现任中国科学技术法学会理事、中华全国律师协会知识产权专业委员会委员、广东省律师协会知识产权专业委员会委员、广州知识产权法院律师调解员。

任琳律师从事知识产权律师业务近 20 年，代理了数以百计的案件，涉及知识产权的各个专业领域和民事、行政诉讼及行政确权、调处、查处等各种程序，其中不乏大案要案，大部分案件获得胜诉及高额赔偿。其中代理的在最高人民法院申请再审的"钜钢"商标案成功获得改判，深受业界称道；代理的腾讯科技（深圳）有限公司诉四三九九网络股份有限公司等 6 家公司关于"剑灵"商标侵权及不正当竞争的 4 件系列纠纷案件，均获得一审法院的诉中禁令裁定支持。

因为办理知识产权案件，任琳律师三次获得广州市律师协会业务成果奖，代理的知识产权案件，连续三年获得广东省律师协会典型案例奖。

许邓之争　七年之痒

——"许留山"注册商标特许经营合同纠纷案

广东格林律师事务所　**胡朝晖**

【案件概评】

本案被记入广州市中级人民法院知识产权审判白皮书。

【本文摘要】

"许留山（HuiLauShan）"是老字号港式鲜果甜品连锁店的著名品牌，20世纪60年代初创立于香港，在国际华人世界拥有较大的影响。

2004年2月开始，香港"许留山"进军广州市。截至2010年9月，"许留山"在广州市天河区、越秀区和荔湾区等人气旺地，开设了多达6家直营店，成为广州街坊、外地游客熟悉和喜爱的港式甜品品牌。

然而，2010年10月，广州闹市区"许留山"店的招牌字号，一夜之间突然变脸为"邓留山"。一时间，电视、报纸、门面网站等各种新闻媒体争相报道这一事件（《广州"许留山"改姓"邓"》）。

事实上，自2009年1月开始，广州市的"许留山"与"邓留山"之争，就已走上了法律解决之路。该案先经商标侵权行政投诉，后经特许经营合同纠纷之诉，再经不正当竞争之诉，在广州市工商行政管理局天河区分局、广州市海珠区人民法院、广州知识产权法院、广州市中级人民法院和广东省高级人民法院，先后经历了一系列错综复杂的行政投诉和民事诉讼，最后于2016年10月，以和解方式一揽子解决了"许""邓"之间的全部纷争，各方撤诉息讼。"许""邓"之间关于"许留山"商标特许经营权之争，前后历时7年。笔者作为"许留山"注册商标权利人香港许留山公司方面的委托代理人，参与了解决这起复杂纠纷的全过程。

一、基本案情

许留山食品制造有限公司（以下简称"香港许留山公司"）是一家在香港注册的公司，公司的住所地也在香港。香港许留山公司在国家商标局注册了第 1159509 号、第 1164859 号、第 995889 号"许留山"商标，核定使用商品分类为第 30 类、第 32 类、第 42 类。2004 年 1 月，以原经营"许留山"的香港许氏家族许先生为甲方、广州邓先生为乙方，双方签订了《广东省特许经营权股份合作意向书》（以下简称《意见书》），并由许留山（中国发展）有限公司作为见证人在意向书上签字。意向书的主要内容为：①甲乙双方共同成立一家合营公司，各占合营公司 50% 股权，乙方负责合营公司的注册资金及基本资金投入和业务拓展，甲方不实际投入资金，但负责工作培训、生产技术指导、管理流程指导；②合营公司以港币 88 万元的价格取得许留山注册商标在广东省范围内的独家总经营权，甲乙双方各占广东省总经营收益权的 50%，双方共同经营不少于 6 间直营店，直营店的所有资金由乙方负责投入，甲方只负责培训及指导；③甲方负责促使许留山（中国发展）有限公司与合营公司签订《广东省总特许经营权合同》，由合营公司取得以"许留山"作称号及商号经营业务及商业系统在广东省范围内的独家总经营权，许留山公司授权合营公司在广东省总特许经营"许留山"商标的合同期限不少于 8 年；④任何其他特许经营店的设立以及加盟费均由合营公司负责审批，除直营店外，其他特许经营商需一次性支付 6 万至 10 万元加盟费；⑤双方约定了意向书终止的情形等。但意向书未约定提起诉讼的管辖法院，没有约定适用的法律，也没有注明意向书的具体签订地。

意向书签订后，邓先生支付了港币 88 万元独家总经营权费，因双方始终存在分歧，意向书约定的合营公司一直未能成立，但香港许留山公司授权由邓先生投资的"果林轩"公司于 2004 年 7 月至 2006 年 6 月使用"许留山"商标，果林轩公司后于 2006 年 11 月注销。截至 2008 年 12 月，双方在广州市开设了 6 家"许留山"直营店和 1 家工场，并且从直营店分得了数百万元利润。2007 年下半年，原以许氏家族为股东的香港许留山公司和许留山（中国发展）公司，被马来西亚的一家基金公司收购，接盘"许留山"的新"东家"，为"许留山"品牌的经营，制订了新的发展战略，广州的邓先生，与"许留山"新东家之间的合作，产生了裂缝。2008 年之后，香港许留山公司在深圳等地，陆续自行开设了一批"许留山"门店。2008 年下半年以来，香港许留山公司先后委托深圳和广州的多家律师事务所，与广州邓先生谈判，希望双方或继续合作，或终止意向书，但经多次谈判未果。2009 年之后，广州的"许留山"直营店，不再向香港方分配利润。

2009 年 7 月，邓先生投资注册了广州市邓留山餐饮有限公司（以下简称"邓留山公司"），随后将数家"许留山"直营店，登记为邓留山公司的分店。至此，意向书已无法实际履行，"许""邓"之间关于"许留山"商标特许经营权之争，正式展开。香港许留山公司方，遂委托笔者以法律途径，制止邓留山方继续使用"许留山"商标。

二、争议焦点

本案复杂之处，在于意向书是香港许先生和广州邓先生两个自然人签订的，而"许留山"商标的注册人为香港许留山公司，意向书约定的合营公司一直未能成立，在签订意向书之后的 5 年多时间里，双方共同开设了多达 6 家直营店，发生纠纷时，意向书约定的商标许可使用的 8 年期限尚未届满。作为涉港民事纠纷，意向书未约定提起诉讼的管辖法院，没有约定适用的法律，也没有注明意向书的具体签订地。故涉及诸多问题：

（1）香港许留山公司如何有效制止邓留山公司使用"许留山"商标？

（2）如果提起诉讼，如何确定有管辖权的法院？

（3）如何认定解决争议的准据法？

（4）意向书是否合法有效？

（5）邓先生个人和由邓先生投资设立的邓留山公司，是否有权使用"许留山"商标？

（6）意向书于 2004 年 1 月签订后，意向书约定的合营公司一直没能成立，果林轩公司也已于 2006 年 11 月注销，意向书是否履行完毕？

（7）香港许留山公司在深圳等地自行开设"许留山"分店的行为是否构成违约？是否应赔偿邓先生？

（8）香港许留山公司是否应当向邓先生返还商标特许经营权费？

（9）邓留山公司经营及宣传"邓留山"，是否构成对"许留山"的不正当竞争？

三、本案表现出的解决商标许可使用纠纷的四种方式

《中华人民共和国商标法》（1982）［以下简称《商标法》（1982）］第四十条规定了商标注册人可以通过签订商标使用许可合同，许可他人使用其注册商标，《中华人民共和国商标法》（2013年修正）［以下简称《商标法》（2013年修正）］第五十二条规定了侵犯商标专用权的五种行为。本案的特殊之处在于，香港许留山公司存在将其"许留山"注册商标许可果林轩公司及其6家直营店使用的情况，许可方和被许可方在商标使用的过程中发生争议，导致使用"许留山"商标的主体发生了变化。本案既存在《商标法》（2013年修正）第五十二条规定的侵犯注册商标专用权的行为，但又不全部属于侵犯注册商标专用权的行为。故发生此类争议后，争议各方通常会相互采取多种纠纷解决办法。

第一种方式，向工商行政管理机关提起商标侵权投诉。

《商标法》（1982）第六条规定"各级工商行政管理部门应当通过商标管理，监督商品质量，制止欺骗消费者的行为"，在总则上赋予了各级工商行政机关对商标使用的管理权。《商标法》（2013年修正）第五十二条至第五十四条，规定了工商行政管理部门有权查处侵犯注册商标专用权的行为，以及在查处商标侵权行为时可行使的职权。

第二种方式，向法院提起特许经营合同纠纷诉讼。

特许经营合同在我国是一种比较新型的合同类型，它并不属于《中华人民共和国合同法》（以下简称《合同法》）分则列明的合同，所以只能适用《合同法》总则第一百二十四条："本法分则或者其他法律没有明文规定的合同，适用本法总则的规定，并可以参照本法分则或者其他法律最相类似的

规定。"

依据 2007 年 5 月施行的《商业特许经营管理条例》第三条之规定，商业特许经营合同，是指拥有注册商标、企业标志、专利、专有技术等经营资源的企业（特许人），以合同形式将其拥有的经营资源许可其他经营者（被特许人）使用，被特许人按照合同约定在统一的经营模式下开展经营，并向特许人支付特许经营费用的合同。

本案中，原经营"许留山"的香港许氏家族许先生和广州邓先生，签订了意向书，并由香港许留山公司授权邓先生设立的果林轩公司使用"许留山"商标及企业字号，在统一的经营模式下于广州市开市了 6 家"许留山"直营店，由邓先生向香港方支付了 88 万港元"许留山"商标字号的特许经营权费，并且双方皆从直营店经营中分得了利润，故本案纠纷，适用于特许经营合同纠纷。

第三种方式，向法院提起不正当竞争纠纷诉讼。

特许经营的核心内容涉及商标商号等知识产权的许可使用问题，在特许经营过程中，由于存在一方扩大许可使用范围、衍生企业字号经营等打"擦边球"的情况，比如使用与被许可商标相近似的其他商标标识进行经营，经营场所的装潢设计、环境布置与许可商标商号的品牌风格相近、宣传含有引人误解的内容等，所以这类纠纷除了适用《合同法》和《商标法》等知识产权法律以外，往往还会与《反不正当竞争法》有所交叉适用。

第四种方式，和解与调解。

诉讼只是维护商标专用权（包括商标使用的许可权和被许可权）的一种手段和过程，实现诉求才是诉讼的最终目的。而当诉讼交错、胜负难分、久拖不决时，以和解与调解的方式解决争端，实现双赢的目的，是最佳途径。

四、商标侵权投诉案的处理过程与结果

这起涉港商标纠纷，成因复杂，门店数量多，在广州市跨区直营开设，《意向书》约定的合营公司自始并未成立，如果由香港许留山公司作为原告直接提起侵害商标专用权诉讼或者商标特许经营合同诉讼，则被告主体很难

确认，且只能到各区法院分别立案起诉，难度很大、见效很慢。因此，作为"许留山"商标注册人香港许留山公司方面的委托代理人，笔者首选向工商行政管理部门提起商标侵权投诉。笔者带领团队对"许留山"门店进行暗访，对门店的招牌字号、餐具、餐牌、纸巾、食品袋、宣传单等，进行了证据保全公证，还对"许留山"门店的工商登记信息进行了档案查询，发现广州市天河区的"许留山"门店，已全部登记为"广州市邓留山餐饮公司某某分店"，而邓留山公司的注册登记成立日期是 2009 年 7 月 31 日。

2009 年 11 月 5 日，笔者向登记于邓留山餐饮公司名下的天河区的 3 家"许留山"门店发出了《关于停止侵犯"许留山"商标专用权的律师函》，指出各门店未经"许留山"商标注册人许可擅自经营"许留山"商标字号的行为违法，要求其立即停止侵权。2009 年 11 月 16 日，笔者向广州市工商行政管理局天河区分局提起"许留山"商标侵权投诉。3 家"许留山"店分归天河工商分局下属的 2 个工商所管辖，其中 1 家工商所认为被投诉人构成了商标侵权，于 2009 年 11 月 30 日向其辖内的 2 家"许留山"分店发出了责令改正通知书，以其违反了《商标法》（2013 年修正）第五十二条第五项为由，根据《商标法》（2013 年修正）第五十三条之规定，责令被投诉人立即改正违法行为，而另 1 家工商所则迟迟不愿下结论，并将投诉案提交上级决断。

对于许留山公司提起的商标侵权行政投诉，邓先生和邓留山公司很快作出了强硬的回应。他们拿出了意向书、许留山公司与邓先生及各直营店往来的文件、收取利润分红的凭证、召开会议的记录、香港许留山公司给各直营店提供食品原材料的记录和许可邓先生名下果林轩公司使用"许留山"商标的授权书等，声称广州市所有"许留山"店都经香港许留山公司的合法授权，有权使用"许留山"商标，不构成侵权。

对这"剪不断，理还乱"的投诉与申诉，工商部门也一时难以区分这些登记注册于邓留山公司名下的"许留山"分店是否侵权，甚至认为这是"许氏家族"和"邓氏家族"之间的合作纠纷和合同纠纷，建议投诉人和被投诉人到法院去解决争议。故虽有 2 家"许留山"分店接到了《责令改正通知书》，但所有分店仍继续照常营业。

面对这一僵局，笔者向工商部门重申以下观点：投诉人是"许留山"商标唯一合法的注册人，被投诉人邓留山公司及其名下的"许留山"分店，都是 2009 年 7 月之后才设立的，2004 年 1 月签署的意向书与被投诉人毫无关系，投诉人从未授权许可被投诉人使用"许留山"商标，没有任何证据可以证明投诉人与被投诉人之间存在过合作关系或者商标使用许可合同关系，根据《商标法》及国家行政法规的相关规定，处理商标侵权投诉，制止商标侵权行为，是工商行政管理部门应尽的职责。

工商行政部门认为许邓之间存在商标许可使用的历史纠葛，不宜认定被投诉人构成商标侵权，但被投诉人的门店招牌与工商注册登记的企业名称不相符，故可根据《户外广告登记管理规定》责令被投诉人改正，要求其不再使用"许留山"商标字号。因此，在商标广告科的协调下，2 家工商所根据《户外广告登记管理规定》第十七条之规定，于 2010 年 1 月对辖内 3 家"许留山"分店发出了责令改正通知书，责令其 30 天内改正违法行为。

但是，30 天改正期限过去了，被投诉人并没有改正，只是对门店招牌作了技术处理，在原有"许留山"红色招牌的右下角，添加了一行"邓留山餐饮公司"的黑色小字注脚。

针对被投诉人这种"换汤不换药"的行为，笔者毫不气馁，继续对添加了"邓留山餐饮公司"黑色小字的"许留山"商标字号进行拍照等证据固定，在坚持向天河区工商分局反复投诉的同时，进一步向广州市工商行政管理局商标管理处反映情况。市区两级工商行政管理部门对我的投诉非常认真负责，经慎重研究，终于认定注册登记于邓留山餐饮公司名下的"许留山"分店侵犯了"许留山"商标专用权，责令其限期改正。在工商行政部门的强力督促下，天河闹市的 3 家"许留山"门店，全部将招牌字号变更为"邓留山"。

从 2009 年 11 月提起商标侵权投诉，到 2010 年 10 月"许留山"变为"邓留山"，历时 1 年。

五、特许经营合同纠纷诉讼案及裁判评析要点

（一）第 1 起特许经营合同纠纷诉讼

2010 年 8 月，邓先生和邓留山公司为原告，将香港许留山公司作为被告、香港许留山（中国发展）公司和许先生作为第三人，向广州市海珠区人民法院提起特许经营合同纠纷之诉，请求法院确认两原告从 2004 年 1 月 6 日起有权在广东省范围内独占使用"许留山"商标及字号用于日常经营至 2012 年 1 月 5 日，并判决被告承担本案的诉讼费用，该案案号为（2010）海民四知初字第 137 号。

本案被告和两第三人，共同委托笔者为诉讼代理人。笔者代理被告和两第三人，分别向法庭提交了答辩状和 30 多组证据，并出庭参加诉讼，表明事实与法律，要求法院驳回两原告的全部诉讼请求。

海珠区人民法院经审理，于 2011 年 7 月 13 日对本案作出初审判决，驳回了两原告的诉讼请求。

法院评析内容：

（1）关于案件的管辖权。

一审法院认为，本案被告和第三人皆为香港公司或居民，故本案属于涉港特许经营合同纠纷。根据《中华人民共和国民事诉讼法》第二百四十三条之规定，涉外民事诉讼的被告对人民法院管辖不提出异议，并应诉答辩的，视为承认该人民法院为有管辖权的法院。由于被告在提交答辩状期间没有对该法院管辖权提出异议，并已应诉答辩，该法院是对涉港民商事案件有管辖权的法院，故有权对本案行使管辖权。

（2）关于解决争议的准据法。

一审法院认为，由于各方当事人没有约定适用法律，根据最密切联系原则，应适用与本案具有最密切联系的法律。鉴于两原告的住所地在我国内地，诉讼中各方确认意向书签订地在广州，故可认定我国内地的法律为解决各方争议的准据法。

（3）关于邓先生个人和由邓先生投资设立的邓留山公司，是否有权使用

"许留山"商标。

海珠区人民法院审理认为，邓先生于 2009 年之后成立了邓留山公司，邓留山公司开设了名下各"许留山"分店，但没有证据证明邓留山公司及各分店的成立，得到了意向书相对方的同意，也没有证据证明邓留山公司及其分店使用"许留山"商标和字号得到了许留山公司的授权许可，相反，被告许留山公司在 2009 年 11 月向邓留山公司的"许留山"分店发出律师函，明确表示邓留山公司及其分支机构的行为构成对"许留山"商标商号权的侵犯；邓留山公司成立于 2009 年 7 月 31 日，因此，邓留山公司要求确认其从 2004 年 1 月 6 日起有权在广东省范围内独占使用"许留山"商标及字号用于日常经营至 2012 年 1 月 5 日的主张缺乏事实和法律依据；意向书只是约定通过成立合营公司取得以"许留山"作称号及商号经营业务及商业系统在广东省范围内的独家总经营权，并没有约定邓先生可以个人名义在广东省范围内独家使用"许留山"商标及字号，因此原告邓先生要求确认其从 2004 年 1 月 6 日起有权在广东省范围内独占使用"许留山"商标及字号用于日常经营至 2012 年 1 月 5 日的主张缺乏理据。

两原告不服海珠区法院作出的上述一审判决，于 2011 年 7 月 23 日向广州市中级人民法院提出上诉。被上诉人许留山公司及两第三人，继续委托笔者作为本案的二审代理人。广州中院经审理后，于 2011 年 12 月 6 日作出 (2011) 穗中法民三终字第 261 号终审判决，驳回上诉，维持原判。

本案二审判决评析要点：

（1）意向书内容明确具体，双方权利义务清楚，意思表示真实，没有违反法律、行政法规的强制性规定，应为合法有效。

（2）许先生在签订意向书时为香港许留山公司的法定代表人，意向书中许先生的义务也实际由许留山公司履行，因此许先生签订意向书属于职务行为，许先生在意向书中的权利义务应由许留山公司承接。

（3）果林轩公司及其 6 家直营店在授权期限内有权以"许留山"作为商标字号从事经营。

（4）因果林轩公司已注销，邓先生虽成立了邓留山公司及其分店，但邓留山公司及其分店与果林轩公司及其直营店在地址、负责人、经营范围上均不完全对应一致，成立时间上也不具有承接性，因此邓先生和邓留山公司及其分店主张其继续果林轩公司及其直营店履行意向书中的义务，证据不足，不予采信。双方当事人庭审中都确认邓留山公司及其分店未接受许留山公司的配货、业务指导，也未向许留山公司分配利润，故邓先生和邓留山公司无证据证明其获得"许留山"商标字号经营业务之授权。

（二）第 2 起特许经营合同纠纷诉讼

2013 年 7 月，邓先生为原告，将香港许留山公司和许留山（中国发展）公司作为被告、许先生作为第三人，向广州市海珠区人民法院提起诉讼，请求判处两被告返还原告 88 万港元"许留山"商标广东省独家总特许经营权费，并由两被告支付诉讼费用。该案案号为（2013）穗海法民四初字第 33 号。该案继续由笔者代理。

因原告邓先生又同时向广州市中级人民法院提起了第 3 起特许经营合同纠纷诉讼［即（2014）穗中法知民初字第 96 号案］，而广州市中级人民法院案的审判结果对本案有影响，故本案一度中止审理，直到 2015 年 5 月（2014）穗中法知民初字第 96 号民事判决生效之后，再恢复审理，于 2015 年 10 月 12 日作出初审判决。

海珠区法院初审判决评析要点：

（1）本案的判决，以广州市中级人民法院生效的（2014）穗中法知民初字第 96 号民事判决为依据。

（2）关于许留山公司在深圳等地开设"许留山"分店的行为是否构成违约。

根据意向书的约定，邓先生以 88 万港元取得以"许留山"商标及企业字号在广东省范围内 8 年的独家总经营权，其他任何特许经营店的设立及加盟费的收取都由合营公司负责批核。虽意向书约定的合营公司没有成立，但许留山公司收取的 88 万港元系由邓先生个人支付，作为 88 万港元的对价，许留山公司在意向书的有效期内不得在广东省范围内独自从事"许留山"品牌的特许经营业务，但是香港许留山公司在意向书的有效期内，擅自在广东省范围内经营"许留山"品牌，违反了意向书的约定，其行为构成违约。

（3）关于香港许留山公司是否应当向邓先生返还商标特许经营权费。

邓先生以"许留山"商标和字号从事经营的期间，是从意向书签订之日即 2004 年 1 月 4 日起至 2008 年 12 月 31 日止，此后至意向书届满之日未再使用"许留山"商标及字号从事经营，根据公平原则，许留山公司应向邓先生返还邓先生没有使用"许留山"作为商标和字号从事经营期间所对应的特许经营权费，应返还的特许经营权费为港币 331 506.84 元，计算公式为港币 88 万元乘以 1100 天（2009 年 1 月 1 日到 2012 年 1 月 5 日的天数）除以 2920 天（8 年的天数）。邓先生主张的数额超过港币 331 506.84 元的部分，不予支持。

邓先生不服海珠区人民法院作出的以上判决，向广州知识产权法院提出上诉，上诉案案号为（2015）粤知法商民终字第 344 号。

（三）第 3 起特许经营合同纠纷诉讼

在第 2 起特许经营合同纠纷诉讼案尚由海珠区人民法院审理期间，2014 年 1 月，邓先生为原告，以香港许留山公司和许留山（中国发展）公司为被告，向广州市中级人民法院提起诉讼，请求两被告支付原告违约损失赔偿金 1795.38 万元和 2008 年 1 月至 2012 年 1 月 5 日期间于广东省范围内单方面开设"许留山"店的加盟费 95 万元，并由两被告承担诉讼费用。广州市中级人民法院经审理后，于 2014 年 10 月 10 日作出（2014）穗中法知民初字第 96 号民事判决，判决许留山公司向邓先生支付人民币 76 万元，驳回邓先生的其他诉讼请求（该案非由笔者代理）。

广州中院一审判决评析要点：

（1）关于对没有成立的合营公司的评定。

在意向书的履行过程中，各方当事人皆确认意向书约定的合营公司没有成立，但可以认定邓先生和许留山公司双方以后来的实际行为对意向书的约定作了合意变更，即在没有成立合营公司的情况下，由果林轩公司及其直营店经营以"许留山"作商标及字号之业务，并由果林轩公司取得许留山公司的授权许可。

（2）关于意向书是否已经履行完毕，意向书约定的权利义务是否终止。

广州市中级人民法院认为，意向书约定的权利义务不因果林轩公司的注销而终止。理由如下：根据《合同法》第九十一条的规定，合同的权利义务终止的情形包括：①债务已经按照约定履行；②合同解除；③债务互相抵消；

④债务人依法将标的物提存；⑤债权人免除债务；⑥债权债务同归于一人；⑦法律规定或者当事人约定的其他情形。本案中，虽然邓先生与许留山公司双方以后来的实际行为对意向书的约定作了合意变更，但变更的内容仅涉及果林轩公司代替合营公司取得许留山公司的授权许可，根据意向书的约定，合营公司取得"许留山"注册商标在广东省范围内独家总经营收益权的经营期限为 8 年，而果林轩公司 2006 年 11 月被核准注销时，《意向书》约定的经营期限并未届满，同时，《意向书》约定权利义务终止情形只包括：①双方同意；②任何一方作出违反意向书内之条款的任何行为；③某方进行清盘或者其他情况下无力偿债。从本案现有证据来看，在果林轩公司注销后，并没有出现合同法规定的或者双方约定的引起意向书双方权利义务终止的情形，而且在果林轩注销后，许留山公司和邓先生仍在继续为成立意向书约定的合营公司进行磋商，因此，《意向书》的权利义务不因果林轩公司的注销而终止。

（3）关于香港许留山公司于 2008 年之后在深圳等地开设"许留山"门店的行为，是否构成违约，是否应向邓先生进行赔偿。

广州中院一审判决认为，根据《合同法》第一百零七条规定，当事人一方不履行合同义务或者履行义务不符合约定的，应当承担继续履行、采取补救措施或者赔偿损失等违约责任。本案中，香港许留山公司在意向书的有效期内擅自在广东省范围内以"许留山"商标及企业字号开展业务构成违约。

关于加盟费损失，经查香港许留山公司在特许经营期限内，在广东省范围内擅自开设了 19 家"许留山"分店，按照《意向书》约定的香港许留山公司和邓先生各占合营公司 50% 股权及广东省总经营收益权，以及每家特许经营商需向合营公司支付 6000 至 10 000 元加盟费计算，酌情确定香港许留山公司应向邓先生赔偿加盟费损失 76 万元，邓先生主张的数额超过该酌情数额的部分，不予支持。

邓先生不服广州市中级人民法院的以上判决，向广东省高级人民法院提出上诉，后又申请撤回上诉，广东省高级人民法院于 2015 年 5 月 13 日作出（2014）粤高法民三终字第 1145 号裁定，准许撤回上诉。

（四）第 4 起特许经营合同纠纷诉讼

2015 年 7 月，邓先生为原告，以香港许留山公司、广州许留山餐饮管理有限公司、许留山餐饮管理（深圳）有限公司、许留山食品加工（深圳）有限公司为被告，向广州市天河区人民法院提起特许经营合同诉讼，请求判决四被告支付原告违约损失赔偿金4 579 298元，该案案号为（2015）穗天法知民初字第1263号（该案非由笔者代理）。

六、不正当竞争纠纷诉讼案及初审判决评析要点

2014年7月，香港许留山公司为原告，以邓留山公司为被告，向广州市中级人民法院提起不正当竞争纠纷之诉，诉讼请求包括停止侵权、消除影响、赔礼道歉、赔偿经济损失4687.85万元和诉讼支出费用42.5万元等。广州市中级人民法院经审理，于2015年12月17日作出（2014）穗中法知民初字第379号判决，驳回香港许留山公司的全部诉讼请求（该案非由笔者代理）。

广州中院初审判决的评析要点：

（1）香港许留山公司和邓留山公司存在市场竞争关系。

香港许留山公司和邓留山公司都是餐饮业的经营者，且经营范围均包括甜品与饮品、小食等，两者的经营范围、消费群体存在重合，虽然香港许留山公司是在香港注册，但其拥有的"许留山"商标通过授权许留山餐饮管理（深圳）有限公司在包括广州市在内的大陆多个地区使用，同时考虑到广州毗邻香港等地缘关系，可以认定香港许留山公司和邓留山公司存在市场竞争关系，本案属于不正当竞争纠纷案件，香港许留山公司是适格的诉讼主体。

（2）邓留山公司之门店、门头、门面、标识、内部装修式样、装潢设计、产品名称是否对许留山公司构成不正当竞争。

《反不正当竞争法》第六条规定，经营者不得实施下列混淆行为，引人误认为是他人商品或者与他人存在特定联系：（二）擅自使用他人有一定影响的企业名称（包括简称、字号等）、社会组织名称（包括简称等）、姓名（包括笔名、艺名、译名等）。《最高人民法院关于审理不正当竞争民事案件应用法律若干问题的解释》第三条规定："由经营者营业场所的装饰、营业用具的式样、营业人员的服饰等构成的具有独特风格的整体营业形象，可以认定为反不正当竞争法第五条第（二）项规定的'装潢'。"依据上述规定，

许留山公司应当证明自身的整体营业形象具有独特的风格，可以认定为《反不正当竞争法》第五条第（二）项规定的"装潢"，但本案中许留山公司只是简单陈列了许留山餐馆管理（深圳）有限公司三家分店的营业用具和餐厅环境的图片，不足以证明其整体营业形象具有独特的风格，且对这些营业用具和餐厅环境布置享有知识产权的，是许留山餐馆管理（深圳）有限公司而非原告香港许留山公司，因此，香港许留山公司认为邓留山公司之门店、门头、门面、标识、内部装修式样、装潢设计、产品名称对香港许留山公司构成不正当竞争，法院不予支持。

（3）邓留山公司宣传邓留山公司的创始人与香港知名甜品企业曾合作开发"芒果西米捞"等产品的行为，是否对许留山公司构成不正当竞争。

《反不正当竞争法》第九条规定，经营者不得利用广告或者其他方法，对商品的质量、制作成分、性能、用途、生产者、有效期限、产地等作引人误解的虚假宣传。但上述法条规定的引人误解的虚假宣传行为，并非都是经营者可以主张民事权利的行为。经营者可以主张民事权利的行为，应当符合经营者之间具有竞争关系、有关宣传内容足以造成公众误解、对经营者造成了直接损害这三个条件。但邓留山公司在其宣传中使用的是"香港知名甜品企业"一词，并没有明确指向香港许留山公司，香港许留山公司虽然提交了广州本地媒体对香港许留山公司与邓留山公司的报道，但多数报道都是围绕双方之间发生的特许经营合同纠纷而展开，香港许留山公司并没有充分举证证明相关公众对二者的身份产生了混淆或误认，而且更重要的是，香港许留山公司并不能举证证明邓留山公司的宣传对香港许留山公司造成了直接的损害，不能简单地以相关公众对二者身份的可能误认而代替香港许留山公司对自身受到损害的证明责任。故香港许留山公司认为邓留山公司的虚假宣传对许留山公司构成了不正当竞争，法院不予支持。

香港许留山公司不服以上判决，于2016年1月向广东省高级人民法院提出上诉。

七、和解与调解

在第4起特许经营合同诉讼案尚由天河区人民法院审理期间，以及相关上诉案件正由广州知识产权法院、广东省高级人民法院审理期间，2016 年 9 月，香港许留山公司和许留山（中国发展）公司，与广东格林律师事务所签订《非诉讼委托代理合同》，共同授权委托笔者与邓先生及邓留山公司，就一揽子解决各方多年来因"许留山"注册商标所引发的全部纠纷，开展和解谈判。

作为香港许留山公司方的代理人，笔者积极与包括广州邓先生和邓留山公司在内的各方展开斡旋，努力消除各方隔阂，晓以利害，反复协调，不断缩小冲突各方的期望值，最终于 2016 年 10 月，促使香港许留山公司、许留山（中国发展）公司、广州邓先生和邓留山公司，四方共同签署了由笔者起草的和解协议。依据该和解协议，由天河区人民法院审理的第 4 起特许经营合同诉讼案和由广州知识产权法院审理的二审特许经营合同纠纷案，以法院调解的方式结案，广东省高级人民法院审理的二审不正当竞争纠纷案，由上诉人许留山公司撤回上诉。至此，"许""邓"之间长达 7 年的纠纷诉讼，最终以握手言欢的方式，得到圆满解决（和解与调解的过程与内容，因涉及各方商业秘密，本文不便详述）。

✎ 作者简介

胡朝晖律师，广东格林律师事务所合伙人，中南政法学院经济法专业本科学历，1982 年 10 月入伍，参加过 20 世纪 80 年代对越作战，荣立三等功一次，在军队和武警部队服役 23 年，其中在原广州军区南宁军事检察院任军事检察官 7 年，在原武警广州军事检察院任军事检察官 1 年，在武警广东省总队法律顾问处任军队律师 5 年，2005 年 12 月转业后自主择业成为专职律师，转业前系原武警广

州市支队副政委，武警中校警衔。

胡朝晖律师成为专职律师 10 多年来，在北京市高级人民法院、北京市第一中级人民法院、北京知识产权法院、广州知识产权法院、山东省高级人民法院、广州市中级人民法院、上海市第二中级人民法院、青岛市中级人民法院等管辖知识产权案件的法院代理了大量包括美国、日本、法国、澳大利亚和中国香港等地的涉外商标行政、民事和刑事诉讼案件，还代理了 20 多起商标侵权行政投诉、商标特许经营、海关知识产权保护等非诉讼案件，2017 年 11 月获得"广州知识产权大律师提名奖"，2017年 12 月被评定为广东省涉外律师领军人才库成员。现担任广东省人力资源和社会保障厅、广州市天河区司法局、广州市天河区市场和质量监督管理局的常年法律顾问，还担任了 10 多家高新企业的常年法律顾问。

商标之命　重在使用

——嘉逸五星酒店商标确权行政诉讼典型案例

广东华进律师事务所　黎　叶

【本文摘要】

基础商标注册后、在后商标申请前，他人在同一种或者类似服务上使用与在后商标相近似的商标并持续使用且产生一定知名度，在基础商标未使用、相关公众容易将在后申请的商标与他人之前使用并有一定知名度的相近似商标混淆的情况下，在后商标申请人主张其系基础商标的延续的，应不予支持。

只有经过商业活动中一定规模实际使用的商标，才有生命，才可能产生"一定影响"。"有一定影响"是依据 2001 年《中华人民共和国商标法》第三十一条对未注册商标进行保护所要求达到的程度，是指商标在一定的地域范围内为一定范围内的相关公众所知晓。"相关公众知晓""一定影响"的判断本身带有一定的主观性，需要根据案件的实际情况，如商标使用时间长短、广告宣传的情况、影响所及范围等，在案件中具体衡量。而如果是同业竞争者，应当推定其相互知晓的可能性更高。

一、基本案情

（一）异议申请人情况

商标异议申请人广州市嘉逸酒店管理集团有限公司（以下简称"嘉逸酒店集团"）成立于 2004 年 10 月，是嘉裕集团旗下企业。

嘉逸酒店集团旗下使用"嘉逸"作为名称的酒店共有四家，分别是：2001 年 3 月 26 日成立的广州市嘉逸豪庭酒店有限公司、2004 年 10 月 15 日成立的广州市嘉逸国际酒店有限公司、2006 年 3 月 30 日成立的广州市嘉逸皇冠酒店有限公司、2007 年 12 月 18 日成立的成都嘉逸世纪酒店管理有限公司。

嘉逸酒店集团是一家以酒店业为运营主体，兼营与之配套的旅游公司、物业管理公司以及洗衣公司的专业化酒店管理集团，现在全国范围内经营管理着"嘉逸系"豪华星级酒店和"礼顿系"精品商务酒店两大品牌系列的数十家酒店。

"嘉逸酒店"作为主打品牌，多次获得嘉奖，2008 年 2 月被中国酒店星光奖评审委员会评选为"中国十佳城市新锐酒店"；2008 年 7 月 24 日，"广州嘉逸国际酒店"被全国旅游星级饭店评定委员会评定为五星组旅游饭店；2010 年荣获"中国十大最具发展潜力酒店品牌"。

2008 年 10 月 16 日嘉逸酒店集团就"嘉逸酒店及图"商标在酒店服务上提起注册申请，该申请被驳回。

2014 年 3 月 12 日嘉逸酒店集团旗下广州市嘉逸国际酒店有限公司就"嘉逸酒店"商标再次在酒店服务上提起注册申请。

(二) 被异议商标情况

1. 被异议商标：第 6475370 号"嘉逸酒店"

2007 年 12 月 25 日，海逸酒店企业有限公司（以下简称"海逸酒店"）就第 6475370 号"嘉逸酒店"商标（以下简称"被异议商标"，参见图 1）在住所（饭店、供膳寄宿处）、酒店服务上重新提起注册申请。该商标于 2010 年 3 月 27 日初审公告。

嘉逸酒店

图 1 被异议商标第 6475370 号"嘉逸酒店"

2. 被异议商标的在先基础商标：第 1304839 号"嘉逸酒店"

1998 年 2 月 25 日，海逸酒店就第 1304839 号商标"嘉逸酒店"（即在先基础商标，参见图 2）向国家工商行政管理总局商标局（以下简称"商标局"）提起注册申请，该申请于 1999 年 8 月 14 日被核准，核定使用在住所

（饭店，供膳寄宿处）等服务上。后经续展，商标有效期截至 2019 年 8 月 13 日。

图 2　第 1304839 号"嘉逸酒店"

自然人王某庆（嘉逸酒店集团员工）于 2007 年 1 月 25 日以第 1304839 号"嘉逸酒店"商标连续三年未使用为由，向商标局提起撤销注册的申请，商标局于 2008 年 9 月 17 日作出撤 200100176 号《关于第 1304839 号"嘉逸酒店"注册商标连续三年停止使用撤销申请的决定》，撤销该商标。

2008 年 10 月 15 日，海逸酒店向国家工商行政管理总局商标评审委员会（以下简称"商标评审委员会"）申请复审，商标评审委员会于 2011 年 2 月 21 日作出商评字（2011）第 02576 号《关于第 1304839 号"嘉逸酒店"商标撤销复审决定书》，决定维持商标局的决定，撤销该商标。海逸酒店并未针对该撤销复审提起行政诉讼，该撤销复审于 2011 年 7 月 27 日生效。

（三）被异议商标的异议、异议复审情况

1. 被异议商标异议情况

嘉逸酒店集团向商标局提起商标异议申请。2012 年 2 月 7 日，商标局作出《"嘉逸酒店"商标异议裁定书》，认为：被异议商标第 6475370 号"嘉逸酒店"商标与异议人嘉逸酒店集团引证于类似服务上在先注册的"嘉裕"商标未构成近似商标。

但异议人提供的证据可以证明"嘉逸"系列商标为异议人于"酒店"等服务上在先使用且已具有一定知名度的商标。被异议商标"嘉逸酒店"与异议人商标文字近似，且亦申请注册在"住所（饭店、供膳寄宿处）、酒店"等服务上，已构成对他人在先使用并有一定影响商标的抢注。故，商标局裁定异议人所提异议理由成立，对第 6475370 号"嘉逸酒店"不予核准注册。

2. 被异议商标异议复审情况

海逸酒店不服商标局作出的商标异议裁定，于 2012 年 3 月 13 日向商标评审委员会提出复审申请，其主要理由是：

第一，其早在 1999 年 8 月 14 日即已获准注册指定使用在原第 42 类酒店等服务第 1304839 号"嘉逸酒店"商标（即在先基础商标），被异议商标第6475370 号"嘉逸酒店"商标与在先基础商标相同，指定使用服务亦完全形同，其是基于在先基础商标而提出被异议商标的注册申请。

第二，嘉逸酒店旗下以"嘉逸"为名称的酒店共四家，最早成立的一家是 2001 年 3 月 6 日。嘉逸酒店是在海逸酒店已经取得在先基础商标第1304839 号"嘉逸酒店"商标专用权之后开始使用"嘉逸"的，此等使用行为当年即已构成侵权。

第三，嘉逸酒店在异议程序提交的证据形成于 2008 年后，不能证明在海逸酒店注册在先基础商标前已经使用并有一定影响。

嘉逸酒店集团的答辩理由为：海逸酒店的在先基础商标因三年连续未使用已被撤销；嘉逸酒店提交的证据足以证明在被异议商标申请前，其将"嘉逸酒店"作为商标与商号进行广泛使用并享有知名度，被异议商标系抢先注册他人在先使用并有一定知名度商标；被异议商标的注册与使用将在酒店市场产生不良影响。

商标评审委员会认为：

首先，嘉逸酒店集团提交在案的证据不足证明其将"嘉逸酒店"作为商标与商号指定在"酒店"等服务上于被异议商标申请日前已经使用并具有一定影响或知名度。且被异议商标系在海逸酒店原注册商标第 1304839 号"嘉逸酒店"的基础上提出注册申请。故不应认定被异议商标的申请注册违反了2001 年《商标法》第三十一条的规定。

其次，《商标法》第十条第一款第（八）项的立法目的在于维护社会公共利益和公共秩序，不适用于对特定民事权益的保护。且在案证据亦不能证明被异议商标的申请注册可能导致不良影响。

据此，商标评审委员会于 2013 年 12 月 2 日作出商评字（2013）第123206 号《关于第 6475370 号"嘉逸酒店"商标异议复审裁定书》，裁定被异议商标准予注册。

嘉逸酒店集团不服商标评审委员会的异议复审裁定，向北京市第一中级人民法院提起行政诉讼，请求撤销上商标评审委员会作出的裁定，其主要理由包括：被异议商标明显是对嘉逸酒店在先使用并具有一定影响的商标及商号的侵犯，违反 2001 年《商标法》第三十一条之规定。

三、一审判决

北京市第一中级人民法院认为：根据 2001 年《商标法》第三十一条的规定，申请商标注册不得损害他人现有的在先权利，也不得以不正当手段抢先注册他人已经使用并有一定影响的商标。

该条规定的在先权利包括商号权，但认定被异议商标的注册损害他人在先商号权，应以他人确实享有在先商号权且在相关商品或服务领域具有一定知名度，从而被异议商标的注册与使用容易导致相关公众产生混淆，致使该商号权人的利益可能受到损害为前提要件。该条规定的"不得以不正当手段抢先注册他人已经使用并有一定影响的商标"的情形亦应以他人在被异议商标注册申请前已经在相关商品或服务上使用该商标并且具有一定影响为前提。

具有独立民事权利能力的主体在在先商号权益和在先使用所产生商标权益的享有和归属上亦具有独立性，母公司并不必然享有子公司或其他关联公司所享有的权利和权益，亦不能仅基于关联身份而代其主张。本案中，嘉逸酒店集团提供的证据多数并非体现其自身在先使用"嘉逸酒店"商号及其知名度，或自身在先使用"嘉逸酒店"商标及其影响力。嘉逸酒店集团提供的证据尚不足以证明嘉逸酒店集团在被异议商标申请注册日前其"嘉逸酒店"商号已经具有一定知名度，亦不足以证明在被异议商标申请注册日前其已经在先使用"嘉逸酒店"商标并具有一定影响力。因此，嘉逸酒店集团认为被异议商标的注册损害其在先商号权，被异议商标系以不正当手段抢先注册其已经使用并有一定影响商标的诉讼理由缺乏根据，本院不予支持。

此外，尽管先后注册的商标之间并不存在当然的延续关系，商标评审委员会在第 123206 号裁定中将被异议商标系在第 1304839 号"嘉逸酒店"的基础提出注册申请作为不应认定被异议商标违反 2001 年《商标法》第三十一条规定的理由之一确有不当，但这并未影响异议复审裁定认定结论的正确性。

据此，一审法院在 2015 年 4 月 20 日做出（2014）一中知行初字第 3545 号判决，判决认定商标评审委员会作出的第 123206 号裁定结论正确，予以维持。

四、二审判决

一审宣判后，嘉逸酒店集团不服一审判决，提出上诉。

北京市高级人民法院认为：2001 年《商标法》第三十一条规定："申请商标注册不得损害他人现有的在先权利，也不得以不正当手段抢先注册他人已经使用并有一定影响的商标。"审查判断诉争商标是否损害他人现有的在先权利时，对于商标法已有特别规定的在先权利，按照商标法的特别规定予以保护；商标法虽无特别规定，但根据民法通则和其他法律的规定属于应予保护的合法权益的，应当根据该概括性规定给予保护。

根据《最高人民法院关于审理不正当竞争民事案件应用法律若干问题的解释》第六条规定，具有一定的市场知名度、为相关公众所知悉的企业名称中的字号，可以认定为《中华人民共和国反不正当竞争法》第五条第（三）项规定的"企业名称"。这表明符合法定条件的企业字号或商号受《中华人民共和国反不正当竞争法》第五条保护，其属于受法律保护的民事权益，亦属于 2001 年《商标法》第三十一条规定的"在先权利"。

在判断在后商标的注册是否构成对 2001 年《商标法》第三十一条所规定的他人现有在先商号权益的损害时，通常应考虑他人在先使用的商号在在后商标申请日之时是否具有一定的市场知名度并为相关公众及在后商标注册人所知悉，他人在先商号所使用并据以产生知名度的商品或服务与在后商标所指定或核定使用的商品或服务是否相同或相类似，以及他人在先商号与在后商标是否相同或相近似等因素。

审查判断诉争商标是否损害他人现有的在先权利，一般以诉争商标申请日为准。如果在先权利在诉争商标核准注册时已不存在的，则不影响诉争商标的注册。在判断某一商标的注册是否构成 2001 年《商标法》第三十一条所规定的以不正当手段抢先注册他人已经使用并有一定影响的商标时，通常应须考虑他人未注册商标于该商标申请日之前是否已经使用并有一定影响，该商标与他人的未注册商标是否相同或者近似，该商标所使用的商品或者服务与他人的未注册商标所使用的商品或者服务是否相同或者类似，该商标的申请人是否具有恶意等因素。如果申请人明知或者应知他人已经使用并有一定影响的商标而予以抢注，即可认定其采用了不正当手段。在中国境内实际使用并为一定范围的相关公众所知晓的商标，即应认定属于已经使用并有一定影响的商标。有证据证明在先商标有一定的持续使用时间、区域、销售量或者广告宣传等的，可以认定其有一定影响。对于已经使用并有一定影响的商标，不宜在不相类似商品上给予保护。

本案中，嘉逸酒店集团提供的证据可以证明在被异议商标申请注册日前，嘉逸酒店集团将"嘉逸"作为商号及商标或其主要组成部分，在与被异议商标指定使用服务相同或类似服务上经过实际使用已经具有一定影响和知名度，"嘉逸"已经构成嘉逸酒店集团在先使用并具有一定影响和知名度的商号和商标，故被异议商标侵犯了嘉逸酒店集团在先商号权，同时构成对嘉逸酒店集团在先使用并有一定影响的商标的抢注。商标评审委员会及原审法院有关被异议商标未侵犯嘉逸酒店集团在先商号权及未构成对嘉逸酒店集团在先使用并有一定影响的商标的抢注的认定错误，本院予以纠正。嘉逸酒店集团有关被异议商标违反 2001 年《商标法》第三十一条规定的上诉理由成立，本院予以支持。

据此，二审法院在 2015 年 12 月 17 日做出（2015）高行（知）终字第 3785 号判决，判决撤销一审判决，撤销商标评审委员会异议复审裁定，责令商标评审委员会重新做出裁定。

五、案件评析

（1）本案被异议商标申请人海逸酒店在第 1304839 号"嘉逸酒店"商标（在先基础商标）被撤三的过程中重新申请注册第 6475370 号"嘉逸酒店"商标（被异议商标）的行为是否正当、先后注册的商标之间是否当然具有延续关系？

（2）在第 1304839 号"嘉逸酒店"商标（在先基础商标）被撤销后，嘉逸酒店集团旗下酒店对"嘉逸"系列商标的使用是否构成在先使用？

（3）如何理解 2001 年《商标法》第三十一条规定的"现有在先权利"？嘉逸酒店集团自 2001 年起在其旗下酒店中使用"嘉逸"商标的行为是否构成"在先权利"？

对此，笔者认为：

（1）关于本案被异议商标申请人海逸酒店在第 1304839 号"嘉逸酒店"商标（在先基础商标）被撤三的过程中重新申请注册第 6475370 号"嘉逸酒店"商标（被异议商标）的行为是否正当、先后注册的商标之间是否当然具有延续关系问题

本案中，在海逸酒店第 1304839 号"嘉逸酒店"商标（在先基础商标）因三年不使用被撤销的过程中，根据《商标法实施条例》的第六十六条规定，在商标撤三审查过程中，商标局应当通知商标注册人，限其自收到通知之日起 2 个月内提交该商标在撤销申请提出前使用的证据材料或者说明不使用的正当理由。

使用的证据材料包括商标注册人使用注册商标的证据材料和商标注册人许可他人使用注册商标的证据材料。海逸酒店在商标局提交的证据并未被认可，在商标评审委员会审查阶段所也未再提交任何使用证据，且海逸酒店也未进一步诉诸司法救济，而是在商标局就在先基础商标撤销三年不使用的申请进行审理，相关法律程序尚未走完时，重新提交了商标注册申请，新申请的商标的文字及类别均是被撤三的在先基础商标的翻版。

考虑到无论是被撤销的在先基础商标还是被异议商标均已经被嘉逸酒店集团旗下的酒店作为企业名称付诸实际使用，作为同行业的经营者，海逸酒店在知晓该商标已经被他人付诸使用的情况下，利用程序空当和时间差，重新申请注册的行为，有阻止和妨碍嘉逸酒店集团申请和使用"嘉逸酒店"商标的意图。

关于在先基础商标是否可以作为被异议商标申请注册的基础，亦即在先基础商标和被异议商标申请之间是否当然具有延续性问题。

尽管注册商标因为三年不使用被撤销与注册商标被无效的法律后果不同，

注册商标无效的后果是注册商标自始无效，而注册商标被撤销是从撤销之日起无效，不能因为在先基础商标被撤销就视为其注册商标权自始不存在。但是注册商标权存在的条件是实际使用，当商标因未实际使用而被撤销时，该注册商标权已经丧失。新申请的被异议商标尽管与在先基础商标在商标文字和申请类别上完全相同，但两个商标的申请是两个独立的法律行为，在先基础商标与被异议商标不具有当然延续关系，前者不一定能构成后者申请注册的基础。

虽然有一种观点认为，在先基础商标毕竟是海逸酒店耗费人力、物力、财力依法申请获得注册的，在其基础上申请相同的被异议商标具有一定的合理性，但目前司法实践不支持此观点。

根据《北京市高级人民法院关于商标授权确权行政案件的审理指南》第三点"混淆误认的判断问题"

第7小点：商标注册人对其注册的不同商标享有各自独立的商标专用权，其先后注册的商标之间不当然具有延续关系。

第8小点：商标注册人的基础注册商标经过使用获得一定知名度，从而导致相关公众将其在同一种或者类似商品上在后申请注册的相同或者近似商标与其基础注册商标联系在一起，并认为使用两商标的商品均来自该商标注册人或与其存在特定联系的，基础注册商标的商业信誉可以在在后申请注册的商标上延续。

第9小点：基础商标注册后、在后商标申请前，他人在同一种或者类似商品上注册与在后商标相同或者近似的商标并持续使用且产生一定知名度，在基础商标未使用或者虽然使用但未产生知名度、相关公众容易将在后申请的商标与他人之前申请注册并有一定知名度的商标相混淆的情况下，在后商标申请人主张其系基础商标的延续的，不予支持。

（2）关于在先基础商标被撤销后，嘉逸酒店集团有限公司旗下酒店对"嘉逸"系列商标的使用是否构成在先使用问题

在我国，商标申请注册和企业名称登记分别由不同的行政机构管理。企业名称登记具有地区性，嘉逸酒店集团旗下酒店使用"嘉逸"作为企业名称具有合法性。考虑到第43类服务商标的特殊性，这类商标往往是与企业字号

相关联的，自2001年3月26日成立第一家以"嘉逸"为名称的酒店之日起，"嘉逸"作为集团旗下酒店的商号为相关公众所知晓，相关公众也会把"嘉逸"与集团旗下酒店相关联。

反观海逸酒店的在先基础商标，尽管已被核准注册，但由于海逸酒店并未将其实际付诸使用，相关公众无法把其与海逸酒店所提供的服务相关联。概言之，相关公众所知晓的"嘉逸酒店"商标的来源是嘉逸酒店集团旗下的酒店，而非商标权人海逸酒店。在这种情况下，集团旗下酒店使用"嘉逸"系列企业名称的行为可以视为在第43类酒店服务商标意义上的使用行为，该使用也可视为对未注册商标"嘉逸"的使用。由于集团旗下酒店使用"嘉逸"系列商标始于2001年3月26日，海逸酒店重新申请被异议商标的时间为2007年12月25日，嘉裕集团旗下酒店使用"嘉逸"系列商标的相对于被异议商标申请注册，时间在先，构成在先使用。

海逸酒店在确权行政诉讼中主张在在先基础商标仍然有效时嘉逸酒店集团旗下酒店在其酒店名称中使用"嘉逸"商标构成对其的商标侵权。但在第1304839号"嘉逸酒店"商标（在先基础商标）撤三纠纷提起时，海逸酒店在已经知晓对方侵犯自己商标权的情况下，并未就该侵权行为请求救济。本案中海逸酒店由于诉讼时效已过，无法再追究相关的侵权责任。更重要的是，在商标异议复审行政确权纠纷中，无法也无需对已经不存在权利的被撤销商标是否存在商标侵权作出认定；无论嘉逸酒店集团旗下酒店使用"嘉逸"系列商标的行为是否构成侵权，均与本次商标行政确权纠纷即本案无关。

（3）关于如何理解2001年《商标法》第三十一条规定的"现有在先权利"以及嘉逸酒店自2001年起在其旗下酒店中使用"嘉逸"商标的行为是否构成"在先权利"问题

2001年《商标法》第三十一条所规定的"现有在先权利"是指除商标权以外的其他权利，如著作权、姓名权、肖像权、商号权、外观设计专利权等。依据2001年《商标法》第三十一条的立法本意，"他人已经使用并有一定影响的商标"，是指他人在商业经营活动中实际使用的商标。"已经"是针对被异议商标的申请日而言的。"使用"也与一般情况下所说的"使用"不同，这种"使用"应当是在商业经营活动中的实际使用。

　　而且，只有经过商业活动中的实际使用，才可能产生"一定影响"。"有一定影响"是依据 2001 年《商标法》第三十一条对未注册商标进行保护所要求达到的程度，是指商标在一定的地域范围内为一定范围内的相关公众所知晓。"相关公众知晓""一定影响"的判断本身带有一定的主观性，需要根据案件的实际情况，如商标使用时间长短、广告宣传的情况、影响所及范围等，在案件中具体衡量。而如果是同业竞争者，应当推定其相互知晓的可能性更高。

　　本案中，"嘉逸"作为嘉逸酒店集团旗下酒店的商号与商业主体的资格同时产生，同时消灭，"嘉逸"系列商标的使用开始于 2001 年成立的广州市嘉逸豪庭酒店有限公司，此后又相继成立了广州市嘉逸国际酒店有限公司、广州市嘉逸皇冠酒店有限公司和成都嘉逸世纪酒店管理有限公司，这表明在被异议商标申请之前，嘉逸酒店集团已经将"嘉逸"作为商号合法使用并连续使用至今，嘉逸酒店集团对"嘉逸"商号享有商号权，是客观存在的事实，不存在争议。

　　而从使用的时间先后来看，嘉逸酒店集团旗下酒店使用"嘉裕"商号的时间始于 2001 年 3 月 26 日，也就是其商号权产生于 2001 年 3 月 26 日，相对于被异议商标的申请时间 2007 年 12 月 25 日，该商号权的产生明显早于被异议商标的申请时间，其商号权构成 2001 年《商标法》第三十一条所称的"在先权利"。

六、案件小结

　　（1）商标的生命在于使用，注册商标连续三年停止使用撤销制度的立法目的在于鼓励商标注册人实际使用注册商标，实质上是为注册商标所有者设定了使用注册商标的义务。海逸酒店的基础商标尽管已被核准注册，但由于海逸酒店并未将其实际付诸使用，相关公众无法把其与海逸酒店所提供的服务相关联。

　　（2）酒店行业的字号与服务商标二者一体，考虑到第 43 类酒店服务商标的特殊性，这类商标往往是与企业字号相关联的。嘉逸酒店集团自 2001 年

3月26日成立第一家以"嘉逸"为名称的酒店之日起，"嘉逸"作为嘉逸酒店集团旗下酒店的商号及商标为相关公众所知晓，相关公众也会把"嘉逸"与嘉逸酒店集团旗下酒店相关联。

（3）商标的实际使用对于商标确权与维权保护尤为重要，行政机关和司法机关认定商标、商号知名度时会充分考虑经营者的主观意图及实际使用情况。只有经过商业活动中的实际使用，才可能产生"一定影响"。"有一定影响"是依据2001年《商标法》第三十一条对未注册商标进行保护所要求达到的程度。

作者简介

黎叶律师，现为广东华进律师事务所主任，是广东较早专业从事商标业务的执业律师。十余年来代理数百件商标行政确权和商标侵权案件。积累了丰富的商标法律服务经验，是国内少有的能够提供商标代理、诉讼和知识产权战略服务等全方位、高水平、多层次法律服务的律师，获评2016年度商标领军人物。担任的社会职务有：最高人民法院知识产权案例指导研究（北京）基地专家咨询委员会专家、广东商标协会副秘书长、广东省知识产权维权援助中心维权援助专家、广东商标协会专家库专家、广州市律师协会自贸区专业委员会副主任、广东省律师协会竞争与反垄断专业委员会委员等。

代理"美的""万和""穗宝""尤尼克斯""杭州大桥油漆""安信证券""嘉逸酒店""星光珠宝"等多起倍受关注的商标行政确权诉讼、侵权诉讼案件，是擅长处理疑难、复杂、新类型案件的商标行业专业律师。其代理的杭州油漆公司与金连琴的商标撤销复审纠纷引起了较大的社会反响；美的集团与国家工商行政管理总局商标评审委员会商标异议复审行政纠纷案被评为"2014年广东地区知识产权典型案例"；嘉逸酒店公司与商标评审委员会商标异议复审行政纠纷案被评为"2015年度广东律师十大知识产权诉讼典型案例"，其商标团队代理的"水果捞"驳回复审一案被评为

"2014—2015 年全国优秀商标代理案例"；万和公司与商标评审委员会商标撤销复审行政案被评为"广东知识产权保护协会 2016 年度十大知识产权典型案例"。

黎叶律师为新加坡斧标驱风油、日本尤尼克斯、福达（中国）、平安、美的、万和、富力、合富辉煌、香港幸福药业等多家大型企业就知识产权事务提供法律服务，包括为一般知识产权法律事务提供法律意见，处理商标侵权、商标权属、不正当竞争事宜。

黎叶律师，曾发表《试论个人申请商标限制问题》《关于第三次商标修改的若干问题与思考》《虚假商标使用并非有效、合法商标使用》《关于商标异议、撤销、无效制度简析》等文章。

匠心独运　决胜千里

——突破欧盟企业专利封锁之实例

广州金鹏律师事务所　吴秀荣

【本文摘要】

伴随着经济全球化和我国制造业的升级转型，中国制造加快了走向世界的步伐。欧盟，作为重要的高端市场，是我国企业的必争之地。然而，为了保护自己的市场，欧盟区域内的企业通常利用专利给竞争者设置诸多的技术壁垒。若要进入欧盟市场，我国企业必须突破这些专利技术壁垒。在本文中，中国企业设计的新产品若想销往欧盟，将可能侵犯德国企业在德国、法国等国家的发明专利，为了在减少经济损失的同时规避侵权诉讼风险，笔者通过深入学习、研究欧盟及德国、法国等国的专利及民事诉讼法律制度，寻找突破点，制定一系列应对策略，以"四两"之力，卸掉了企业"千斤"压力，以极低的成本，成功帮助中国企业突破了德国企业设置的专利技术壁垒。

一、基本案情

德国 A 企业发明创造了一项核心技术并在该技术的基础上进行了改进，并依据欧洲专利条约向欧洲专利局申请了发明专利。在该专利获得授权后，A 企业向德国、法国、英国、荷兰、瑞士、比利时等若干个国家的国家专利局办理了专利生效手续，这项发明专利在这些国家获得了专利保护。此外，A 企业还通过持续研发，在该发明专利之后对改进后的产品申请了若干发明专利，建立起了专利网，以此来强化专利对市场的持续保护。中国 B 企业生产与 A 企业同质产品，中国 B 企业是德国 A 企业在全球范围内的主要竞争对手之一，A、B 两家企业在若干年里在多个场合进行了多次专利较量（包括 A 企业向专利行政管理部分申请调处、向 B 企业在欧洲的经销商发律师信警告等，但 A 企业均无功而返）。

在本案中，B 企业设计出了一款新产品，这款产品与 A 企业的同类产品直接竞争。当一切就绪，准备将产品销往欧盟之际，B 企业在法国的经销商 C 企业，通过欧洲知识产权律师检索专利数据库发现 B 企业的产品可能侵犯 A 企业在德国和法国的发明专利。C 企业向 B 企业提供了欧洲专利局的专利公告文件，发出了侵权警报并要求 B 企业提供解决办法，否则将停止采购产品。B 企业收到警报后，根据有关人士的建议，做了 A 企业在中国的专利检索，没有发现 A 企业在中国在相关产品上获得过专利。这在一定程度上缓解了 B 企业的忧虑，至少 B 企业在中国的制造和销售行为是合法的。但 B 企业仍然面临艰难选择，B 企业的产品可能侵犯 A 企业在欧盟某些国家的专利。放弃欧盟市场，还是更改产品结构？B 企业很彷徨：一方面，欧盟市场消费能力强，市场大，如果丢掉这块市场，B 企业将会遭受重大经济损失；但如果销货去欧盟，B 企业以及其经销商 C 企业很可能面临专利侵权诉讼。欧盟境内的专利诉讼影响大，一旦被起诉，C 企业将面临严厉的法律制裁：临时禁令、高额赔偿、销毁侵权产品等，而且这样的诉讼会给 B 企业造成极其负面的影响，在欧盟境内的经销商或许会因此终止与 B 企业的商业合作。另一方面，B 企业可以选择临时更改产品结构，以避开 A 企业的专利，但如果这样做，B 企业将会错失产品销售旺季，而且庞大的库存会让 B 企业增加巨大的处理成本。

怎么办？在 B 企业举棋不定时，律师发现了以下几点对 B 企业有利的因素：

（1）很可能是因为觉得在法国的专利失去了价值，由于没有缴纳专利年费，A 企业在法国的相关发明专利失效了。尽管如此，A 企业在德国的相关发明专利仍然有效。

（2）C 企业所提供的相关专利的欧洲专利局公告文件包括了英文权利要求和德文说明书。经过比较英文权利要求中的独立权利要求和 B 企业的产品结构，英文独立权利要求有 2 个技术特征与 B 产品相应的结构存在一定的差异。

（3）通过阅读和详细分析相关专利德文说明书，律师进一步发现，德文说明书所记载的独立权利要求限定的技术方案的工作原理以及所要解决的技术问题，与 B 企业产品相应部分结构的原理和所要解决的技术问题存在较大的差异。

发现上述几点后，结合欧盟法以及以法国、德国为代表的国家专利法，律师提出了如下意见：

第一，在法国，B 企业不会侵犯 A 企业已经失效的专利权，B 企业的产品可以直接销往法国。本案专利申请和授权程序虽然适用的是国际法——欧洲专利条约，由欧洲专利局审查和授权，但授权之后的程序（无效、侵权诉讼）却适用国家法（欧洲专利公约第六十四条第一款）并由成员国国家法院审理（欧盟所制定的欧洲统一专利制度因为英国脱欧而尚未生效），这意味着，在一般情形下，审理专利侵权案件的法院是专利权登记国的法院，适用的法律是受理法院所在国的国家法律。因为 A 企业的相关专利已经在法国失效，进入了公共技术领域，B 企业直接出口产品到法国是安全的，不会侵犯 A 企业的相关专利权。

第二，货物自由流通（Free movement of goods）原则对 B 企业的影响。为了建立统一市场，欧盟成员国通过欧盟运行条约（The Treaty of Functioning European Union，TFEU）、欧盟条约（The Treaty of European Union，TEU）条约形式［例如，EEC 条约第三十条规定：禁止欧盟成员国之间对进口产品数量限制和多有的具有类似作用的措施（Quantitative restrictions on imports and all measures having equivalent effect shall, without prejudice to the following provisions, be prohibited between Member States.）］，确立了货物自由流通原则。按照这一原则，在一个成员国合法流通的产品，可以在其他欧盟成员国合法流通，除非成员国采取的限制措施符合第三十六条的规定，即以公共利益、公共政策、公共健康等为理由采取限制措施。在本案中，如果 B 企业采取出口货物到法国，然后通过法国将货物再分销到欧盟其他成员国这样的策略，按照欧盟法或货物目的地国家（如德国）法律，这或许可行，但没有在先案例和成文法可资借鉴。因为 A 企业在德国等其他国家的专利权继续有效，B 企业仍然面临侵权诉讼的风险。

第三，欧盟范围内权利用尽原则对 B 企业的影响。欧盟商标指令（Directive 1989/104/EEC of the Council of 22 May 2001 to Approximate the Law of the Member States Relating to Trade Marks）第七条明确规定了有关商标方面的权利用尽原则"本法所称的商标不应该授予权利人就权利人自己投放欧盟市场的产品或经过权利人同意而投放欧盟市场的产品而禁止他人在这些产品上使用这些商标的权利。"欧盟法院也判决过多起商标权利用尽案例。因为欧盟绝大多数成员国是欧洲专利条约成员国，可能是因为欧洲专利条约在相当程度上消除欧盟成员国国家专利法的差异，欧盟并没有制订针对成员国专利法的规章和指令。在专利领域，除了欧洲专利条约外，起积极作用的是欧盟法院（CJEU），该法院根据货物自由流通原则和 TFEU 第一百零二条（禁止滥用市场支配地位）确定了专利权在欧盟范围内的权利用尽，例如，Greek GSK 案中，葛兰素史克公司为了阻止希腊经销商以低价格出口药品到希腊以外的欧盟成员国，而故意削减给希腊当地经销商的供货，导致药品不能满足当地市场的需要，葛兰素史克公司因而被控违反 TFEU 第一百零二条滥用了市场支配地位。这个案例支持了在欧盟范围内的权利用尽原则。在本案中，如果货物在欧盟境内的制造、销售行为获得权利人的授权，哪怕授权区域仅仅是欧盟的某一国家，这些货物在欧盟成员国可以自由流通。虽然 B 企业可以直接出口产品去法国，但由于 B 企业自始至终并没有得到 A 企业授权（在欧盟区域内或区域外），因此，知识产权权利用尽原则保护不了 B 企业。

第四，B 企业的产品是否会侵犯 A 企业在德国的专利权？从全案看，A 企业在德国的发明专利是关键，因为 A 企业在德国，一般来说，德国是 A 企业专利布局的首要国家，如果 B 企业的产品压根就不侵犯 A 企业在德国的专利权，B 企业的产品侵犯 A 企业在其他国家专利权的可能性就很小。针对这一问题，律师指出两点：

（1）字面侵权。

欧洲专利公约第六十九条第一款（根据欧洲专利或欧洲专利申请授予的专利保护范围由权利要求决定。尽管如此，说明书及附图可以被用来解释权利要求。）以及德国专利法第十四条第一款规定了字面侵权，B 企业的产品与 A 企业在德国的相关专利的独立权利要求所记载的技术特征存在区别，A 企业专利独立权利要求的部分技术特征在 B 企业产品上可以找到，但部分技术特征找不到，因此，B 企业的产品不构成字面侵权。

（2）等同侵权。

Protocol on the Interpretation of Article 六十九第二条规定了等同侵权，该条规定表述为"为了决定由欧洲专利授予的保护范围，应当合理考虑任何一个与权利要求技术元素等同的元素。"按照这条规定，构成等同侵权需要符合如下条件：

①相同的效果（same effects）：替换技术特征或其组合与权利要求记载的技术特征或组合实现的技术效果相同。

②显著性（obviousness）：对于本领域的一般技术人员，在专利申请日（主张优先权的，为优先权日）替换技术相对于权利要求的技术特征而言，是显而易见的。

③对等性（parity）：产生替代技术方案的设计思想应来源于权利要求技术方案。

即便如此，德国法院在 Formstein 案件（cf. BGH, GRUR 1986, 803 - Formstein）中确立了 Formstein 抗辩——即便满足了上述条件，依据现有技术，对于本领域的技术人员而言，如果替代的实施例作为一个整体是公知的或没有显著性，等同侵权也不成立。

律师按照德国专利法规定，将 B 企业的产品与 A 企业在德国专利的独立权利要求进行等同侵权分析后，得出了不构成等同侵权的法律意见：

①关于技术效果。B 企业产品的区别技术特征所要达到的技术效果与 A 企业德国专利相应结构所要达到的技术效果不同。

本领域技术人员，在利用了本领域的独立权利要求通用的知识后，不会认识到 B 企业产品的区别技术特征会达到与 A 企业德国专利独立权利要求相应结构相同的技术效果。

②对等性（parity）。根据 A 企业德国专利所揭示的技术思路，本领域技术人员不会认为 B 企业产品的区别技术特征与 A 企业德国专利的独立权利要

求相应的技术特征足够接近到这样的程度：让本领域的技术人员会认为 B 企业产品上的区别技术特征与 A 企业的独立权利相应结构等同。

通过适用德国专利法，B 企业出口产品在德国被告侵权的可能性也不大，但这并不是说，B 企业绝对安全，因为等同侵权是一个模糊的概念，侵权与否在相当程度上处于法官的自由裁量权内。

第五，间接侵权问题。和别的国家法律相比，德国专利法有一个显著的特色——间接侵权。我国最高人民法院在 2016 年颁布的《最高人民法院关于审理侵犯专利权纠纷案件应用法律若干问题的解释（二）》第二十一条也有类似的专利间接侵权规定。

根据德国专利法第十条，即使不构成字面侵权或等同侵权，但如果为他人故意专利侵权行为而生产、销售权利要求中的某一项技术特征产品（通用件除外，如可以用于其他产品的标准螺丝钉），也可能构成专利侵权，即间接侵权。对本案而言，B 企业生产的是整个成品，不是配件，不存在为他人专利侵权行为生产产品这一问题，因而不涉及专利间接侵权。

第六，销售区域。在销售区域方面，律师主要参考了有关管辖权、证据收集等领域的欧盟法律［Brussels I Regulation，Brussels Recast Regulation、Directive 2004/48/EC of 29.04.2004 on the Enforcement of Intellectual Property Rights（布鲁塞尔 I 法规，布鲁塞尔修订法规，2004.04.29 知识产权权利的实施中的指令 2004/48/EC）］以及欧盟成员国国家专利司法方面的实践。这些法律主要聚焦于如下几点：

（1）作为一个通用原则，欧盟采用了管辖权法院为被告居住地国家法院原则［法规（欧盟），欧洲议会及其委员会，编号 1215/2012，2012 年 12 月 12 号的民法及商法事务判决的审判、识别及实施，第四条第一款］。

（2）对于专利侵权行为，侵权行为地所在国家的法院也有管辖权［法规（欧盟），欧洲议会及其委员会，编号 1215/2012，2012 年 12 月 12 号的民法及商法事务判决的审判、识别及实施，第七条第二款］。

（3）如果被告在欧盟成员国没有居住地，则由成员国法律来决定管辖法院［法规（欧盟），欧洲议会及其委员会，编号 1215/2012，2012 年 12 月 12 号的民法及商法事务判决的审判、识别及实施，第六条第一款］。

（4）通过 2004.04.29 知识产权权利的实施中的指令 2004/48/EC，欧盟内的成员国在证据收集、临时措施、被告提供财务账册、永久禁令、赔偿等方面建立起了基本的统一制度。

（5）在具体国家专利司法方面，德国、荷兰、比利时等国对权利人的保护力度很大，应尽可能避免出口产品到这些国家。如德国杜塞尔多夫、曼海姆、慕尼黑、汉堡这些地方的专利法庭很有经验，权利人容易从这些法庭得到临时禁令。在德国，故意的专利侵权行为可能构成刑事犯罪，这对专利侵权行为的制裁力度很大。此外，在民事诉讼过程中被告必须完整、真实地陈述事实（德国民事诉讼法程序第 138 章），否则构成刑事犯罪。以上这些，都非常有利于专利权利人。

鉴于以上这些欧盟法律和成员国司法实践，律师提出了如下应对办法：

（1）除了法国外，B 企业可以把货物直接出口到其他没有专利权保护的国家。在这些区域内销售产品，B 企业以及 B 企业的经销商是安全的，不会侵犯 A 企业的相关专利权。

（2）比利时、荷兰这些国家的专利司法执法力度强，法院裁定临时禁令的可能性大（荷兰的临时禁令甚至可以在其他国家得到执行），或法院可以主动收集证据，或在民事诉讼程序中要求被告公开财务数据等。为避免被诉侵权，建议 B 企业尽可能不要直接或间接出口产品到这些国家。

（3）关于德国，德国专利法给专利权人提供了强有力的保护，即使产品的制造行为不在德国境内，即使产品通过第三国流转后再销往德国，产品的制造者也可能在德国被诉专利侵权。在本案中，B 企业的制造行为在中国，如将产品直接出口到法国，再通过法国的经销商销往德国，B 企业也有可能在德国被诉专利侵权。保险起见，B 企业最好约束其经销商，不要将产品卖到德国。

以上这些意见在相当程度上减轻了 B 企业被诉专利侵权的风险或承担侵权责任的风险，B 企业采纳了律师建议，在取得了德国专利律师不构成专利侵权法律意见后，成功说服了经销商 C 企业。

二、本案启示

（1）随着制造业的升级转型，"中国制造"早已走向世界。珠三角以制造业为主，与德国的制造业有一定的重叠，两国企业在制造业领域合作的同时，也会有一定程度的竞争。为了降低竞争所带来的负面影响，一向重视技术研发的德国企业早就给竞争者布下了专利技术壁垒。在这阶段，我国制造业与德国老牌世界级跨国企业之间的专利较量日渐激烈。中国制造业如果要进入德国或欧盟市场，首先需要突破专利技术壁垒。这一壁垒不除，国内产品很难在欧盟境内销售。

（2）为了帮助中国制造业走进欧盟市场，我们需要非常熟练地掌握欧盟法律。欧盟是一个区域性组织，一方面享有相当的凌驾于成员国的管理欧盟市场的权利，另一方面成员国保留了一定的国家主权。而且，欧盟境内存在以德、法为代表的大陆法系，也有以英国为首的普通法法系。成员国之间存在的法律差异、文化差异和市场差异给欧盟推行单一市场带来了难度，这就造成了欧盟法律的复杂性。为了消除欧盟成员国之间的这些差异，欧盟通过制订若干规章或指令，这些在相等程度上减少了各个成员国之间的差异，为建立统一的欧盟市场创造了条件。作为在中国执业的律师，我们需要伴随中国企业走出国门，走进欧洲市场，我们只有熟练掌握欧盟法律，才可能为企业提供准确的法律意见，帮助企业解决实际问题。在本案办理过程中，律师通过深入学习、研究欧盟及德国、法国、荷兰等国的专利以及民事诉讼法律制度，以"四两"之力，卸掉了企业千斤压力，以极低的成本，成功帮助中国企业突破了国外企业设置的专利技术壁垒。

（3）《与贸易有关的知识产权协定》（TRIPS 协定）要求成员国提供最低知识产权保护水平，为履行 TRIPS 协定，我国吸纳了 TRIPS 协定的相关内容并修改了相关的国内法。正因为如此，我国的专利法与世界主要国家的专利法大同小异，但因为 TRIPS 本身并没有直接规定司法措施，这使得各个成员国所采取的司法保护措施并没有得到统一。在本案中，至少有两个不同点需要注意：

（1）虽然权利用尽是知识产权基本制度之一，相信拥有知识产权制度的国家无一例外地规定了这一制度，但欧盟采用的区域内知识产权权利用尽原则是其独有的，其他诸如东盟、非盟在内的一些组织均没有这一制度。欧盟区域内的权利用尽原则很重要，对我国企业许可知识产权给欧盟企业会产生很大的影响。比如，中国企业许可在德国的某企业某项专利权，假设约定许可的区域为德国，按照欧盟区域内权利用尽原则，在德国行政区域范围内被许可生产、销售的产品可以自由流通到欧盟其他成员国，这样的许可实际起到的效果是将许可的区域范围扩大到了整个欧盟。

（2）虽然总体上我国专利法与德国专利法很接近，但我国最高人民法院司法解释所规定的等同侵权"以基本相同的手段，实现基本相同的功能，达到基本相同的效果，并且本领域的普通技术人员无需经过创造性劳动就能够联想到的特征"这一判断方法与美国等同侵权判断方法〔与权利要求限定的技术方案相比，被控侵权产品用实质相同的方法来执行实质相同的功能，从而得到相同的结果，339 U.S. 605（1950）〕接近，与德国等同侵权判断方法却有相当大的差异。用我国等同侵权判断方法得出的意见只能作为判断是否构成德国等同侵权的初步意见，产品在德国最终是否构成等同侵权还得要用德国专利法中的等同侵权方法来判断。

✐ 作者简介

吴秀荣律师，广州金鹏律师事务所律师，德国慕尼黑知识产权法律中心知识产权和竞争法硕士，拥有全国专利代理人资格证书、工商管理硕士、法学学士、工学学士学位，是全国律师协会入库的涉外律师领军人才（知识产权方向）、广东省律师协会认定的涉外律师领军人才和入库的涉外知识产权律师。

曾办理过 PUMA 商标系列侵权案件、"骆驼"注册商标侵权案、"五谷丰登"注册商标侵权案、"聚龙湾"注册商标侵权案以及若干发明、实用新型以及外观设计专利侵权案等有一定社会影响力的案件。在过去接近 20 年办理知识产权案件工作中，他直接经办或通过团队累计办理的商标、专利、版权诉讼以及非诉案多达数千件。曾撰写了《思高行易——企业专利、商标读本》（第一作者）、《欧美法中的知识产权与反垄断》《世界主要法域对滥用相对优势地位的规制及对我国立法的启示》《假洋品牌之痛》《商标的本质》《从 Iphone 商标看品牌设计》《Intellectual property 乃脑力财产——兼论知识产权的本质》等文章或书籍。

后　记

为倡导律师业务向专业化、精细化方向发展，在广州市政法委和广州市司法局的关心、支持下，广州市律师协会于 2017 年 11 月首次组织了"广州知识产权大律师"评选，共选出了 10 位知识产权大律师以及 10 位提名律师。根据广州市律师协会的工作安排，20 位律师每人提交了一篇自己主办的知识产权案件的分析评述，总结经验，探讨得失，结集出版。这 20 个案例基本涵盖了知识产权的几个主要门类，其中不少案件还是各级司法、行政及行业协会等机关或机构评选出的年度典型案例，这些案件社会影响大，专业性强，办案过程体现了律师的智慧、勤勉、执着与坚持，具有一定的实践指导意义。

本书的编撰工作是在广州市律师协会邢益强会长的亲自组织和部署下进行的，其间得到了王志军副会长的关心和指导，对此深表谢意。广州市律师协会朱宝莲秘书长、刘响亮副秘书长对本书的出版发行工作提供了宝贵意见和有力支持，中国知识产权法学研究会会长刘春田教授在百忙中为本书作序，知识产权出版社为本书的及时出版做了大量工作，在此一并感谢。

本书书名为书法家陈诚钦先生所书，特此致谢！

本书编委会

2018 年 5 月 4 日